증검 여행사업무론

김 성 근

경기대학교 관광경영학과 석사
미국 IPSL 법과대학원 박사수료
(주)코오롱고속관광 특수사업팀과장
(주)국민신용카드사 특수사업부 팀장
(주)세계투어 팩키지총괄 부사장
(주)인터비즈투어 CEO
농어촌개발공사 도비도 관광단지사업 평가위원
부산시청, 부산테크노파크 부산지역 대학 R & D 사업 평가위원
부산테크노파크 부산지역 전략사업(관광부문)자문위원
영진전문대학교 겸임교수
신안산대학교 겸임교수
현 백석문화대학교 겸임교수
(주)키월드투어 부사장

증점 여행사업무론

2012년 8월 27일 1판 1쇄 인쇄 / 2012년 8월 31일 1판 1쇄 발행
지은이. 김 성 근
펴낸이. 윤 용 호 | 펴낸곳. 석학당 출판사 121-856 서울시 마포구 신수동 448-6 1F
등록. 2001.10.23. 제10-2238호 | 전화. 02)719-6116 | 팩스. 02)719-6120
홈페이지. www.shdbooks.co.kr | E-mail. shd6116@chol.com

ISBN 978-89-93158-62-5 93320 가격 **17,000**원

중점 여행사업무론

김 성 근 저

碩学堂

| 머리말 |

빠르게 성장하는 현대사회와 더불어 국민소득의 증가와 교통수단의 발달, 주 5일 근무제로 인한 여가시간의 확대는 여행산업을 발전시켜 국가경제는 물론 세계경제에서도 핵심산업으로 성장 발전해 나가게 되었다.

또한 여행에 대한 국민의 인식변화가 커지면서 많은 국민들이 국내외 여행에 참여할 뿐만 아니라 여행에 대한 가치관에도 변화하고 있다. 이러한 변화에 대처하기 위해서는 우리 관광학도들의 지식수준은 물론이고 의식수준도 높여야 하는 과제를 갖게 되었다. 특히 여행분야는 관광의 대부분의 업무를 포괄적으로 취급하여 하나의 상품이 만들어지기 때문에 항상 변화 속에 새로운 지식과 정보의 습득이 필요하므로 이 책을 통해서 기초이론과 실무를 겸비한 준비된 관광학도들을 배출하는데 도움이 될 수 있을 거란 확신으로 본서를 준비하게 되었다.

이 책은 여행사실무의 포괄적이고 방대한 내용을 나열하는 것을 지양하고, 저자의 30년간의 여행사경영과 실무를 통한 실제적인 현장경험과 다년간 대학 강의자료로 사용하였던 내용들을 보다 쉽게 이해할 수 있도록 간단명료하게 서술하였다. 이런 과정에서 그동안 선배교수님들이 저술하신 명저들을 일부 참고하게 되었으며, 이는 학계와 업계에서 사용되는 내용의 많은 부분이 공통성과 보편성이 있기 때문이다.

이는 본서를 연구하는 관광학도들이 졸업 후 현장근무시 즉각적으로 업무에 활용될 수 있도록 하기위한 마음에서 비롯됨을 이해 해주기 바란다.

본서는 여행업의 실무에 있어 여행의 기초개념과 여행업의 정의에 대해 언급하였고 해외여행업무, 외국인관광업무, 국내여행업무 그리고 관광학도들의 관심직종인 국외여행인솔자들의 실제 업무와 항공업무 등 실제 현장업무를 중심으로 서술하였다.

본서를 준비하는 과정에서 힘들었던 부분은 현재 학계에서 사용되는 용어와 현장에서 사용되는 용어를 합리적으로 정리하는 것과, 강의할 때 사용해야 할 합리적이고 효과적인 내용으로 편집하는 것이었다.

본서가 준비되는 과정에서 많은 도움을 주신 학계의 교수님들과 업계의 선후배 동료분들께 깊은 감사의 말씀을 드리며, 또한 출판문화를 통해 학계발전에 참여할 수 있게 도와주신 석학당의 윤용호 대표님과 직원분들께도 깊은 감사를 드린다.

2012.08.

저자 씀

|CONTENTS|

Chapter 1 여행업의 기초개념

Chapter 2 국내여행업무

Chapter 4 아웃바운드 업무

Chapter 5 국외여행인솔업무

Chapter 6 항공서비스 업무

chapter 1

여행업의 기초개념

제1절 여행업의 정의와 기능

1. 여행의 개념

여행(travel)이라는 단어는 순수 우리말이 아닌 한자어이기 때문에 여행의 어의(語義)인 한자를 이해할 필요가 있다.

여행(旅行)이란 무엇일까?

여(旅)란 방(方)자와 인(人)자를 결합시킨 문자로 방(方)자는 방향을 가리키고 인(人)자는 사람을 나타내므로 "사람이 어느 방향으로 움직인다"라는 의미를 갖는다.

행(行)이란 "가다, 걷다"를 의미하므로 여행이라는 말은 "사람이 어느 방향으로 간다"라고 풀이할 수 있다.

영어에서의 여행의 어원은 'Travel' 'Tour'에서 찾을 수 있다. Travel은 먼 곳으로 여행한다는 것 이외에 단순히 진행하다(proceed), 간다(go) 등을 의미하고 있으며, 그 어원은 trouble(걱정, 고생, 고됨), toil(고통, 힘든 일)과 같은 어원인 프랑스어의 travail(일)에 근거를 두고 있다.

이 외에도 여행을 의미하는 표현에는 여러 가지가 있다.

Journey는 하루에 여행하는 정도의 거리를 지시하는 말로 주로 육지여행을 나타내는 말로 jour는 day라는 의미로 프랑스어에 어원을 두고 있다.

Voyage는 해상 · 항공여행을 의미하는 말로 자리 메김을 하고 있으며, Trip은 상용여행의 출장의 의미로 많이 사용되고 있다.

Excursion은 주유, 유람의 의미로 한 곳에 오랫동안 정착하기보다 여러 곳을 돌아다닌다는 뜻으로 사용되고 있다. Sightseeing은 'sight'과 'seeing'의 합성어로서 경치나 풍경을 보는 것, 즉 구경을 의미한다.

Vacance나 Vacation은 vacate가 어원으로서 비게 하다, 공석으로 두다, 떠나가다 등의 뜻으로 이동의 의미가 포함되어 있지 않은, 거주지가 아닌 일상적인 일에서 떠나는 정적인 행위를 내포하고 있다. 여행의 개념을 정리하면

첫째, 여행은 이동을 전제로 하고 있으며, 즉 한 곳에서 다른 곳으로 이동행위 자체를 말한다.

둘째, 소비행위가 있어야 한다. 즉 출근 · 등교 같은 반복적인 일상수단의 이동 같은 경우(항공기기장, 관광버스기사, 안내원, 유람선이나 항공기승무원 등)로 소비가 아닌 생산적인 경제 활동과 같은 행위는 여행이라고 볼 수 없다.

셋째, 개인의 자유의사에 의한 이동으로 타인에 의한 강요 등이 없는 순수한 자기의지에 따른 이동이어야 한다.

넷째, 동기나 목적이 없어도 된다.

즉 위락적 목적이 아닌 그냥 떠나는 것 그 자체를 말할 수 있다. 즉 일상생활과 관련 없이 주거지를 이탈하여 다시 주거지로 돌아오는 회귀과정을 말한다.

여행은 거주지를 떠나 타지에 정착하게 되는 이주(migration), 이민(immigrant)과는 구별해야 한다.

2. 여행업의 정의

여행업이란 교통운송시설 및 숙박업자 등과 같이 여행자를 대상으로 사업을 하는 시설업자와 이를 이용하는 여행자의 중간에서 여행자를 위하여 이용시설에 대한 예약과 수배 그리고 일련의 알선 등과 같은 서비스를 제공하고 그 대가로서 여행관련시설업자

(principal)로부터 일정의 수수료를 받는 사업을 말한다. 여행업(travel agency)이란 간단히 말한다면 사람들이 보다 쾌적한 여행을 하도록 여러 가지 편의를 제공하는 업무라 할 수 있다. 미주여행협회(ASTA)에서는 "여행업이란 일반적으로 여행관련시설업자를 대신하여 제3자와의 계약을 체결하고 또한 이것을 변경 내지 취소할 수 있는 권한이 부여된 자"로 규정하고 있다.

관광진흥법 제3조에서는 여행업을 "여행자 또는 운송시설 · 숙박시설 기타 여행에 부수되는 시설의 경영자를 위하여 당해 시설이용의 알선이나 계약체결의 대리, 여행에 관한 안내, 기타 여행의 편의를 제공하는 업"이라고 정의하고 있다.

이상의 여행업에 대한 정의를 종합해 보면 "여행업이란 여행자(관광주체)와 여행관련시설업자(관광매체)의 사이에서 여행시설의 예약, 수배, 시설의 이용알선, 계약체결의 대리, 여행안내 등 여행관련 서비스를 제공하고, 여행상품을 생산하여 판매함으로써 그 대가를 받는 사업"이라고 할 수 있다.

3. 여행업의 기능

여행업은 여행객을 위하여 시설의 알선 및 기타 여행의 편의를 제공하는 업이다. 따라서 여행업의 역할은 기본적으로 여행객의 여행활동을 최대한 편리하도록 전문적이고 조직적으로 다가서는 것이라 할 수 있다. 초기의 여행업은 단순히 교통과 숙박시설에 대한 예약기능에 그쳤으나, 현대의 모습은 정보의 홍수와 인터넷의 발달로 많은 부분들은 고객들이 스스로 해결하려는 경향을 보이고 있기 때문에 세분화된 여행객 욕구충족을 위해 그 기능과 역할이 점차 확대되어가고 있다.

1) 여행업자측면에서의 기능

(1) 여행정보 제공 및 상담기능

이 기능은 여행업무의 출발점이 되는 업무로서 여행객에게 여행정보를 수집하여 제공하고 여행상품을 설명하는 등 여행정보를 제시하는 기능을 말한다. 카운터요원들은 화술과 판단력의 겸비, 풍부한 해외여행경험과 관련업무의 이해가 요망되며, 목적지 국가의 기후 · 음식 · 화폐 및 출입국수속절차 등에 대한 지식 등의 상담능력과 자질 등이 필요하다. 특히 광고를 통해 상품을 판매하는 패키지 전문업체의 경우 기업의 존립기반이 될 수 있는 중요한 기능이다.

따라서 여행업은 상담기능으로부터 출발한다고 볼 수 있다.

(2) 예약 및 수배기능

각종 여행에 관련된 항공좌석이나 호텔예약과 같은 업무, 즉 교통운송기관과 숙박시설 및 기타 관광관련업자들을 대리하여 고객의 요망과 요청에 의해 관광에 필요한 각각의 구성요소들에 대한 예약과 변경 · 취소 등을 행하는 것으로, 항공좌석 · 호텔객실 · 식당 · 관광지 등을 신속 · 정확하게 예약하고, 예약된 항공권 및 쿠폰을 발권하며, 또한 지상수배업자를 통한 현지의 호텔 · 식당 · 관광지 등 각종 수배를 하는 기능이다.

(3) 판매기능

정확한 정보제공과 상담을 통해 수요를 발생시켜 여행에 필요한 구성요소들과 여행상품을 판매하는 기능이다. 기획된 여행상품을 마케팅활동을 통해 판매 · 촉진하고 판매방법은 카운터판매, 방문판매 및 통신판매 등을 통해 이루어진다.

과거의 여행업의 판매형태는 단체영업을 위한 외부 판매와 개인영업을 위한 카운터 판매로 크게 나누었지만, 여행자유화 이후 각종 매체의 발달과 온라인의 활성화로 신문, 인터넷, DM 등 다양한 판매기법이 도입되어 다변화된 판매가 이루어지는 기능이다.

(4) 수속대행기능

여행객을 대리하여 여행에 필요한 제반 수속을 여행사가 대행해 주는 기능을 말한다. 비자 취득수속을 대행해 주고 해외여행보험 가입수속 등을 처리해 주는 업무 등이 포함된다. 하지만 많은 국민이 여권을 소지하고 있고, 미국 등 비자 면제 협정국가의 증가로 이 업무의 비중은 점점 낮아지고 있다. 하지만 새로운 수요가 지속적으로 발생하므로 소홀히 해서는 안되는 업무영역이다.

(5) 발권기능

예약에 부수되는 업무로 항공권 · 숙박권 · 승차권 등 각종 쿠폰(coupon)을 여행관련업자로부터 판매위탁을 받아 각종 티켓을 발권하는 기능을 말한다. 이 중 항공권의 발권이 가장 대표적인 발권업무라 할 수 있다.

(6) 여정관리기능

여행객의 안전한 여행과 여행의 원활한 진행을 위해 직접 동행인솔과 안내 서비스를 함으로써 불편함이 없이 여정을 관리해 주는 기능을 말한다. 다시 말하면 여행코스, 여행기간, 방문지역, 항공편수, 출발시간, 도착시간, 관광지 관람내역, 식사조건, 숙박호텔, 여행요금 등을 포함한 여행일정(travel itinerary)을 예정조건대로 원활히 진행하기 위해 관리하는 기능이다. 안전성과 정확성을 확보하고 만족감을 주기 위해서는 여행인솔자의 능력이 중요하다.

(7) 정산관리기능

예비정산서에 근거한 결과를 비교하여 본 정산을 함으로써 손익계산을 하는 기능을 말한다. 다시 말하면 여행비용의 원가계산 · 청구 · 지불 등 정산과 관련한 제반기능으로 행사진행 후 근거자료를 통해 정산하는 기능이다.

2) 고객측면에서의 기능

(1) 편리성

여행상품의 특성 중 하나가 무형성과 인적 의존도가 높다는 점이다. 여행객이 여행에 필요한 모든 상황을 사전예약 없이 여행을 한다면 여행객은 심리적 불안감을 느껴 만족한 여행을 할 수 없을 것이다. 따라서 여행객들이 여행을 떠나기 전에 숙박지 · 교통편의 사전예약은 당연한 상식으로 되어 있다. 최근에는 여행사가 아닌 인터넷상에 정보가 풍부하여 여행객이 직접 예약하는 것이 충분히 가능하다. 그러나 시간이 많이 소요되고, 적정한 가격과 현지관광지의 정보를 수집하려면 쉬운 일은 아니다. 그러므로 여행사에 신청하면 시간절약과 직접 예약하는 것보다는 저렴한 경비뿐만 아니라 개인 예약에 대한 불확실성을 해결할 수 있다. 다시 말하면 여행사는 소비자를 위한 모든 정보를 제공하고, 원스톱 서비스를 가능하게 하는 편리성이 여행사의 가장 큰 기능이다.

(2) 종합 서비스화

여행사를 이용한 경우 여행객은 자신의 기호에 맞는 것만 선택하면 원스톱 서비스로 여행에 관한 모든 것을 자신이 구성하는 번거로움으로부터 해결될 수 있다. 여권 · 비자 · 보험 · 호텔 · 항공뿐만 아니라 원하는 모든 상품을 제공할 수 있도록 종합적인 서비스를 한다.

(3) 제안력

최근 여행의 형태가 단체여행에서 개인여행으로, 그리고 단순히 눈으로만 보는 관광에서 체험관광 · 모험관광의 형태로 변화하고 있어 소비자의 감성에 맞는 여행이 될 수 있도록 제안력과 조성력이 무엇보다도 중요하다. '이런 것은 해보고 싶다', '이런 기분을 느끼고 싶다'라는 소비자의 욕구나 감성을 여행이라는 모토에 어떻게 충족해 줄 수 있는가가 큰 이슈로 떠오르고 있다.

(4) 염가성

가격은 여행객이 의사결정을 하는 데 중요시되는 요소 중의 하나이다. 단체요금의 할인과 패키지여행의 보급 등으로 자신이 수배하는 것보다 저렴하기 때문에 소비자는 여행사를 이용하는 것이다. 그러므로 여행상품의 비중을 가장 많이 차지하는 항공요금과 호텔요금의 결정에 따라 고객이 여행선택이 결정된다고 할 수 있다.

(5) 정보의 제공

여행사의 키워드는 종합성과 리얼 타임성이다. 관광정보와 광고는 TV · 신문 · 잡지 · 인터넷 등에서 얼마든지 손쉽게 접할 수 있게 되었으나, 관광에 대한 정보의 홍수로 인해 자신에게 유효한 정보를 선택하려면 판단력이 요구된다. 그러나 여행사는 여행객의 입장에서 전문적인 지식과 경험적인 노하우를 활용하여 여행객에게 적합한 정보를 판단하도록 도움을 줄 수 있다.

4. 여행업의 역할

여행사는 여행자의 편의를 위한 전문적인 서비스를 제공하는 역할이 중요하며 여행자는 이런 편리성 때문에 여행사를 이용하는 성향이 크다.

하지만 인터넷의 발달로 여행정보가 다양화 됨에 따라 여행객이 스스로 여행을 기획하는 경우가 늘어나고 있는 추세이다. 이런 점을 고려하여 여행업자는 다음과 같은 자신의 역할을 강화하는데 주력해야 한다.

1) 여행객 측면

(1) 신뢰성 확보

여행객이 여행에 필요한 사전준비에서부터 여행종료에 이르기까지 모든 사항을 본인이 준비한다면 여행객은 심리적으로 불안감을 느껴 만족한 여행을 할 수 없을 것이다. 그러므로 여행객은 여행 전문성을 가진 여행사가 진행하는 업무를 통해 여행출발 전에 앞서서 안도감을, 그리고 여행종료 후에는 만족감을 느낄 것이다.

(2) 정보판단력

여행사는 여행객의 입장에서 전문적인 지식과 경험적인 노하우를 활용하여 여행객을 돕고, 여행객은 여행사직원들과의 상담으로 자신에게 유효한 정보만을 제공받음으로써 정보판단력이 강화될 수 있다.

(3) 시간과 비용의 절약효과

여행사에 모든 사항을 의뢰하게 되면 시간과 비용의 절약효과는 물론, 정확성을 가질 수 있고, 여행사에서 제공하는 전문성을 가진 여행정보와 상담내용을 기대할 수 있다.

(4) 여행요금의 염가성

여행사는 여행관련 시설업자로부터 대량의 구매를 통하여 경쟁력있는 가격을 제공받을 수 있다. 따라서 여행객은 여행사를 통하여 보다 저렴한 여행상품을 구매할 수 있다.

2) 경제적 측면

(1) 국제수지 개선의 효과

국제수지란 보통 1년간 자국의 외국에 대한 지출과 외국으로부터 수취한 화폐액 총계(관광수지)를 말한다. 관광객의 수용은 바로 수출의 효과이며, 외화의 획득효과에 지대한 영향을 미친다고 할 수 있다. 후진국이나 개발도상국의 관광객 수용은 자연경관 · 문화자원 등 특별한 투자없이 비교적 쉽게 외화수입을 얻을 수 있다.

(2) 고용증대효과

여행업은 노동집약적 산업 또한 인적 서비스산업으로 고용인력의 다변화와 인적 산업으로 대량고용의 증대에 크게 기여하고 있다. 고용증대로 국가의 세수가 증가되고, 정부는 충분한 재정이 확보됨으로써 다시 관광업체 및 기반산업에 재투자를 할 수 있다. 아웃바운드여행사(일반여행업 · 국외여행업)들의 직접적인 고용창출효과는 물론, 제휴사와 대리점 등의 간접 고용창출효과도 크다. 또한 쇼핑센터 · 숙박업체 · 음식점 · 관광지 등 관련분야들에 끼치는 간접적인 효과까지 감안하면 고용창출효과는 더욱 커진다고 할 수 있다.

(3) 국가재정수입의 효과

관광소비, 즉 수입숙박비 · 관광교통비 · 기념품구입비 · 유흥비에 각종 세금을 부과함으로써 안정된 국가재정수입원을 확보할 수 있다. 국가재정수입의 확보로 관광기반시설에 투자를 함으로써 관광산업의 활성화에 기여하는 효과가 있다.

3) 사회적 측면

(1) 국가 이미지 홍보의 효과

홍보의 효과는 Outbound보다는 Inbound여행사의 활성화에 관심을 기울여야 한다고 볼 수 있다. 외국인의 국내여행이 많으면 많아질수록 홍보효과 · 외화획득 · 승수효과 등의 여러 가지 시너지효과를 얻어올 수 있기 때문이다. 외국관광객이 자국을 방문하여 관광자원 · 문화자원 등을 직접 보고 그 나라를 재인식하게 되며, 귀국하여 자기 나라의 국민에게 홍보할 수 있는 좋은 기회가 될 수 있다. 현재 한류의 영향으로 중국을 비롯한 동남아시아 관광객이 한국을 많이 찾고 있다. 관광목적만이 아닌 의료혜택, 연수 등 다양한 목적관광도 급증하고 있는 현실이다. 이는 국가 경제발전은 물론 국가이미지 홍보효과에도 크게 기여하고 있다.

(2) 국제친선의 효과

내국인과 외국인 또는 지역주민과 관광객의 접촉은 글로벌문화에 대한 이해증진과 친선도모를 가져올 수 있고, 상호 오해와 편견을 해소할 수 있다. 또한 국민들의 견문 및 지식확대, 해외교류 확대효과도 크다.

(3) 균형된 지역개발의 효과

관광개발을 통해 지역발전을 촉진하고 공·농업 등이 발달되지 않는 곳에서의 관광개발과 외래관광객의 방문은 그 지역의 발전에 크게 기여한다. 다양한 관광상품 개발유도로 해당지역에 관심집중을 유도시킬 수 있다. 또한 그 나라의 균형있는 지역사회의 발전과 과밀인구의 해소에 도움을 주고 있다.

제2절 여행업의 유형

1. 여행의 종류

1) 여행목적에 의한 분류

(1) 위락여행

비교적 자유로운 여행형태로서, 개인의 취미활동, 오락, 레크리에이션, 건강, 휴양 등 일상생활권을 떠나 새로운 풍물을 즐기는 여행이다.

(2) 겸목적여행

여행의 주목적을 이루면서 부수적으로 관광이 추가되는 여행으로 공용여행과 사용여행으로 구분한다. 공용여행은 공무출장을 포함한 시찰, 회의참가 등이며, 사용여행은 상용, 연구, 조사, 방문 등의 목적을 가진 여행이다.

2) 여행기획자에 의한 분류

(1) 패키지여행

여행업의 기획에 의해 여행일정, 여행조건, 여행경비 등을 미리 정하여 일반인을 대상으로 다양한 홍보를 통해 다수의 참가자를 모집하는 단체여행을 말하며 기획여행이라고 한다.

(2) 주문여행

개인, 단체 등의 주문에 따라 여행일정을 작성하고, 이 여행일정에 의하여 여행조건과 여행비용을 제시하여 여행객이 원하는 총비용 내에서 실시하는 여행으로서, 여행객이 주도적인 입장이 되어 형성되는 여행을 말하며, 맞춤여행, 청부여행 또는 수배여행이라고 한다.

(3) 공동주체여행

공동주체여행은 두 가지 의미로 해석된다. 첫째는 여행업자와 단체 또는 주최자가 협의하여 여정, 조건, 경비를 결정하는 여행을 의미하며, 두 번째는 여러 여행사가 공동으로 주최하는 연합사여행 상품을 의미한다.

3) 여행규모에 의한 분류

(1) 개인여행(Individual Tour)

여행객의 인원이 9명 이하가 되는 경우를 말한다. 개인여행은 여행객의 개인의 의사에 따라 일정을 정하고, 여행의 목적이 다양하여 각 개인의 요구에 따라야 함으로 업무가 복잡하다. 일반적으로 국외여행인솔자(Tour Conductor)가 동반하지 않는 형태이며 FIT(Foreign Independent Tour)여행이라고도 한다.

(2) 단체여행(Group Tour)

여행객의 인원이 10명 이상이 되는 경우를 말한다. 단체여행은 모집된 여행객이 희망하는 공통적인 일정을 작성하여 그 일정을 가지고 진행한다. 따라서 여행객 개인의 의견이 전부 반영될 수 없다. 하지만 단체여행은 효율적으로 시간을 활용할 수 있고, 항공운임과 지상비용을 저렴하게 적용할 수 있기 때문에 여행요금을 저렴하게 산정하여 대량판매가 가능하다. 인솔자가 동반하는 것을 원칙으로 하는 형태이며 FCT(Foreign Conducted Tour)여행이라고도 한다.

4) 여행형태에 의한 분류

(1) 패키지여행

패키지여행(package tour)은 주최여행으로서 여행사가 미리 여행소재를 대량 구입하여 여행일정, 여행조건, 여행요금 등을 미리 정하고 비교적 저렴한 여행경비로 여행객을 모집하는 여행이다.

(2) 시리즈여행

시리즈여행(series tour)은 여행목적, 여행기간, 여행요금, 여행코스가 동일한 형태로 정기적으로 실시되는 여행의 형태이다.

(3) 유람선여행

유람선여행(cruise tour)은 대형선박을 이용하여 유람하는 여행으로서 보통 호화유람여행이다.

(4) 국제회의여행

국제회의여행(convention tour)은 각종 국제회의에 참석하는 사람들을 대상으로 하는 여행이다.

(5) 포상여행

포상여행(incentive tour)은 기업이나 단체에서 영업실적 향상이나 관련업무에 대한 근로의욕을 더욱 향상시키기 위해 포상으로 실시하는 여행이다.

(6) 전세여행

전세여행(charter tour)은 여행객의 규모가 큰 경우에 항공좌석이나 호텔객실을 전부 또는 일부를 전세내어 실시하는 여행이다.

(7) 시찰초대여행

시찰초대여행(familiarization tour)은 관광청, 항공사 등이 관광지나 항공사의 홍보를 목적으로 여행업자나 기자 등 관계자를 초대해서 여행지, 여행시설 등을 시찰시키는 여행으로, 일반적으로 팸투어(fam tour)라고 한다.

(8) 선택여행

선택여행(optional tour)은 미리 계획된 일정에 없는 여행으로 여행자와 협의하여 현지의 사정에 따라 정하는 여행이다. 임의여행이라고도 한다.

(9) 테마여행

특별흥미여행(SIT : Special Interest Tour)은 테마여행으로서, 특별한 목적과 흥미를 갖고 여행지를 선택하여 진행하는 여행이다.

2. 여행업의 유형

1) 관광진흥법에 의한 분류

여행업은 사업의 범위 및 취급대상에 따라 일반여행업, 국외여행업, 국내여행업으로 구분되고 있다(관광진흥법 시행령 제2조 제1항). 여기서는 그 법적 구분에 의거해 세 업종으로 나누어 수행하는 업무의 내용을 알아본다.

(1) 일반여행업

일반여행업은 국내 또는 국외를 여행하는 내국인 및 외국인을 대상으로 하는 여행업으로서 여권 및 사증업무를 포함한다. 다시 말해서 외국인의 국내여행을 대상으로 하는 인바운드 투어(inbound tour), 내국인의 국외여행을 위한 아웃바운드 투어(outbound tour), 내국인의 국내여행(domestic tour) 등의 업무를 모두 할 수 있는 종합적인 여행업을 일반여행업이라고 한다.

(2) 국외여행업

국외여행업은 국외를 여행하는 내국인을 대상으로 하는 여행업으로서 여권 및 사증을 받는 절차를 대행하는 행위를 포함한다. 국외여행자유화가 시행됨으로써 내국인의 국외여행이 급격히 증가함에 따라 내국인의 국외여행업무(outbound tour)만을 전담하도록 한정하고 있다.

(3) 국내여행업

국내여행업은 국내를 여행하는 내국인을 대상으로 하는 여행업을 말한다. 그러므로 내국인을 대상으로 한 국내여행(domestic tour)만을 전담하도록 한정하고 있다. 외국인을 대상으로 하거나 내국인을 대상으로 한 국외여행업을 할 수 없다.

제3절 여행업의 특성과 발전

1. 여행업의 특성

1) 여행업의 사업적 특성

(1) 회사창업의 용이성

관광진흥법 시행령 제2조(관광사업의 종류)에 따른 여행업의 종류는 크게 3종류로 분류하고 있는데, 여행업 등록기준 중 자본금 기준을 현재보다 낮추는 내용을 2009년 11월 30일 공포 · 시행에 들어갔다. 이에 따라 자본금의 기준변경으로 기존 3억 5,000만원 이상이었던 일반여행업 자본금기준은 2억원으로, 국외여행업은 기존 1억원에서 6,000만원으로, 국내여행업은 기존 5,000만원에서 3,000만원으로 낮아졌다. 이는 여행업의 영업질서 및 안전에 지장이 없는 범위에서 여행업 등록기준 중 자본금 기준을 낮춰 여행업의 진입규제를 완화하려는 의미가 크다.

이번 자본금 요건완화로 더욱 더 타업종에 비하여 고정자본의 투자액이 적어 여행사 창업이 용이해졌다. 하지만 지금도 여행사 난립으로 과당경쟁이 벌어지고 있는데, 규제완화로 여행사 경쟁이 더욱 치열해질 것으로 보인다.

(2) 위험부담이 적은 사업

여행업 경영이 위험부담이 적은 이유로 첫째, 타업종에 비하여 자본금의 투자가 상대적으로 적기 때문이다. 여행업 등록에 필요한 자본금만 가지고도 여행업을 개업할 수 있어 투자금액이 적은 것으로 이에 따라 사업 손실에 대한 위험부담이 적고 사업의 개업과 전 · 폐업이 쉽다. 둘째, 여행상품의 생산은 주문생산방식에 의한 경우가 많으므로 여행상품 생산을 위하여 선투자가 없으며, 재고없이 안전하게 영업을 할 수 있다. 그러나 최근에는 여행시장의 변화와 여행패턴의 변화로 여행수요에 여행사가 적극적으로 대처해 나가야 하며, 상품광고비, 온라인 시스템 설비투자, 항공좌석확보를 위한 Deposit, 항공권 판매를 위한 판매보증금예치 등의 필요성 때문에 위험부담이 점점 증대되고 있으며, 인력이 요구되는 사업으로 매월 지출되는 경비의 부담이 커질 수 있는 문제점도 내포되어 있다.

(3) 신용사업

여행상품은 무형의 상품으로서 소비자는 여행참가 전 상품구입이 어려워 여행일정표나 브로슈어, 광고안내문, 이용시설에 대한 팜플릿 정도를 보고 여행요금을 지불하고 구입한다. 그런 점에서 여행사에 대한 신용은 사업성을 결정지우는 중요한 요소이다. 따라서 여행사에서는 신뢰와 신용을 높이기 위하여 소비자와 약속한 여행조건을 충실히 이행하고 양질의 서비스를 제공하도록 노력하여야 한다. 신뢰성은 성공의 전제조건임과 동시에 주요변수가 된다. 하지만 이를 지키지 못하는 일부 여행사로 인해 대다수 여행사가 피해를 보는 사례도 발생하고 있다.

2) 여행업의 구조적 특성

(1) 사무실 입지의존적 특성

여행사의 사무실 위치는 타업종보다 고객이 찾기 쉬우면서도 고객이 눈에 잘 띄는 곳에 위치해야 하는 특성이 있다. On-line 사무환경 이전에는, 곧 사무실이 실수요자인 고객이 쉽게 방문할 수 있는 곳에 위치해야 하기 때문이다. 아웃바운드업무인 경우, 특히 항공관련업무나 외국대사관과 업무관련성이 많아 빌딩건물 밀집지역에 가깝게 위치하고 있는 입지적 특성을 가지고 있다.

따라서 영업장소가 어느 곳에 위치하고 있으며 어느 정도의 규모를 갖추고 있느냐에 따라 업무의 효율성과 고객측면에서 신용도가 좌우될 수도 있음을 무시할 수 없는 사항이다. 최근에는 어떤 여행사든 인터넷환경을 이용한 업무전산화 시스템이 잘 갖추어져 있어, 여행사는 인터넷을 활용하고 고객은 보다 많은 정보를 편리하고 신속하게 이용하기 위해 인터넷을 이용하므로 인터넷환경의 구성도 중요한 조건이 되고 있다.

(2) 노동집약적 특성

여행업은 노동의 투자가 자본의 투자보다 높은 노동집약적 산업이라 할 수 있다. 인적 요소가 중요시되는 이유는 여행상품을 기획생산하여 판매하고 운영하는 주체가 인간이기 때문이다. 그리고 소비자의 욕구나 여행형태가 다양해서 여행업에서는 사무자동화로 완전대체가 거의 불가능하며, 노동의존도가 매우 높다. 사무기기의 자동화설비나 항공예약 · 발권을 위한 CRS의 업무도 보조수단에 불과하다. 여행산업의 서비스 근간은 기계가 대체하기 힘든 노동력의 의존도가 높다고 할 수 있다.

여행 서비스란 기능적 요소보다는 인적 서비스를 제공하는 직원의 태도와 같은 정신적인 요소가 더욱 중요시된다.

(3) 인간위주의 경영

여행사경영은 여행사직원의 전문성 및 경험에 의한 서비스의 제공에 달려 있기 때문에 인적 요소가 중요시된다. 여행에 필요한 사전준비부터 여행종료까지 수반되는 고객과의 접촉, 여행상품의 상담, 여행일정표의 작성, 여행안내에 이르기까지 인적 서비스가 모든 업무의 중심이다.

여행상품의 질은 예약의 신속성과 정확성, 서비스의 자세, 고객의 욕구와 취향에 적합한 상품의 제시, 완벽하고 친절한 서비스에서 결정된다. 즉 고객과의 어떠한 인간관계를 형성하느냐에 달려 있다고 하겠다.

(4) 과당경쟁의 특성

여행사는 타여행관련업에 비하여 비교적 소규모 자본으로도 회사의 설립과 운영이 가능한 사업이므로 누구든지 창업 할 수 있어 경쟁업체수가 증가 할 수밖에 없다. 또한 여행업의 설립이 허가제에서 등록제로 변경되면서 경영감각이나 영업권의 확보가 가능하거나 여행업을 경영해 보고자 하는 의욕만 가지면 사업을 쉽게 시작할 수 있게 되었다. 특히 회사명이나 여행업의 브랜드명에 대해서만 특허권이 인정되어질 뿐 상품 자체에는 특허권이 인정되지 않아 단기간에 여행상품을 만들 수 있어 상품의 모방이 용이하며, 누구나가 여행상품을 생산하여 요금경쟁으로만 치닫고 있어 특화된 상품으로 경쟁을 하지 못하는 것이 과당경쟁의 요인이 되고 있다.

3) 여행업의 사회적 특성

(1) 계절 집중성

여행은 그 자체가 요일이나 계절에 따라 좌우되는 요소가 많기 때문에 여행객은 평일보다는 주말, 그리고 일부 계절에 편중되는 집중현상이 심하여 휴일이나 휴가제도를 변경하지 않는 한 여행집중현상을 피하기는 어렵다. 따라서 여행시기의 평준화를 이루기는 쉽지 않지만 여행업자는 여행상품의 가격과 여행조건의 차별화 등의 방법을 통하여 수요의 탄력성에 적절히 대처할 수 있는 여행상품의 개발과 상품관리의 탄력성을 갖도록 전략적 접근이 중요하다. 즉 여행사가 비수기에 적극적으로 대응해야 하는 경영활동이 절실하다.

(2) 비저장성

서비스업의 공통된 특징이라면 생산과 소비가 동시에 이루어지는 사업으로 저장이 불가능하다는 점이다. 특히 생산과 소비의 동시성으로 인하여 저장이 불가능하므로 재고가 없는 것이 특성이다. 여행상품을 구성하는 요소인 운송기관이나 숙박기관이 판매하는 항공좌석이나 호텔객실은 서비스로 이루어진 무형상품이기 때문에 저장이 불가능한 판매상의 특징을 가지고 있기 때문에 경영상 탄력성을 적용하여 판매하여야 한다.

(3) 독자적 상품조성 곤란

여행상품을 구성하고 있는 교통기관이나 숙박시설 등의 소재는 단일품목으로 이것을 모두 조합해서 상품을 만들기 때문에 교통기관이나 숙박시설 등 하나의 요소만 가지고 여행상품을 구성하여 판매하기가 어렵고, 독자적 상품조성이 곤란하다는 단점이 있다.

(4) 공익적 사업

모든 기업이 사회적인 책임을 인식하고 경영활동을 성실히 수행해야 하지만, 특히 여행업은 그 책임의 정도가 매우 크다고 볼 수 있다. 그 이유는 여행사는 경영속성상 관광대상지가 여러 국가를 상대로 경영활동을 하고 있어, 방문국 여행지에서의 여행객들의 행동 하나하나가 개인뿐만 아니라 국가의 이미지와 직결되며, 외래관광객의 국내 방문시에도 같은 이유로 평가될 수 있으므로, 여행사는 관광객의 운영과 여행과정에 책임의식을 갖고 임해야 한다.

(5) 환경영향성

여행사는 기업 외적인 영향을 많이 받는 사업으로 사회 · 경제 · 정치 · 문화 · 보건요인 등으로 인해 관광수요에 많은 영향을 받고 있다. 긍정적인 측면보다는 부정적 환경측면이 더 많이 나타나고 있다.

2. 여행업의 발달과정

1) 토마스 쿡사(Thomas Cook Co.)

여행업의 시초는 영국의 토마스 쿡(Thomas Cook)이 1841년 금주동맹대회의 참석자를 위해 단체전용열차를 이용한 일반인 참가자를 모집한 것이 시작이라 불리어진다. 최초로 근대적인 여행업을 시작한 토마스 쿡은 여행 자체를 알선하고 여행예약과 함께 기획여행을 실시한 최초의 여행경영자였다.

교회의 목사인 쿡은 매우 열성적인 금연운동가였다. 그는 1841년 7월 5일 1,570명의 금주운동가들을 단체로 구성해서 1인당 1실링의 운임을 받고 레이체스터(Leicester)역에서 루보로(Loughborough)역까지 15마일의 왕복기차여행을 제공하는 열차 9량을 전세내어 최초로 특별철도 할인운임의 적용을 시도하였다. 이 금주대회의 성공은 현대적 의미에서 여행업의 시초라고 할 수 있다. 그는 이 경험을 바탕으로 아들과 함께 1845년 토마스 쿡사(Thomas Cook & Son, Ltd.)를 설립하여 본격적으로 여행업에 진출하였다.

그 후 국제침대차회사(Wagons-Lits)의 합병, 성지순례여행, 이집트의 피라미드여행, 독일의 라인강변을 방문하는 단체여행을 기획하여 성공을 거두었다. 토마스 쿡은 뛰어난 기획력과 저렴한 운임과 광고 · 선전을 함으로써 여행의 대중화에 이바지하였다.

2) 아메리칸 익스프레스사(American Express Company)

미국에서는 아메리칸 익스프레스사가 헨리 웰즈(Henry Wells)에 의해 1850년에 설립되어 미국 최초의 여행사로 탄생되었다. 이 회사는 영국의 토마스 쿡사와 더불어 세계 여행업을 주도해 오고 있다. 이 회사는 작은 운송업체로 설립된, 즉 물품과 자금을 운송하는 소규모 기관에서 출발해 지금은 여행 서비스와 금융 네트워크 서비스, 신용카드와 여행자수표를 취급하는 기업으로 성장하였다. 1850년 3월 헨리 웰즈는 Wells Fargo Co.와 함께 American Express Company를 설립해 사장으로 추대되었고, 1858년 Atlantic Royal Steam Ship Co.의 예약대리점으로 여행업무를 시작하였다.

1881년 아멕스 여행자수표를 고안하여 여행비용 후불제도를 개발해 여행수요를 촉진하였다. 이 회사가 실질적으로 숙박시설과 교통시설의 수배를 시작한 것은 1909년 유럽 여행자에게 미 서부철도 티켓을 판매함으로써 본격적으로 여행업을 시작하였다. 현재는 여행업 이외에도 보험 · 신용카드 · 휴가촌 등을 운영하는 복합기업체를 형성하고 있다.

3) 일본교통공사

일본교통공사는 1893년 일본교통공사(Japan Tourist Bureau : JTB)의 전신인 귀빈회(貴賓會)가 설립되어 여행업무를 시작하였고, 1905년 국철계통의 일본여행(日本旅行)이 창업하였으며, 1907년에는 영국의 토마스 쿡(Thomas Cook)사가 요코하마에 지점을 개설하는 것을 계기로 1912년에 외래객의 유치와 편의를 도모하기 위해 일본교통공사(日本交通公社)가 설립되었다.

일본여행업의 원형은 1960년대가 시작이라 볼 수 있다. 1960년대 들어서 국내여행이 증가하는 한편, 외국과의 교류도 활발해져 해외여행을 취급하는 여행회사도 설립되었다. 이어 1964년에 실시된 해외여행의 자유화로 여행마켓의 확대가 계기가 되었다. 1960년대 후반에는 기획여행상품의 개발, 즉 사전에 여행소재를 구입해 여행으로 조립한 상품으로, 이 기획상품은 패키지 투어의 원형이라 할 수 있다. 1964년에 스위스항공이 일본에서 최초의 패키지 투어를 발표하였고, 1965년 4월에 일본항공이 Jal Pack을 발표해 제1진이 유럽으로 여행을 출발하였다. 1980년대는 여행사의 전환기로서 미디어 판매의 등장으로 인해 점포판매에서 무점포판매로 전환되었고, 미디어 판매를 무기로 1980년대 후반에 신흥의 여행사가 출현하였다. 1990년대에는 신문이나 잡지의 광고를 활용한 미디어 판매와 가격경쟁의 격화로 대형 여행사와 중형 여행사의 경영악화를 초래하게 된다. 현재 일본교통공사는 세계 각 지역에 지사를 설치한 일본 최대의 여행사로 성장하였다.

4) 한국여행사의 발달과정

우리나라 여행업의 시작은 1912년 일본교통공사(JTB)의 조선지부 설치에서 그 근원을 찾을 수 있다. 한편 일본교통공사는 그 명칭이 일본여행협회로 개칭되었다. 1944년에는 재단법인 동아여행사로 변경되었고, 다시 해방 후에는 일본교통회사로 변경되었다. 1945년 10월 조선여행사라는 이름으로 여행사를 설립·운영하였고, 1949년에는 재단법인 대한여행사로 개명되었다. 1973년 6월 31일 민영화가 이루어짐으로써 대한여행사는 한국여행사의 효시가 되었다. 1960년 11월에는 주식회사 세방여행사가 설립되어 본격적인 여행사업으로서 민간업체가 활동을 개시하게 되었다.

1961년 8월 관광사업진흥법이 제정되면서 그 후로 한진관광을 비롯한 14개 여행사가 허가등록을 마치고 개업하였다.

1962년 국제여행알선업체 안내원의 자질향상을 위하여 통역안내원 자격시험을 실시하게 되었으며, 1982년에는 여행업이 허가제에서 등록제로 개정되면서 코오롱관광 등 많은 여행사가 설립되었다.

1986년 그 동안의 관광사업법이 관광진흥법으로 개정되면서 여행사의 종류는 일반여행사·국외여행사·국내여행사로 구분되었고, 1989년 1월 1일부터 해외여행이 완전 자유화되어 국민 누구나 해외로 출국할 수 있게 되었으며, 1990년대에 들어서면서 여행사가 우후죽순처럼 나타나기 시작하였다. 그 중 가장 주목할 사항은 미국의 아메리칸 익스프레스를 벤치마킹한 국내의 크레디트 카드사들이 여행사업을 시작하여 업계에서 주요한 역할을 하기 시작하였다.

1990년대는 치열한 자유경쟁 하에서 고객확보를 위한 패키지 투어 상품판매와 계속 증가추세인 FIT 개별여행의 판매에 치중했고, 1996년에는 2000년 아시아유럽정상회의(ASEM)와 2002년 한 · 일월드컵축구대회, 아시안게임 등 대규모 국제행사에 대비한 각종 법 · 제도적 정비가 본격적으로 이뤄진 한 해였다. 1990년 후반에 들어서면서 인터넷 열풍으로 인하여 여행업계에도 인터넷 여행사가 생겨났으며, 각 여행사마다 영업판매방식을 인터넷상의 홈페이지를 이용한 온라인 판매에 전사적으로 투자하는 경향을 보였다. 해외여행 자유화조치 이후 1차 성장기를 구가하던 여행업계는 1997년도에 IMF 외환위기로 침체기를 맞이하고, 1999년 이후 폭발적인 성장세로 2001년 해외여행객수는 IMF 외환위기 이전인 1999년 수준을 회복하였고, 이후 현재까지 2차 성장기를 맞이하게 되었다. IMF 외환위기 이후 공급자 위주의 여행상품 판매는 인터넷의 발달과 시장규모 확대로 구매자 위주의 여행상품 선택으로 전환되었고, 브랜드 포지셔닝이 중요한 경쟁우위의 요소로 작용하게 되었다.

chapter 2

국내여행업무

제1절 국내여행업의 개요 및 의의

1. 국내여행업의 정의

국내여행업이라 함은 국내를 여행하는 내국인을 대상으로 여행상품을 개발하여 이를 판매하고 알선과 안내업무를 수행하는 여행사를 일컫는다. 이러한 업무를 수행하는 국내여행업은 지방자치단체 등록업체로서 여행객의 모집뿐만 아니라 국내항공권, 철도 승차권, 고속버스 승차권, 호텔 쿠폰 등을 대매하거나 관광버스 전세업무도 취급하고 있다.

국내여행업은 지속적인 경제성장과 국민들의 소득증대와 여가시간의 증대, 최근 들어 각 직장마다 도입되고 있는 주 5일제 근무의 확산에 힘입어 부단히 성장해 왔다.

그러나 국내여행업의 수입 내용을 분석해 보면, 관광의 지역적 제한성 및 자본의 영세성으로 인해 전세운임에 의한 수입이 더 큰 비중을 차지하는 특이한 현상을 보이고 있다.

2. 국내여행의 의의

우리나라는 60년대 이후 지속적인 경제성장에 따른 소득향상과 국토의 균형적인 개발을 위한 도로망의 개선, 생활수준의 향상, 주 5일제 근무의 확산 등 생활 전반의 환경변화로 인해 국내여행의 의의가 계속 변화하고 있다. 오늘날 국내여행은 일시적인 향락과 오락의 수준에서 벗어나 국내 다른 지역을 찾아 견문을 넓히고 생활의 질을 높이는 여가선용 수단으로 바뀌게 되었다.

특히 최근에는 여행객의 욕구에 맞는 각종 테마를 선정하여 상품을 개발함으로써 국내 관광시장에 열기를 더하고 있다.

즉, 정부에서는 관광지를 지정하여 개발하거나 기반시설을 갖추고 민간자본을 유치하여 숙박시설, 위락시설을 설치하고 있다. 민간부문에서도 대규모 관광개발이 진행되어 국내여행의 여건이 좋아짐으로써 내국인의 국내여행 참여율도 꾸준히 증가하고 있다. 국내여행은 내국인의 여행활동 참여를 통하여 새로운 여행문화를 정착시킬 수 있으며, 이를 위해서는 국민의 여행에 대한 올바른 인식이 필요하다.

제2절 국내여행업의 업무

1. 국내여행업무 내용

1) 기획업무

국내관광상품을 기획 및 개발하여 상품화시키는 등의 업무를 한다.

2) 판매업무

국내여행상품 및 국내항공권, 숙박권, 교통운송권 등을 구입한 후 이를 기획 · 생산하여 불특정 다수의 잠재여행객에게 판매하는 업무를 담당한다.

3) 예약 및 발권업무

국내항공편에 대한 예약 및 발권 등의 항공관련업무를 취급하며, 호텔예약, 철도승차권 판매 등의 업무도 병행하고 있다.

4) 수배업무

여행계약에 따른 현지여행사 선정, 호텔 및 식당예약, 렌터카예약 등 수배관련업무를 담당한다.

5) 안내업무

내국인여행객들에게 관광지를 안내하는 국내여행안내업무를 말하며, 국내여행안내원은 국내를 여행하는 우리나라 사람들에게 관광지의 명소를 소개하고, 여행객들이 즐거운 여행이 되도록 노력하며, 건전한 여행문화가 정착될 수 있도록 선도하는 사명감이 필요하다.

6) 정산업무

단체여행의 행사가 끝나면 정산보고서를 작성하고, 단체에 대한 수익과 지출을 근거로 서류를 첨부하여 회계상으로 결산하는 업무를 말한다.

7) 전세버스업무

전세버스에 관련된 예약 · 배차 등의 제반업무를 취급한다.

8) 인사관리업무

경영에 필요한 지원부서로서 종사원의 교육, 인사, 총무에 관계된 제반업무를 담당한다.

2. 국내여행상품 기획 및 판매업무

시대에 따라 여행자의 욕구의 변화가 매우 심하므로 이러한 변화에 따라 여행자를 충족시키기 위한 여행상품기획은 매우 중요하다. 따라서, 여행상품을 개발할 때에는 계절, 교통, 여행목적 등을 고려하여 여행자의 기호 변화에 알맞게 기획해야 한다. 또한 주 5일제 근무의 확산이 가져오게 될 여행자들의 다양한 욕구변화에도 여행업계는 능동적으로 대처하지 않으면 안될 것이다.

여행상품기획은 모집여행상품과 주문여행상품으로 나뉘며, 일반적으로 여행상품은 카운터 판매와 판매원에 의한 판매로 이루어진다.

1) 모집여행상품의 기획 및 판매

모집여행상품은 여행사에서 불특정 다수의 잠재 여행자들에게 판매할 목적으로 사전에 여행관련요소를 대량으로 구입한 후 기획 · 생산하여 판매하는 것을 말한다. 따라서, 모집여행상품은 여행상품의 생산에 앞서 잠재고객에 대한 시장조사와 이용고객에 대한 시장조사가 필수적으로 이루어져야 하며, 계절별, 자연조건별, 연령별, 직업별, 취미별 등으로 여행자들의 기호에 맞게 기획되어야 한다.

모집여행상품을 기획하는데 있어 시장조사는 여행상품을 기획 · 생산할 때, 이용 가능한 정보를 수집할 목적으로 자료를 확보하여 분석하는 객관적이고 공식적인 과정이라 할 수 있다.

여행상품은 무형의 특성을 지니고 있으므로 시장조사를 통해 사전에 여행자들의 욕구를 잘 파악하여 욕구를 충족시킬 수 있는 상품을 생산함으로써 여행자들의 구매욕구를 자극해야 한다. 따라서 여행상품을 생산하기 위해서는 여행에 필요한 숙박 · 교통 · 프로그램에 중점을 두어야 하며, 여행상품의 품질을 유지할 수 있는 예약 · 알선, 판매 능력과 여행정보 수집 및 제공능력 등도 갖추어야 한다.

모집여행상품의 판매방법에는 TV 광고, 신문광고, 포스터, 팜플렛, 브로셔 등을 통한 비인적 판매가 있을 수 있고, 판매원의 회원조직 등과 같은 특정 다수를 대상으로 판매하는 인적 판매가 있다. 모집여행상품의 대표적인 경우는 패키지여행(package tour) 상품이다.

2) 주문여행상품의 기획 및 판매

주문여행상품은 여행자로부터 의뢰를 받아 여행자가 희망하는 여행조건에 따라 기획 · 생산한다. 이러한 여행상품은 고객의 주문에 따라 여행목적, 여행기간, 여행경비 등이 달라질 수 있다. 그리고 여행자의 주문은 실제로 그 하나 하나가 단독으로 요청하는 것이 아니라 몇 개를 합쳐서 의뢰하기 때문에 어느 것에 가장 중점을 둘 것인가를 고객과 충분히 상담하여 고객의 요구사항을 최대한으로 반영할 수 있도록 고려해야 한다. 때로는 여행상품을 기획하기에 어려운 여행조건을 요구하는 경우도 발생한다. 이런 경우 의뢰자와 협의하여 대안을 선택할 수 있도록 하는 것이 바람직하다.

주문여행상품의 기획은 여행상품의 구매자가 이미 정해졌다는 점에서 모집여행과 다를 뿐이고, 기획방법은 모집여행과 유사하다. 주문여행상품의 판매방법은 인적판매가 주류를 이루고 있으며, 판매대상은 기업이나 법인, 협회, 학교, 각종 단체 등을 대상으로 판매원이 조직의 책임자나 여행할 의사가 있는 단체의 책임자와 연결하여 판매활동을 한다.

3) 전세버스업무

전세버스업은 여행업과는 다른 독립된 업종이지만, 그 업무는 여행업과 불가분의 관계가 있다. 전세버스업은 등록제로서 자동차운송사업법의 등록 기준을 준수해야 하고, 특히 영업장소에 운송 요금표 및 전세버스 이용자가 알아야 할 운송약관 등을 공시해야 한다.

(1) 전세버스 판매대상

① 대학생 오리엔테이션, 초 · 중 · 고 수학여행 등의 학생단체 수송

② 기업체 통근 및 통학용 수송지원

③ 기업활동 수송지원

④ 관혼상제 등 가족모임 수송업무

⑤ 외국인 수송업무

⑥ 기타(동호회 · 군병력) 수송업무

(2) 전세버스요금

전세버스 역시 출발지에서 버스의 종류(일반버스 · 리무진버스), 목적지까지의 거리, 성수기와 비수기 등에 따라 운임이 상이하며, 버스운송조합이 권장하는 전세버스요금에 의거하여 각 회사마다 탄력적으로 운영되고 있는 실정이다. 일반적으로 차량비와 유류비는 포함이지만, 주차료, 입장료, 고속도로 통행료 및 기사수고비와 같은 기타비용은 기본요금에 미반영되어 있어 사용자가 부담해야 하는 경우가 많다.

4) 국내여행일정표 작성

여행상품의 기본요소들은 거의 유사하여 어떤 형태의 여행이든지 여정일정 작성은 비슷하다. 여행일정표는 고객들이 가장 먼저 보는 것이며, 이를 기준으로 타여행사의 상품과 비교하여 여행사를 결정하게 되므로 여정작성시 각별한 주의와 노력이 필요하다.

기본적으로 여행일정표는 여행기간 · 여행목적 · 숙박시설 · 교통수단 · 관광지 · 식사 및 담당자 · 여행사 연락처 등이 기입되어야 하고, 담당자는 무형의 여행이 일정표로 유형화되는 것을 감안하여 전체일정을 시간의 무리 없이 편안하고 세심하게 작성해야 한다.

또한 여행일정표는 개인여행 · 단체여행 · 신혼여행 · 상용여행 · 초대여행 및 국제회의 참가여행 등 여행의 종류에 따라서도 달라져야 하며, 고객의 입장에서 자신의 희망이 충족되고 만족을 얻는 여정이어야 할 뿐만 아니라, 여행사의 관점에서는 신뢰를 받고 권위있는 일정이어야 하므로 이를 충족시키기 위하여 다음의 사항들을 고려하여야 한다.

① 여행목적에 알맞은 경로와 여행지의 순서를 정할 것
② 일정한 일수로 할당하여 숙박지를 결정할 것
③ 식사의 배분은 지방색이나 내용에 변하를 줄 것
④ 여행에 필요한 비용을 고려하고, 고객의 희망을 적용시킬 것
⑤ 여행목적과 여행경비 중 어느 것에 중점을 둘 것인가를 여행자와 상의하여 보편적이고 타당성있는 일정표를 작성해야 하며, 여행날짜를 정확히 해야 한다.

(1) 일정표 작성시 일반적인 유의사항

① 여행일정은 고객이 원하는 출발과 목적지 도착시간을 최대한 배려해야 한다. 철도와 버스 등이 병행할 때는 어떠한 교통기관이 편리한지, 고객이 원하는 교통수단이 무엇인지를 확인하여야 한다. 또한 항공기 출 · 도착편과 시간은 반드시 PNR을 직접 확인한 후 작성한다.
② 호텔이나 식당 등의 위치는 시내중심가나 해변 등 특별히 희망하는 곳이 있는지를 확인하여야 한다.
③ 성수기나 러시아워에는 교통혼잡에 따른 시간적 여유를 고려하여야 하고, 특히 성

수기에는 대처할 수 있는 교통편이나 숙박시설에 대한 고객의 요구사항을 파악하여 두는 것도 중요하다.

④ 기상변화에 따른 일정변경시 대처일정은 있는지를 확인하여야 한다.

제주2박3일 일정 및 조건

가격	항공	조건	별도추가비용
298,000원	**공항TAX 포함**	**항공,호텔,관광포함,쇼핑 2회,가이드불포함**	**옵션,기사팁은 별도입니다.**

일자	도시	교통편	시간	일정	비고
제1일	김포 제주	 티웨이	13:00 14:00 15:05 18:30	김포공항 2층 티웨이항공앞 모임 티웨이 항공 탑승 김포공항 출발 제주공항 도착 가이드 미팅후 오후관광 한라수목원,금능해수욕장등 석식:옥돔구이 호텔 체크인 호텔:제주 KAL (064-724-2001)	
제2일	제주	전용차량	전일	호텔조식후 외돌개-돔배낭길 쇼핑(관광농원)후 성천포구관광 중식:카오카오씨푸드뷔페 제주 유리의 성 소인국테미파크 더마파크(선택관광 15,000원)포함 석식:갈치조림+고등어구이	
제3일	제주 김포	전용차량 티웨이	 18:30 19:40	호텔조식후 에코랜드 테마파크-곶자왈 열차탑승 중식(돼지불고기정식,좁쌀막걸리) 조랑말체험,성읍민속마을 섭지코지(휘닉스아일랜드) 쇼핑:농수산물 직판장 석식:자유식 제주출발 김포도착	

그림 2-1 국내여행일정표

⑤ 햇볕에 장시간 보행을 한다거나, 일몰 후에 관광일정을 계획하거나, 입장시간 전 또는 관광지의 폐점 후 도착하는 등의 사항을 고려하여 계절별 시간과 특히 썸머타임을 고려하여 일정을 작성하여야 한다.

⑥ 시간을 적절히 사용해 쇼핑이나 사진촬영시 충분한 시간을 제공하고, 교통편을 변경할 경우에는 충분한 시간적 여유를 가질 수 있는 일정이 되어야 한다.

⑦ 쇼핑센터 방문횟수와 쇼핑품목을 기재하여 갑작스런 쇼핑센터 방문으로 여행자가 현지에서 당황하는 일이 없도록 사전에 정보를 통지해야 한다.

⑧ 제공되는 식사의 종류를 표기하여야 하고, 이용하는 호텔의 전화번호와 현지에서의 긴급연락망을 기록해 두어 필요시 이용할 수 있게 한다.

⑨ 조기출발이나 심야도착을 가급적 삼가고, 시즌 중에는 역코스로 일정을 편성하여 편안한 일정을 계획하는 것도 중요하다.

⑩ 포함사항과 불포함사항을 정확히 기재하여 현지에서 논란의 소지가 없도록 한다.

⑪ 장기간의 여행일정일 경우 최종일은 가급적 편안한 일정으로 작성하여야 한다.

⑫ 여행준비물 및 기타 유의사항을 적어 놓아도 좋으며, 일정표에 적지 않을 경우 ???

5) 국내여행안내사

(1) 개요

관광진흥법에 의하여 문화체육관광부장관인 실시하는 국내여행사 자격시험에 합격한 후 문화체육관광부장관에게 등록한 자를 말한다.

(2) 변천과정

① 국내여행안내원에서 2004년 국내여행안내사로 명칭변경

② 2009년부터 한국산업인력공단으로 시험시행기관 변경

- 한국산업인력공단 : 자격시험 출제 · 시행 · 채점
- 한국관광협회중앙회 : 자격증 발급 및 재발급 등

(3) 수행직무

국내여행안내사는 국내를 여행하는 관광객을 대상으로 여행일정계획, 여행비용산출,

숙박시설예약, 명승지나 고적지 안내 등 여행에 필요한 각종 서비스를 제공한다.

(4) 결격사유

다음의 어느 하나에 해당하는 자는 국내여행안내사가 될 수 없다.

① 금치산자, 한정치산자

② 파산선고를 받고 복권(법률상 일정한 자격이나 권리를 한번 상실한 사람이 이를 다시 찾음)되지 아니한 자

③ 관광진흥법에 따라 등록 또는 사업계획의 승인이 취소되거나 제36조 1항에 따라 영업소가 폐쇄된 후 2년이 지나지 아니한 자

④ 관광진흥법을 위반하여 징역 이상의 실형을 선고받고 그 집행이 끝나거나 집행을 받지 아니하기로 확정된 후 2년이 지나지 아니한 자 또는 형의 집행유예기간 중에 있는 자

chapter 3

인바운드 업무

제1절 인바운드의 배경

1. 인바운드의 발전배경

1960년대부터 본격적으로 시작한 우리나라의 국제관광사업은 정부의 육성책과 전체 관광기업인들의 꾸준한 노력을 바탕으로 발전을 거듭하여 왔다.

1970년대에는 관광사업을 국가 주요전략사업으로 지정하여 관광시장의 다변화를 꾀하고 관광진흥 촉진요인을 개발하였으며, 관광객 유치를 촉진시키기 위하여 교통부 내에 관광을 전담하는 국제관광과를 신설하고 관광진흥확대회의를 정기적으로 개최하는 등 능률적인 관광행정기구의 강화가 이루어졌다. 그 결과 1961년 외래관광객수 11,109명에서, 20년만인 1981년에는 100만명을 유치하는 큰 성과를 달성하였다.

1980년대에는 국제관광산업의 도약단계로서 1986년 아시안게임과 1988년 서울올림픽을 계기로 비약적인 발전을 이루어 외래관광객 230만명과 관광수지 36억불이라는 쾌거를 달성하였으며, ASTA총회(1983년), IBRD총회와 IMF총회(1985년) 같은 세계적인 국제

표 3-1 외래관광객 유치현황

구분	1981	1991	2001	2008	2009	2010
유치인원 (단위 : 명)	1,093,214	3,196,340	5,147,228	6,448,240	7,817,533	8,797,658

회의를 개최하여 관광산업의 꽃이라는 국제회의산업을 육성하기 위한 기초를 닦았다.

1990년대 초에는 88올림픽 이후 국외여행자유화 및 개방화정책으로 내 · 외국인의 교류가 폭발적인 증가세를 보여 내국인 국외여행객(아웃바운드)이 외래관광객(인바운드)을 초과하기도 하였으나, 1997년말부터 시작된 IMF외환위기로 다시 역전되어 1998년에는 외래관광객 450만 명과 관광수지 56억 달러라는 거액의 흑자를 달성하게 되었으며, 2008년에는 외래관광객이 644만 명, 관광수입이 90억에 이르는 비약적인 발전을 하였다.

21세기 들어 첫 번째의 가장 큰 행사는 "2002년 월드컵"이었다. 전국 9개 지역에 월드컵 축구경기장을 건설하여 전세계를 대상으로 지역홍보에 나섰던 지방자치단체들은 지금도 적극적인 관광객 유치경쟁을 벌이고 있다. 이에 따라 인바운드관광산업도 한층 발전하게 될 것으로 예상된다.

또한 21세기들어 가장 큰 관광의 추세는 한류(韓流)였다. 영화와 음악의 복합적 문화 콘텐츠뿐만 아닌 의학 등 전문적인 분야까지도 급성장하며 한국관광을 이끌었으며 이는 미래에도 계속될 것으로 기대된다.

2. 외래관광객 유치

일반적으로 외래관광객은 TV, 라디오, 잡지, 신문, 인터넷 등 다양한 매체와 현지여행사의 추천, 지인들의 추천 등을 통해 여행을 결정하게 된다. 특히 단체관광객의 경우 현지여행사의 역할이 가장 중요하다고 할 수 있다.

이런 상황에서 외국인 관광객을 유치하기 위해서는 관광공사, 현지공관 등 정부차원의 노력과 인바운드 업체는 직접 혹은 현지 지사를 통해 현지여행사들에게 유치활동을 하는 등 다각적인 노력이 있어야만 성과를 이룰 수 있다.

이런 성과를 이루기 위해서는 다음과 같은 유치활동이 필요하다.

1) 외래관광객유치 활동 단계

(1) 유치대상지역의 여행가능자의 욕구조사

- 관광정보수집
- 관광조건 확인

(2) 관광상품의 제작

- 관광의 필수요건과 관광객의 요구를 반영한 상품의 제작

(3) 관광상품의 홍보 및 현지 유치활동

- 이미지홍보, 상품의 특징을 부각시킨 홍보
- 한국관광공사, 현지지사, 현지여행사 및 관련기관을 통한 유치, 판촉활동

(4) 관광의 진행

- 출입국관리의 간소화, 관광지의 매력, 교통편 등 다양한 편의와 감동을 통한 관광의 진행

(5) 관광종료 후 고객관리

- 설문조사를 통한 장점과 단점 파악
- 고객정보 관리
- 지속적인 On, Off-line Marketing 실시

일반적으로 외래관광객의 유치는 현지여행사, 투어 오퍼레이터(tour operator), 한국관광공사의 국외지사, 대사관이나 영사관, 국외여행사의 현지지사 등을 통하여 여행자를 유치하는 단계를 거친다. 이때 현지여행사에 대한 홍보활동이 외래관광객을 유치하는 가장 기본적인 마케팅 수단이 되며 따라서 직접적으로 고객과 여행사가 직접 맺어지는 경우를 제외하고는 현지여행사를 통한 유치가 가장 일반적이다.

제2절 인바운드 업무

1. 인바운드 업무의 개요

인바운드 업무조직은 여행기업의 특성에 따라 차이가 있지만, 일반적으로 영업부, 수

배부, 안내부, 정산부로 나눌 수 있다.

1) 판매부

영업부서는 일반적으로 여행을 의뢰하는 외국여행업의 국가별 · 지역별 · 언어별로 구분하여 조직된다. 영업부서는 또한 외국여행사의 요청에 맞는 상품을 구성하여 판매를 전담하는 부서이다. 따라서 외국여행사의 여행조건이 변경되면 이를 토대로 상품원가를 다시 조정하고 일정표를 작성하고 가격을 산정하여 외국여행사로 보내면 외국여행업체는 여러 가지 통신수단을 통해 상품을 판매한다.

2) 수배부

수배부는 외국여행업체의 요청내용인 숙박, 식사, 관광, 교통편 등에 대한 수배를 적절한 시기에 완료해야 하며, 특히 선택관광 혹은 임의여행인 쇼핑, 골프, 카지노, 유흥, 수렵, 낚시, 스키 등도 외국여행사의 요청시 즉시 수배할 수 있는 능력을 가지고 있어야 한다.

3) 안내부

안내업무는 외국인여행자가 국내를 여행할 경우, 입국에서부터 모든 일정을 마치고 자국으로 돌아갈 때까지 전반적인 현지일정의 진행을 담당하는 업무이다. 안내업무는 외국인의 입국시부터 관광 · 쇼핑 · 출국까지 전과정을 원활하게 진행하는 업무로 이미 확정된 여행조건을 명확히 숙지하여 안내부서의 지위 · 감독 하에 계약조건에 따라 외국인여행자의 안내활동을 한다. 따라서 행사의 규모나 성격에 맞는 통역안내사를 배치하여 전문성을 최고로 발휘할 수 있도록 해야 한다. 또한 안내업무 담당자는 해당외국어에 능통하여야 하며, 외국인의 국내여행 중 발생되는 모든 문제를 해결하기 위해 외국인여행자의 인솔자인 국외여행안내사와 협의하여 일정이 무리가 없게 진행되도록 해야 한다.

4) 정산부

여행상품에 대한 행사가 완료된 이후 행사내역에 대한 금전적 처리를 정리하는 부서이다. 여행상품은 호텔과 식사, 관광지 입장료 등 기본적 경비와 쇼핑 및 옵션 투어 판매라는 부가적 수입원을 구성하는 요소를 적절히 배합하여 기업에 수익을 증대시킬 수 있다. 정산부서는 사후정산을 통하여 원가의 적정한 분석과 고객의 만족도를 비교해 보아야 한다. 기업체에 따라서 정산부서 역할을 판매부서에서 담당하기도 하며 이런 경우 정산부는 판매부에서 작성된 정산서와 증빙자료를 검토, 분석하는 역할을 한다.

여행사가 관광상품을 판매한 후 받은 관광요금에서 지급한 호텔비 등을 차감하면 여행사의 매출인 알선수수료가 계산된다. 여행사는 내국인 또는 외국인을 대상으로 하여 여행알선용역을 제공하고 그 수수료를 받아 운영하는 것을 목적으로 하고 있다.

2. 인바운드 판매업무의 개요

여행업무의 흐름은 여행사의 영업방향과 영업지역에 따라 약간은 상이할 수 있으나, 대체적인 업무의 순환과정은 비슷한 형태를 지닌다.

특히 Inbound 업무에 있어서의 순환 과정은 더욱 비슷한 양상으로 그 과정은 크게 두 가지 형태로 나타난다.

첫째는 Inbound업체에서 상품을 기획하여 해외의 여행사에 판매를 의뢰하여 모객을 하는 형태로 이 경우에는 상품의 기획 → 수배 → 해외주재원에 통보 → 현지여행사에 판매 의뢰 → 현지여행사에서 판매 → 모집된 여행객 해외 주재원에게 통보 → 주재원은 본사에 연락 → 본사에서 단체 접수 및 행사 진행 → 정산의 순서로 진행된다.

둘째는 해외의 현지여행사로부터 의뢰를 받고 행사를 진행하는 경우로서 주문여행(청부여행)의 형태라고 보면 이해가 쉽겠다. 이 경우는 현지 여행사로부터의 예약 → 수배 → 행사 진행 → 정산의 순서로 진행된다.

1) 기획판매업무

(1) 기획판매업무의 역할과 주요 업무

기업의 궁극적인 목적은 이윤추구에 있고, 이는 판매가 활성화되었을 때 달성 가능한 것이다.

판매 업무는 상품의 기획과 제작, 홍보활동, 시장 동향분석, 비용의 책정, 판매촉진활동 등을 일괄하여 취급하기 때문에 중요함이 강조되고 있다.

이러한 일련의 행동들이 회사의 발전은 물론이고 국가의 관광 진흥과 관광수입 증진에도 크게 기여하고 있다고 보아야 할 것이다.

① 상품기획

㉠ 자료수집

여행업무 전반에 걸친 자료를 수집하고 분류하여 비치함으로써 여행상품의 기획이나 홍보활동, 요금정책 등 여행업의 전 부서의 업무의 근거를 마련해 주어야 한다.

㉡ 시장동향분석

우리나라 관광시장 및 전세계의 관광시장 동향을 항상 예의 분석하고, 특히 해당 여행시장의 동향은 철저히 분석하여 전 부서가 긴밀하게 대처할 수 있도록 하여야 한다.

단기 · 중기 · 장기적인 동향분석을 통한 대응방안도 아울러 준비되어 있어야 한다.

② 여행관련 서류작성

기획상품(PKG)이 아닌 주문여행(order-made tour)으로 예약이 이루어졌을 경우 작성해야 할 서류는 여행일정표 → 원가계산서 → 견적서(계약서) → 수배의뢰서 → 단체 확정통보서 → 단체 행사지시서 → 정산서 → 청구서 순서로 작성을 하게 된다. 단체 행사지시서는 수배부서에서 작성하는 경우가 많고, 정산서는 관광안내원이 작성하며, 그 외의 서류는 판매부서에서 작성한다.

㉠ 일정표(itinerary)

여행일정표는 여행의 종류나 예산, 단체의 구성 내용에까지 소상히 알고 있어야 하며 여행의 전반적인 코스에서 비용까지 종합적으로 계획되어야 하는 것이므로 매우 중요하다.

㉡ 원가계산서(quotation)

숙박비, 국내선 항공기를 포함한 교통비, 입장료 등 지상경비(land fee)와 기타

경비를 포함한 실질적인 원가를 산출하여야 회사의 수익을 얼마를 할 것이며, 여행 부품은 어느 수준의 것으로 이용할 것인가 등을 결정할 수 있으므로 정확한 원가의 산출이 이루어져야 한다.

ⓒ 계약서(contract)

계약서는 계약한 내용대로의 이행이 어려울 경우에 언제, 어디서, 어떤 내용의 계약을 누구와 체결하였는가를 입증하기 쉽고 또한 분쟁을 방지하기 위한 예방법학적 차원에서 작성을 하는 것이다.

여행계약서는 여행의 집행을 의미하고, 권리 및 의무의 발생, 변경, 소멸을 꾀하는 것이므로 양식에 의거 간결하고 명료하게 작성되어야 하며, 작성일자와 작성자의 서명날인이 반드시 필요하다.

ⓓ 수배의뢰서

해외여행업자로부터의 여행의뢰 조건에 의하여 계약을 체결하고 판매부서에서 수배부서로 업무협조를 요청하는 최초의 대내업무가 수배의뢰서 발행이다. 정확한 수배내용과 작성일자 및 작성자를 명확히 하여 소정 양식에 기재하면 된다.

ⓔ 단체조건 확정통보서

여행객이 공항에 입국하기 1주일 전에 수배부서 및 안내부서에 전달하여야 할 대내업무이다.

단체조건 확정통보는 수배부서의 행사예산서 및 행사지시서 작성의 근거가 되며 여행 요금에 포함되는 것과 포함되지 않는 것을 명확히 하고 작성일자와 작성자의 서명날인으로 책임소재를 명확히 하도록 한다.

ⓕ 청구서(invoice)

행사가 종료된 후 단체 여행경비가 후불인 경우에는 안내원의 정산서를 근거로 하여 해당청구서를 작성, 단체여행 인솔자로부터 후불 증명서(voucher)나 확인서를 받아 첨부하여 해외업자에 송부한다.

③ 해외 지사 연락 및 관리

판매부서에서는 해외에 주재하고 있는 해외지사의 주재원들과는 아주 긴밀한 관계가 유지되어야 하며, 항상 연락이 가능한 핫라인이 연결되어 있어야 하며, 해외사무소와 본사와의 연결고리가 되어야 한다.

본사에서 기획한 상품을 해외여행업자에 판매할 수 있도록 제공을 하고, 수집한 여행 관련의 모든 자료를 제공하여 해외 영업에 어려움이 없도록 보조를 해주어야 한다.

(2) 판매업무 처리과정

① 여행의뢰서 접수

외국여행업자로부터 여행의뢰서를 접수하면서 판매업무가 시작된다.

단체명, 인원수, 입 · 출국 항공편, 여행기간, 여행목적, 여행일정, 예상여행비용, 특별 수배사항, 숙박시설과 객실조건, 식사횟수와 내용 등을 확인하여 접수번호(Code No.)를 부여하고, 접수대장(元帳 : master log)에 기장을 한다. 기장을 한 후 파일(file)을 작성하여 보관한다. 이 파일은 그 단체의 모든 이력을 다 내재하고 있어야 하며, 단체 종료시 안내보고서, 정산서와 함께 철하여 보관하여야 한다. 파일은 국가별 · 지열별이나, 여행사(Agent)별로 색깔을 달리하면 보관과 식별이 용이하여 업무에 편리하다.

근래 컴퓨터의 발달로 인하여 서류와 양식들이 전산화되면서 개인용 컴퓨터에 내장이 되어 있는 관계로 사무실에서 근무하는 사원들뿐만 아니라 해외사무소까지 공유하여 모든 작업이 전산으로 처리되고 있는 추세이나 업무연락은 전산작업을 하드라도 파일의 작성과 보관은 전산의 다운이나 불의의 사고에 대비하기 위해서도 매우 중요하다.

② 수배의뢰와 확인서 접수

외국의 여행업자로부터 의뢰받은 조건에 따라 수배부서로 수배협조를 요청하는 대내 업무로써, 수배의뢰시에는 신규(new booking), 변경(revise), 취소(cancellation)를 명확히 구분하여 의뢰일자를 명기하여 전달한다.

의뢰서 작성시에는 호텔명, 객실의 종류, 객실 수를 명확하게 기재를 하고, 특정 숙박시설을 지정 받았을 경우에는 반드시 별도의 표시를 하여 수배에 혼선이 없게 하여야 한다.

호텔 이외의 특수 수배사항에 대하여는 정확한 조건과 수배 이유까지도 기입해 주는 것이 업무에 효율적이다.

수배의뢰서와 수배확인서는 보통 한 장의 용지로 사용하는 경우와 별개의 용지로 사용하는 경우가 있으나 어느 경우라도 파일과 같은 색깔로 통일하면 식별이 용이하다.

③ 일정표 작성

여행일정표는 가장 편리하고 유익하며, 즐겁고 저렴한 비용으로 여행자의 욕구를 충족할 수 있어야 하며, 개인여행, 단체여행, 가족여행, 신혼여행, 상용여행, 초대여행, 국제회의 참가여행 등 여행의 종류에 따라서도 수배와 일정표는 달라져야 한다.

인바운드 여행의 일정표는 의뢰한 여행사의 주문에 의하여 이루어지는 것이므로 여행기일, 여행코스, 여행시각, 교통편, 숙박, 식사, 관광, 견학 등의 주문사항과 여행조건에 충실하게 작성하면 된다.

일반적인 작성요령은 해외여행 일정표 작성요령과 동일하나 우리나라의 지형과 교통상황에 유의하여 작성하면 된다.

④ 여행경비 산출

여행객이 도착하여 출국 때까지 개인경비를 제외한, 여행조건에 명시된 일정수행에 소요되는 경비인 지상경비를 산출하여야 한다.

산출 근거는 일정표이므로 일정표의 중요성을 인지하여야 한다.

산출방법에는 1인당 요금을 기준으로 산출하여 총 항목을 합산하는 방법과 각 항목별로 전체인원의 요금을 계상해서 총 항목을 합산하여 다시 전체 인원으로 나누는 방법이 있다.

⑤ 여행조건서 발송

의뢰자에게 여행의뢰에 대한 최종적인 확정 회신을 말한다.

별다른 재조정 의뢰나 변경요청이 없으면 이것이 곧 계약조건이 되고, 여행계약이 성립된다. 이때 일정표를 첨부해야 한다.

여행조건서는 여행일정을 추진하는데 있어서 단체 업무취급의 중요한 기본 자료가 되므로 작성에 신중을 기하고, 발송에도 주의를 해야 한다.

⑥ 단체조건 확정통보

여행단체 입국 최소 1주일 전에 거래관계의 내용을 최종적으로 종합한 문서로서 안내원에 대한 행사지시서의 역할과, 단체행사 취급의 지침이 된다.

⑦ 안내보고서 접수 · 처리

단체의 행사종료 후 안내원으로부터 구두보고와 안내보고서를 접수하고, 확정통보서와 일치하고 있는지, 행사진행 중의 특별사항의 유무를 확인한다.

⑧ 청구서(invoice) 발송

행사완료 후 여행경비가 후불일 경우에는 정산서를 작성하여 인솔자(TC)에게서 받은 바우처(voucher, 증명서)나 후불확인서 등을 첨부하여 해외사무소에 발송하여 여행경비를 신속히 회수할 수 있도록 조치를 취하여야 한다.

행사 진행상의 문제로 클레임(claim)이 발생한 경우 상황을 정산서 발송시에 해외여행사에 상세히 기술하여 불신과 오해를 초래하는 일이 없도록 하고, 선택관광이나 쇼핑에서 발생한 수수료 부문을 언급하고 그 금액을 감한 금액을 청구한다.

이 업무는 판매부서에서도 관심을 갖고 해야 하지만 주로 관리부서에서 미수금관계의 업무는 처리한다.

(3) 기타 업무

① 단체업무

단체업무란 담당국가 혹은 담당지역의 당일 입국 · 진행 · 출국하는 단체의 예약, 수배상황의 재확인, 변경 · 추가 의뢰사항의 처리, 여행객 불만사항의 처리, 첨승원 응대 등을 하는 업무를 말한다.

행사의 집행업무는 대형 단체의 경우는 전문 단체과 직원이 안내원들을 지휘 · 인솔하며 집행을 하고, 소형 단체의 경우는 안내원이 안내업무와 병행하여 처리하며, 단체행사부서에서는 사무실 내에서 안내원과 첨승원간의 긴밀한 연락관계를 유지하며 처리한다.

② 판촉 · 홍보 선전물의 제작

기획 · 판매업무 중에서 판촉 · 홍보 선전물의 제작과 관련된 업무는 대형 여행사들에서는 별도의 홍보실을 두고 업무를 추진하고 있으나 대부분의 중소형 여행사들은 기획 · 판매부서에 일임을 하고 있는 상황이다.

국내나 해외여행부는 선전물의 제작을 많이 하고 있으나, Inbound영업부에서는 Confidential tariff나, Tour brochure, Bulletin 정도를 제작하고 있다.

㉠ Confidential tariff

일반적으로 연초에 1회 발행한다. 해외에 있는 여행업자가 일일이 한국의 여행업자에게 문의하지 않고도 한국여행의 지상경비를 산출할 수 있도록 세목별 경비를 실거래 가격으로 명시하고 있다.

이 요금표의 발행여부와 정확도가 해외여행업자로부터의 공신력평가의 자료가 될 수 있으나 자기 회사의 업무추진을 위하여 만들어진 특별요금을 적용한 요금표이므로 대외적으로 알려지면 회사의 정보유출의 빌미를 제공할 수 있으므로 대외비 요금표(Confidential tariff)라 하는 것이다.

해외주재원이나 본사의 수배 및 판매부서에서 자료로 활용하는 요금표이므로 정확하고 알찬 내용이 될 수 있도록 성실히 제작하여야 한다.

㉡ Tour brochure

가제본한 소책자, 업무 안내 등의 팸플릿을 브로슈어라고 하는데, 인바운드 여행업에서 사용하는 브로슈어는 각 여행중개업자가 해외용으로 발행하는 독창적인 선전물이라고 볼 수 있다.

상품에 대한 개략적인 설명과 여행일정표, 여행조건, 여행비용 등이나, 경우에 따라서는 회사의 소개, 자국의 일반정보, 관광, 기후, 출입국관계 등 전 분야에 걸쳐 다양하게 명시하고 있는 것도 있다.

㉢ Bulletin

수시로 변하는 여행정보나 여행경비 등의 긴급한 변동사항을 해외업자나 해외주재원에게 통보하여 상대방의 편의를 도모하고 쌍방간에 야기될 수 있는 문제를 사전에 방지하기 위하여 부정기적으로 발행하는 정보지를 Bulletin이라 한다. 그러나 인터넷의 발달로 인하여 근래에는 그 본래의 취지를 많이 상실하고 여행업간의 교류차원에서 이루어지는 소식지로 활용되고 있다.

PANORAMIC KOREA TOUR

DATE	CITY	CARR	TIME	ITINERARY	REMARK
	BKK		10:05	Dept BKK	
JUN.24		TG652	17:20	Arr Inchon	
TUE	ICN			Meeting Guide at Airport	
		Bus		Moving to Hotel and check in	
				Dinner:HOTEL	
				Guide:J.J.Kim 010-7777-7777	
				[HOTLE : Lotte Hotel- TEL : 02)732-7373	
	FULLDAY		7:00	Breakfast:HOTEL	
JUN.25	DMZ TOUR	Chater	9:00	DPT TO Imjingak Park and Freedom Bridge Tour	
WED		Bus	13:00	Lunch : club house/Korean Style	
				Kyung-eu Railway Bridge,The third tunner tour	
				and return to Restrant for Dinner	
			18:00	Dinner:JinGogae	
				[HOTLE : Lotte Hotel- TEL : 02)732-7373	
	FULLDAY		7:00	Breakfast:HOTEL	
JUN.26	CITY TOUR	Chater	9:00	Hotel to Nam San Tower and KyungBok Palace	
THR		Bus		Central Musium tour	
			13:00	Lunch:SamGye Tang	
			14:00	Free Time at NamDaeMoon Market	
			16:00	Visit toCity Hall,ChungGyeChun and Duty Free Shop	
			19:00	Dinner:Free	
				[HOTLE : Lotte Hotel- TEL : 02)732-7373	
			7:00	Breakfast:HOTEL	
JUN.27			9:00	Transfer to ICN Airport	
FRI	ICN		10:30	Arr Inchon	
			13:00	Dpt to BKK	

그림 3-1 인바운드 일정표

3. 인바운드 수배업무

1) Inbound 수배업무의 중요성

Inbound에서의 수배는 예약보다는 확보의 개념인 수배(arrangement)의 단어가 더욱 적절할 수밖에 없다.

여행객이나 Agent의 요청이 있을 것에 대비하여 미리 시설물을 확보하여 두어야만 업무의 원활과 회사의 이윤창출을 노릴 수 있는 것이기 때문이다.

결론적으로 Inbound여행업에 있어서의 수배란 여행객이 여행일정에 맞추어 원활하게 여행을 할 수 있도록 필요한 시설물을 적재적소에 배급해주는 분배적 행위로서 예약보다는 포괄적인 개념이라고 설명할 수 있겠다.

특히 Inbound여행업에서 고객의 요청사항에 대한 상품을 신속하고 정확하게 구입하여 공급하느냐, 못하느냐에 따라 여행상품의 판매가 이루어져 행사가 진행되느냐가 판가름 나며, 나아가서 여행업체의 신뢰도 및 발전성에까지 영향을 줄 수 있는 매우 중요한 업무이다.

또한 수배업무는 여행에 필요한 요소인 객실, 교통수단, 식당 등의 지불요금이 어떻게 적용되는지가 여행상품의 가격책정에 있어서 가장 큰 변수로 작용되기 때문에 물량의 확보도 중요하지만 가격책정 면에 있어서도 매우 중요한 위치에 있다.

성수기에는 고객의 욕구를 충족시킬 수 있는 관광시설물의 필요한 수량을 미리 확보하여 행사상품의 수용과 진행에 시설물 물량의 부족함이 없어야 하고, 비수기에는 시설업과의 교류와 유대관계를 강화하여 경쟁하는 여행사들과의 가격경쟁에서 우위를 점할 수 있도록 저가에 시설물을 공급받아 상품판매에 유리하게 하는 것이 수배부서의 중요한 업무이며, 여기에 수배부서의 중요성이 있는 것이다.

2) Inbound 수배업무의 처리요령

(1) 내부적 업무처리 순서

① 수배의뢰서 접수

판매부서로부터 수배의뢰서를 접수받음으로써 실질적인 수배업무는 시작된다. 수배의뢰서는 절대로 보류하지 말고, 접수 즉시 수배순서를 결정하여 예약업무에 착수하여야 한다.

② 예약업무(상품구입) 시작

수배의뢰서 내용을 숙지하여 예약사항을 절대 누락시키기 말아야 한다.

예약일자, 상대방 인적사항을 명기하고, 요청사항이 수배가 어려울 때는 대안을 강구하고 판매부서와 상의한다.

시일이 걸리는 예약사항은 중간보고를 통한 작업의 진행 중임을 알린다. 중간보고는 일이 잘못되었을 경우 면책의 효과도 있다.

③ 수배확인서 통보

상품의 구매가 완료되고 확인되는 즉시 판매부서에 예약확인 통보를 한다. 변경사항 발생시에는 변경통보서를 발송한다.

수배확인서에는 숙박, 교통, 식사, 기타 수배부문에 대한 예약 업체명, 예약일자, 확인자 직책과 성명, 예약수량, 금액 등을 기재하여야 한다.

④ 확인 및 재확인

완벽한 수배라고 하여도 항상 확인 또 확인이 수배업무의 생명이다.

출근하면 하루 동안의 수배부문(호텔, 식당, 차량 등)을 점검 · 확인하고, 퇴근 전에는 내일의 수배사항들을 일일이 확인하며, 주초에는 일주일간의 분량을 확인하고, 주말에는 다음 주의 수배부문을 확인하는 등 확인 및 재확인은 그만큼 중요하다.

항공권의 경우 국내선은 24시간 이상, 국제선은 72시간 이상 체류할 시에는 재확인제도가 약관에 규정되어 있을 정도로 재확인을 중요시하고 있다.

항공권을 재확인하지 않아 취소되는 사태를 방지하기 위하여 수배부서에서 입국과 동시에 해당항공사에 잔화로 재확인을 하여 준다.

⑤ 행사예산서 작성

행사예산서의 작성목적은

첫째, 행사경비와 판매금액을 비교함으로써 예상수익을 측정하기 위한 것

둘째, 담당자에게는 원가의식을 고취시킴으로써 기업의 경영성과에 관심을 고취시킨다.

셋째, 여행비용을 효과적으로 집행하게 하는데 그 목적이 있다. 행사예산서 작성시에 유의할 내용은 다음과 같다.

- 여행조건에 명시된 항목에 따라 실제지불금액으로 계산하여 행사에 소요되는 제경비를 산출한다.
- 예상수익분석상 마이너스 효과가 있는 경우에는 관련 업체와의 협조로 지출을

최대한 억제한다.

- 지불금액을 직불과 후불로 명확히 구분하여 집행시에 착오를 유발하지 않도록 한다.

⑥ 행사지시서 작성

행사지시서는 수배사항에 대한 구체적인 설명과 주의사항이 담긴 서류로 안내원이나 단체과 직원들에 제공된다.

단체의 여행객 중에서 VIP나 요주의 인물, 각 시설업체의 실제 지불가격, 수량, 단가, 쇼핑이나 업체의 배정현황 및 식사메뉴, 차량배차 현황, 옵션투어의 요금표 등 항목별로 누락됨이 없이 세밀하게 작성되어야 한다.

특히 야간에도 연락이 가능한 직원의 비상연락망은 물론 관련업소의 연락처도 명기해 두는 것이 바람식하며, 안내원들은 행사지시서의 호텔, 식당, 차량 배차, 쇼핑장소 등을 확인 및 숙지하여야 한다.

⑦ 최종확인과 행사 중 변경사항에 대한 대처

공항에 단체가 도착되면 안내원의 보고에 의해 인원수, 일정 등의 변경에 대한 대처 방안을 강구하여야 한다.

또한 일정 진행 중 변동하는 예약상황에 대하여도 보고체계와 더불어 즉각적으로 대처할 수 있는 예약시스템이 구축되어야 한다.

⑧ 집행경비의 확인

단체의 모든 일정이 종료되고 안내원이 작성한 행사보고서(정산서)상의 사용업체와 실제로 수배된 관련업체의 사용 여부와 사용한 수량 및 금액을 확인하고 서명한다.

3) Inbound 수배업무 내용

국내 방문예정지의 수배와 원가는 매우 밀접한 관계가 있다. 원가를 최소한으로 줄이고 손님들에게도 관광효과를 최대로 제공할 수 있는 수배가 최선의 수배이다. 일단 여행관련 요소(호텔, 버스, 방문지, 쇼핑센터 등)들과 사전 협의 결과, 원가를 산정하게 되면 총원가 대비 적절한 수익(약 10～20%)을 고려하여 상대방 외국여행사에 가격을 제시하게 된다.

(1) 숙박과 식사수배

국내수배에서 가장 중요한 차량과 숙박지 및 식사장소 등 기본적인 부문에 대한 예약은 먼저 전화로 이루어지며 행사가 결정되는 즉시 예약했던 장소들과 사전 교섭 및 계약에 임하게 된다. 호텔가격의 경우 성수기 · 비수기, 주중 · 주말, 단체인원수 및 숙박일수와 조식포함여부 등 여러 조건에 따라 가격조건이 모두 다르기 때문에 사전에 사입(仕入)조건을 미리 확인하여 경쟁적인 가격을 만들어야 한다. 호텔에 따라서 연간 계약조건을 제시하여 안정적인 객실보장을 요구할 수도 있으며 이에 따른 담보로서 보증보험증권을 요청하기도 한다.

식사와 식당을 결정할 경우, 외래관광객의 국민적 특성을 잘 고려하여 준비해야 한다. 일본관광객의 경우 일본식 조식(早飯)을 요청할 경우가 있으며, 중국인의 경우 차(茶)를 자주 마시기 때문에 중국차(中國茶)를 준비하면 좋아하고, 구미관광객의 경우 한국음식을 먹을 때 방바닥에 앉는 좌식(坐式)을 불편해 하는 일이 많아 테이블이 있는 장소를 선택해야 한다.

특히 인바운드 성장세가 증가하고 있는 말레이시아, 인도네시아, 인도 등 회교권국가에서 입국하는 손님들의 경우 돼지고기가 준비된 식사를 피해야 하며 하루 한 번씩은 회교식당 또는 인디안 레스토랑을 요청하는 바, 관광객의 특성을 고려한 수배가 우선되도록 해야 한다.

(2) 국내관광지 수배

국내관광지를 수배할 경우 유료입장 지역과 무료입장 지역도 적절히 분배하는 지혜가 필요하다. 관광효과를 줄이지 않는 한도 내에서 무료방문지역을 코스에 삽입하면 경쟁적인 원가산출이 가능할 수도 있다. 예를 들면 재래시장이나 여의도공원, 월드컵운동장 및 그 홍보관 등이다. 최근에는 청와대 경내 관람도 무료로 운영하고 있으며 이미 외래관광객들에게 가장 인기있는 방문지역 중 하나로 자리 잡았다.

국내관광지를 수배할 경우 저녁식사 후 나이트라이프(night life)를 보낼만한 장소를 사전에 물색하여 고객들에게 제시하는 것도 수익을 제고할 수 있는 방안의 하나이다. 예를 들면 워커힐 카지노 또는 한국고전무용을 공연하는 코리아하우스 등과 중국관광객들이 선호하는 롯데월드와 같은 업체들은 대부분 여행사에 수수료를 지급하고 있으며 여행사로서도 부수입원으로 부족함이 없다.

(3) 차량수배

차량을 수배할 경우 인원에 따라서 차량의 종류를 선택하지만 20인이 넘는 단체여행일 겨우 일반적으로 45인승 대형관광버스를 수배하게 된다. 이는 30인승의 중형관광버스에 비하여 45인승 대형관광버스는 부피가 큰 여행가방을 싣고 다니더라도 손님들이 불편을 느끼지 않고 임대비용의 차이도 크게 나지 않기 때문이다.

(4) 인센티브 목적지 수배

한국을 방문하는 외래관광객 단체들의 약 22%는 한국 내에서 개최되는 국제회의 참석 또는 인센티브 목적지 방문이라고 한다. 특히 인센티브 목적지는 대부분 기업들과 산업현장방문이 주종을 이루고 이들 기업체들과 긴밀한 관계를 맺어 놓을 경우 외래관광객 유치는 물론 상품개발과 원가산출에도 많은 도움이 된다. 기업체 입장에서도 자사에 대한 홍보의 기회가 되기 때문에 방문을 환영하고 있으며 산업현장시찰과 견학은 물론 간식과 기념품을 제공하여 방문효과를 높이며 기업체에 따라서는 점심식사를 무료로 제공하기도 한다.

4. 관광통역안내사

1) 관광통역안내사의 중요성

관광여행단체의 성공여부는 통역안내사(로컬가이드)에 달려있다는 말이 있다. 그만큼 로컬가이드의 역할이 중요하다는 의미로 로컬가이드가 단체관광여행의 꽃이라고도 한다. 로컬가이드의 공식 명칭은 관광통역안내사로서 통역을 중시하는데 이는 언어소통이 가장 기본적인 조건이 되기 때문이다.

관광통역안내사 역할의 중요성은 아무리 강조해도 지나치지 않는다. 행사 첫날 공항에서 관광객들을 영접하는 순간부터 한국에 대한 첫인상을 결정해 준다. 이후 외래관광객들과 함께 국내를 여행하며 한국을 소개하는 문화의 전령사의 역할은 물론이고 이들의 여행기간 중 여러 가지 불편함을 해소시켜주는 보호자의 역할도 관광통역안내사의 몫이다. 여행참가자 서로가 잘 모르는 패키지상품 여행객일 경우 서로를 인사시켜 관광객 상호간 인간관계를 맺어주는 조정자이자, 회사의 입장으로선 옵션관광과 쇼핑 등을 자연스럽게 유도하여 회사의 수익을 제고하기도 하고 행사를 성공적으로 마쳐 회사의 명예를 높인다거나 이를 재방문으로 연결시켜 계속적인 유치활동을 발생시키기도 한다.

이렇듯 관광통역안내사는 단체관광행사의 최일선에 있는 책임있는 관리자이지만 반대로 행사를 망쳐버릴 수도 있으며 안내상의 능력부족과 불친절로 인하여 회사에 대한 불명예를 가져올 수도 있다. 따라서 모든 여행사에서는 친절하고 우수한 로컬가이드의 확보에 가장 심사숙고하고 있으며 유능한 가이드 육성을 위하여 별도의 교육을 하기도 한다.

2) 기본자세

(1) 성실과 진실

여행안내를 위해서는 무엇보다도 성실하고 진실된 마음을 갖추어야 한다. 안내원이 여행 전반에 대한 풍부한 지식과 뛰어난 안내능력을 지니고 있다 하더라도 안내에 성실하지 못하고 진실성이 결여되어 있으면 고객은 안내원을 신뢰하지 않는다. 그러므로 안내원이 좋은 여행안내를 하려면 성실과 진실된 마음을 바탕으로 고객과 상호 신뢰하는 관계를 형성하여야 한다.

(2) 친절과 환대

친절과 환대는 안내를 할 때에 없어서는 안될 조건이다. 여행에 참가하는 대다수의 고객들은 여행을 통해 편안한 휴식과 즐거움을 추구하게 되므로 안내원은 이들에게 항상 친절한 태도로 즐거움을 베풀 수 있어야 한다.

(3) 신속과 정확

여행자는 대부분 바쁜 여행일정을 보내게 되므로, 안내원의 순간적인 판단이나 신속한 행동이 요구되는 경우도 흔히 발생한다. 이러한 경우에 대비하기 위하여 평상시 다양한 사례연구를 통해 신속히 대처하는 방법을 연구해 두어야 한다. 또 여행지의 교통사정 등 최신의 여행자료와 정보를 수집하여 신속하고 정확한 안내를 할 수 있어야 한다.

(4) 단정한 복장과 예의바른 태도

좋은 서비스를 제공하기 위해서는 친절 · 성실 · 신속해야 하는 동시에 안락 · 편리 · 청결해야 한다. 따라서 통역안내사는 몸을 깨끗이 하고 복장을 단정히 하여 항상 고객에게 깨끗한 이미지를 심어 주어야 한다. 고객을 접대할 때에는 항상 예의를 갖추고 환한 미소로 친절하고 성실하게 안내해야 한다.

(5) 민간외교관

우리나라를 방문하는 여행자는 통역안내사를 통해서 주로 우리나라를 평가하기 때문에 통역안내사의 설명과 태도 여하에 따라 우리나라와 국민에 대한 인식도 달라지므로, 통역안내사는 항상 국민의 대표자라는 입장에서 민족적 긍지를 가지고 민간외교관으로서 확고한 신념을 가지고 안내해야 한다. 또한 우리나라를 올바르게 소개함으로써 국제간의 상호이해와 친선도모에 일익을 담당하고 세계평화에 기여한다는 자부심을 가져야 한다.

5. 행사의 자체평가

행사가 완료된 후 행사의 성공여부에 대한 정밀한 평가가 필수적이다. 평가를 위하여 설문조사를 하게 되는데 이를 통하여 회사의 행사수행능력을 제고하고 판매여행상품에 대한 개선을 통하여 이미지를 높이는 기회를 만들며 여행조건의 개선으로 고객의 유치활동에 도움을 준다.

6. 고객불만족 처리

영어로 "Travel is Trouble"이라는 말이 있다. 이는 모든 관광행사에는 문제점이 상존

하고 있다는 의미일 것이다. 관광사업은 항상 언제라도 발생할 수 있는 사고(trouble)에 대비하고 있어야 한다. 그것이 크건 작건 간에 항상 발생할 수 있기 때문이다.

고객불만족의 이유는 매우 다양하다. 상대방의 전화를 잘못 받아 오해가 발생하여 불만족이 일어난 경우에서부터 가이드의 불친절, 호텔서비스나 음식의 불만족, 버스와 차량의 청소상태 불량 등 이루 헤아릴 수가 없다. 금전적으로 요청하는 경우 심각한 클레임이라면 법적 대응도 준비해야 하지만 그렇지 않은 경우 감정적인 불만이 대부분이다.

고객의 불만이 접수된 경우, 불만의 내용이 합리적인지 아닌지 우선 판단해 보아야 한다. 그러고 나서 원인규명을 위하여 불만이 발생한 경로를 추적하여야 한다. 추적결과가 나오면 이를 토대로 정중한 사고와 함께 설득력있는 회신을 보내어 우선 감정적으로 무마를 시키는 일이 중요하다. 설사 불만의 내용이 비합리적이라 할지라도 감정적 회신을 자제하고 차후 고객관리를 위하여 정중한 회신을 보내어야 한다. 일반적으로 국제관광활동에 있어서 정중한 회신이 오면 대부분의 경우 수긍하고 끝나게 된다.

7. 고객관리

외래관광객 행사가 성공적으로 완료된 경우 관광에 참가했던 고객 또는 상대방 여행사로부터 감사의 편지를 받는 경우가 있다. 이러한 편지를 받으면 우호적으로 회신하여 인바운드 여행사도 물론 감사의 편지를 보냄으로써 상대방에게 좋은 이미지를 남겨 거래가 계속되고 유대관계가 구축되어 유치활동이 계속 될 수 있도록 해야 한다.

고객관리는 평소에 해야 한다는 말이 있다. 정기적으로 한국의 관광현황을 알리고 새로운 여행상품정보를 주며 때로는 상대방 여행사들을 초청하여 팸투어(familization tour)를 실시하는 것은 지속적인 유치활동에 도움이 된다.

시장개척을 위한 팸투어는 관광상품의 관련업체들로부터 협조를 받을 수 있다. 특히 한국관광공사(KNTO)의 해외지점들과 협조하면 외국 현지의 유력여행사들에 대한 정보는 물론 경비협조를 얻을 수 있으며, 항공사와 호텔은 물론 한국에서 이동시 사용할 관광버스 회사와 쇼핑업체들로부터 사전협조를 요청하여 큰 비용을 들이지 않고 행사를 할 수 있다.

chapter 4

아웃바운드 업무

제1절 아웃바운드 업무

1. 업무의 개념

아웃바운드 업무란 국외를 여행하는 내국인을 대상으로 하는 제반 여행업무로서 여권 및 비자를 받는 절차를 대행하는 행위를 포함한다. 일반적으로 아웃바운드 업무를 취급하는 부서를 해외여행부라고 부른다.

2. 업무의 특성

1989년 1월 국외여행 전면자유화 실시와 국민소득의 증대 그리고 여가의 증대로 인하여 국외여행규모가 계속적으로 증가하고 있다. 또한 여권발급의 간소화 등 해외여행을 장려하고 지원해 주는 제도가 마련됨으로써 앞으로 해외여행을 떠나는 국민들은 계속해서 증가해 나갈 것으로 전망된다. 이로 인해서 아웃바운드 업무를 취급하는 여행업체가 급격히 증가하게 되어 여행업체간의 경쟁이 심해지고, 여행객의 욕구가 다양해지면서 새로운 여행상품의 종류도 증가하고 있다. 과거에는 휴양목적이나 관광목적인 여행상품이 주를 이루었으나 요즘 들어 박람회나 전시회참가 및 특수관광목적 등의 여행상품을 대상으로 한 판매활동도 점차 강화되고 있고 아웃바운드경영이 점차 복잡해지고 있는 것이 특징이다.

또한 아웃바운드 여행업은 외국인에 대한 한국 이미지의 향상에 관심을 가져야 한다. 특히 내국인이 국외여행을 하는데 있어 바람직한 여행문화를 선도하도록 노력해야 한다. 따라서 해외여행 관련업무를 전담하고 있는 해외여행부가 맡아야 할 책임과 역할은 매우 크다. 건전한 해외여행풍토의 조성, 양질의 여행상품 개발, 여행객의 만족도 제고, 여행사의 수익증대와 생산성 향상을 위해 아웃바운드 여행업이 수행하여야 할 과제라 할 수 있다.

3. 업무내용

1) 수속업무

여권과 비자는 여행객이 국외여행에 반드시 필요한 여행서류이다. 국외여행을 하는 모든 내국인에게 필요한 서류로 여권을 소지해야만 국외여행이 가능하다. 또한 외국을 여행하려면 해당국의 비자를 받아야 입국할 수 있다. 수속업무란 여행객이 국외를 여행하는데 필요한 서류인 여권과 비자 등을 여행객을 대신하여 발급해 주는 업무이다.

2) 판매업무

해외여행상품 및 항공권, 숙박권, 교통운송권 등을 판매하는 업무로서, 판매업무는 여행객을 대상으로 자사 또는 타여행업자가 생산한 여행상품을 여행객을 대상으로 판매하는 직접판매와 여행상품을 생산하는 여행도매업자측에서 여행소매업자를 대상으로 하는 간접판매로 구분된다. 전자는 여행업의 영업직원이 직접 여행객을 방문하여 판매하는 형태와 신문광고와 같은 대중매체를 사용하여 여행상품을 일반고객에게 알려서 판매를 하는 것이고, 후자는 자사가 생산한 여행상품을 일반여행업자를 대상으로 여행상품을 제공하여 판매하는 것을 말한다. 또한 패키지영업과 단체영업으로 나눌 수 있는데, 패키지영업은 기획된 여행상품을 판매하고, 단체영업은 맞춤여행상품을 판매하는 것을 의미한다.

3) 국외여행인솔업무

국외여행인솔업무는 내국인의 국외여행에 동행하여 단체를 인솔하는 업무로서, 여행의 출발부터 귀국시까지 단체여행객을 돌보아 주는 일이라 할 수 있다. 내국인의 국외여행을 위하여 출국에서부터 현지의 도착, 관광, 쇼핑, 입국까지 전과정을 원활하게 진행하며 이미 확정된 여행조건을 명확히 파악하여 현지의 일정진행을 지휘 · 감독하는 업무이다.

4) 기획업무

해외여행상품의 기획, 상품의 출시 등을 하며, 지상수배업자 및 관련업체와 협력하여 적정한 가격을 결정하는 업무를 의미한다.

5) 항공예약 및 발권업무

항공권의 발권을 주요업무로 하는 부서로서 국외여행시 개인여행 또는 단체여행시 항공예약 및 취소, 항공운임의 계산, 항공권 발권 등 항공관련업무를 하게 된다.

6) 정산 · 관리업무

정산 · 관리업무는 해외여행이 종료된 후에 인솔자로부터 그 단체에 대한 출장보고서 및 정산서를 보고받아 내용의 합리성과 정확성을 검토하는 업무를 말한다.

7) 수배업무

수배업무는 항공좌석과 현지의 교통기관, 숙박시설, 식사장소, 관광지 등에 관한 예약과 수배를 담당하는 업무를 말한다. 수배업무는 항공좌석의 확보는 물론 호텔, 버스, 기차, 식사, 관광 등 현지의 지상부분을 직접 혹은 지상수배업자를 통해 예약, 관리하는 업무이다.

4. 수익내용

1) 항공권 판매수수료

개인 또는 단체여행객의 항공좌석을 예약, 판매함으로써 항공사에서 일정금액(5~7%)의 수수료를 지급받았으나 2009년 이후 국적항공사를 비롯한 대부분의 항공사가 수수료를 지급하지 않아 여행사는 고객에게 별도의 항공권 취급수수료를 부과하고 있다.

2010년 1월부터 KATA(일반여행업협회)에서 항공권 취급수수료율을 정해 놓았지만 여행사들간의 경쟁으로 실제 요율보다는 적은 수수료를 부과하고 있다.

표 4-1 항공권 취급수수료(항공권 발권수수료를 항공사가 지급하지 않는 경우에 한함)

<table>
<tr><th rowspan="2"></th><th rowspan="2" colspan="2">구분</th><th rowspan="2">발권</th><th colspan="2">변경(재발행)</th><th rowspan="2">환불
취소</th><th rowspan="2">마일리지
서비스
(무료항공권
또는
좌석등급)</th><th rowspan="2">비고</th></tr>
<tr><th>단순
왕복편도</th><th>이원구간
이상</th></tr>
<tr><td rowspan="4">발권
및
변경
환불
취소</td><td>이코노미
클래스
(Y)</td><td>중국, 일본, 괌·사이판, 동남아시아(홍콩·대만, 몽골, 싱가포르, 필리핀, 태국, 말레이시아, 인도네시아, 브루나이, 베트남, 캄보디아, 라오스, 미얀마)</td><td rowspan="4">항공권
요금의
7%</td><td>₩30,000</td><td>₩60,000</td><td rowspan="4">₩30,000</td><td>₩50,000</td><td></td></tr>
<tr><td>국제
항공권</td><td>기타지역</td><td>₩60,000</td><td>₩120,000</td><td></td><td>1인
1건
기준</td></tr>
<tr><td rowspan="2">비즈니스
/퍼스트
클래스
(C/F)</td><td>중국, 일본, 괌·사이판, 동남아시아(홍콩·대만, 몽골, 싱가포르, 필리핀, 태국, 말레이시아, 인도네시아, 브루나이, 베트남, 캄보디아, 라오스, 미얀마)</td><td>₩30,000</td><td>₩60,000</td><td>₩100,000</td><td></td></tr>
<tr><td>기타지역</td><td>₩60,000</td><td>₩120,000</td><td></td><td></td></tr>
</table>

※부가세 별도(부가세법에 의거)

적용기간 : 2010년 1월부터

2) 여행상품의 판매수익

여행사의 기분이 되는 수입원으로 여행상품을 기획, 생산하여 여행객에게 판매를 하여 얻는 수입이다. 종류로는 패키지상품의 수익, 맞춤여행상품의 수익과 여행도매업자의 상품을 판매하여 발생되는 수익으로 적정한 수익률을 유지하는 것이 좋다.

3) 호텔 판매수수료

개인 혹은 상용고객들의 요청에 의해 호텔 도매업자를 통한 예약과 변경 등의 서비스를 제공하고 호텔도매업자 혹은 호텔로부터 직접 수수료를 받게 된다.

4) 여권, 비자 발급대행수수료

여권발급수속, 비자발급수속을 대행해주고 받는 수수료가 있다.

이 부분은 수익의 목직보다는 서비스의 목적이 더 크다고 할 수 있다.

5) 선택관광 판매수수료

선택관광은 미리 정해진 상품이 아니라 현지에서 자유시간이나 야간시간 등을 이용하여 여행객들의 자발적 요청으로 스스로 추가비용을 지불하는 조건으로 발생이 되는 관광으로 별도의 수수료가 발생이 된다.

6) 쇼핑알선 수수료

전세계 대부분의 면세점, 백화점, 관광토산품점 등에서는 여행객을 알선 안내해주는 대가로 관련회사나 관련직원에게 적정한 수수료를 지불하게 된다.

7) 여행자보험 판매수수료와 기타

여행객의 편의와 안전을 위해 여행자 보험가입을 대행해주고 보험회사로부터 일정요율의 수수료를 받게 되는 것과 그 외 국제전화카드 판매수수료, 승선권 판매수수료, 관광지 입장권 판매수수료 등의 수수료가 발생된다.

5. 아웃바운드의 유통경로

국외여행상품의 판매경로에는 소비자인 여행자와 여행업자, 여행소매업자, 여행도매업자, 지상수배업자와 관련업체 등의 다양한 관계로 이루어지고 있다.

1) 여행도매업자

여행도매업자(Wholesaler)는 여행객의 수요와 해당시기의 트렌드 등을 파악하여 교통, 숙박, 그리고 가능한 서비스를 준비하여 완전한 여행상품을 기획, 개발, 생산하고 제공하는 역할을 하게 된다.

여행도매업자에는 여행소매업자를 통해서만 상품을 유통시키는 순여행도매업자와 직접 상품을 판매 유통하는 여행소매업을 겸한 여행도매업자로 구분한다.

우리나라는 순여행도매업자가 존재하였으나 현재에는 거의 모든 여행도매업자가 여행소매업자를 겸하고 있는 현상이다.

여행도매업자의 역할을 보면

① 모든 여행의 소재를 대량구입하여 여행상품을 기획하므로 위험부담이 존재한다.

② 패키지상품을 기획, 생산한다.

③ 간접판매를 원칙으로 한다.

④ 신상품개발에 선도적 역할을 한다.

2) 여행소매업자

여행소매업자(Retailer)는 여행도매업자의 상품을 판매대행하고 상응하는 수수료를 받는 경우와 직접 맞춤여행상품을 생산하고, 전문적인 서비스가 요구되는 다양한 상품을 생산하여 판매하는 경우로 구분할 수 있다.

유통경로상 여행도매업자와 소매업자를 구분한 것이지, 실제 업무내용과 역할에는 별 차이가 없다.

3) 지상수배업자

아웃바운드 현지수배의 가장 이상적인 방법은 전세계의 주요 국가에 자사의 지사를 갖는 것이지만, 이것은 경제력 · 생산성 · 인력 등의 사정으로 보아 일반여행사로서는 불가능한 일이다. 따라서 국외여행에 필요한 현지일정 등 현지수배는 대개 지상수배업자(land operator)를 통하여 하게 된다. 현지수배 경로는 여러 가지가 있으나 우리나라 아웃바운드에서는 지상수배업자를 통한 수배가 중심적 채널이 되고 있다.

지상수배업자란 국내의 여행사로부터 여행업무 중 현지 지상수배업무만을 의뢰받아 이를 전문적으로 수행하는 업자로서 여행업을 상대로 ① 현지정보의 수집 · 제공기능 ② 현지수배기능 ③ 상담기능 ④ 견적기능 등을 수행한다.

이와 같은 지상수배업자는 여행업자로부터 의뢰받은 현지 지상수배와 현지 여행안내까지 하고 있지만 여행사와 다른 점은 직접 일반고객을 상대로는 영업을 하지 않는다는 것이다.

(1) 수배범위에 따른 분류

① 다국적 기업형

거의 모든 나라에 자사의 지사를 가지고 있는 국제적인 지상수배업자를 말한다.

② 역내 전문형

어느 특정지역(동남아, 유럽, 미주, 남태평양 등)이나 특정국가만을 전문적으로 취급하는 지상수배업자이다. 이 형태는 대부분 자사의 해외사무소는 거의 없고 외국의 계약여행사에 송객만을 주로 하고 있다.

③ 특정국가 전문형

어느 특정국가만을 전문적으로 취급하는 지상수배업자로서 대부분 외국의 입장에서 볼 때 당해여행사 인바운드의 해외사무소 구실을 하고 있는 곳이 대부분이다.

(2) 운영형태에 따른 분류

① 한국지사형

외국현지에 본사를 두고 한국 내에 지사를 설치하여 판촉활동을 하는 형태로 외국의 본사로부터 송금해 오는 경비로 운영되는 형태이다.

② 연락사무소형

특정지역 또는 여러 지역의 외국 현지여행사와의 계약을 통하여 현지수배에 관한 연락업무만을 주로 하는 지상수배업자로서, 송객하는 여행객의 수에 따라 수수료를 지급받거나 일정액의 월 고정경비를 지급받는 형태이다. 일종의 독립채산형이라 할 수 있다.

제2절 수속업무

1. 여권의 개요

1) 여권의 개념

여권(passport)은 각 국이 여권을 소지한 여행자에 대하여 자국민임을 증명하고 여행의 목적을 표시하여 자국민이 국외여행을 하는 동안 편의와 보호에 대한 협조를 받을 수 있도록 하기 위해 발급된다. 따라서 여권은 국외여행을 할 때 반드시 필요한 것이며 정부가 외국으로 출국하는 사람에 대한 신분을 증명하고 소지자는 외교적 보호를 받게 된다.

2) 여권의 용도

① 비자 신청과 발급

② 환전할 때

③ 출입국 수속을 할 때

④ 면세점에서 면세상품을 구입할 때

⑤ 국제운전면허증을 만들 때

⑥ 여행자 수표의 도난이나 분실 때

⑦ 여행자 수표를 사용할 때

⑧ 국외여행 중 송금된 돈을 찾을 때

⑨ 국제 청소년 여행 연맹카드(FIYTO) 만들 때

⑩ 병역의무자가 병무신고를 할 때와 귀국신고할 때 등이다.

3) 여권분실시 유의사항

① 여권은 본인의 신분을 증명하는 신분증명서로서의 중요한 기능을 가지므로 철저한 관리가 필요하다. 분실된 여권을 제3자가 습득하여 위·변조 등 나쁜 목적으로 사용할 경우 본인에게 막대한 피해가 돌아갈 수 있으므로 보관에 철저를 기하여야 한다.

② 여권을 분실하였을 경우 즉시 가까운 여권 발급기관(전국 168개 광역 및 기초자치단체)에 여권분실 사실을 신고해야 한다. 국외여행 중 여권을 분실하였을 경우는 가까운 대사관 또는 총영사관에 여권분실신고를 하여야 한다.

③ 분실신고된 여권은 즉시 효력정지 처리되어 회수신고를 하지 않는 한 사용할 수 없으며, 해당 여권의 위·변조 및 부정사용 방지를 위해 분실신고시 재발급을 신청하는 것이 가장 바람직하다.

④ 분실신고된 여권상에 있는 사증을 재사용코자 할 경우에는 사증발급 국가의 기관에 사전 확인이 필요하다. 특히, 미국의 경우는 이를 인정하지 않으며 분실신고된 후 다시 찾은 여권에 사증이 있을 경우 분실 여권을 첨부하여 신규로 사증을 신청하면 사증을 재발급해 주고 있다.

4) 전자여권

(1) 전자여권의 개념

전자여권(e-Passport, electronic passport)이란 비접촉식 IC칩을 내장하여 바이오인식정보(Biometric data)와 신원정보를 저장한 여권을 말한다.

① 바이오인식정보 수록 범위 : 얼굴, 지문(양손 검지)

② 신원정보 수록 범위 : 기존 여권과 동일(서명, 여권번호, 생년월일 등)

- 신용정보, 범죄기록, 혈액형 등 기존 여권에 수록되지 않았던 정보는 수록되지 않는다. 기존 여권과 마찬가지로 종이 재질의 책자 형태로 제작된다. 다만 앞표지에는 국제민간항공기구(ICAO)의 표준을 준수하는 전자여권임을 나타내는 로고가 삽입되어 있으며, 뒤표지에는 칩과 안테나가 내장되어 있다.

(2) 전자여권 도입 취지

전자여건 도입은 여권 위 · 변조 및 여권 도용 억제를 통해 여권의 보안성을 극대화하여, 궁극적으로 국외를 여행하는 우리 국민들의 편의를 증진시키는 데 그 목적이 있다.

① 여권 위 · 변조 억제

전자여권에 내장되는 칩에는 기존 여권에 수록된 정보가 한 번 더 수록되며, 각종 보안 기술이 추가적용 된다. 이를 통해 신원정보면과 칩을 동시에 조작하는 것이 사실상 불가능해지며 설사 조작한 경우라고 해도 출입국 과정에서 자동적으로 적발된다.

② 여권 도용 억제

정보 이중 수록을 통해 가장 빈번한 여권 위 · 변조 형태인 사진 교체가 방지되며, 2010년부터는 지문 수록 전자여권 발급을 통해 본인 확인 및 도용 억제 기능이 한층 강화된다(전자여권에 수록되는 지문과 여권 소지인의 지문 비교).

(3) 전자여권 도입현황

세계 각국은 국제민간항공기구(ICAO)의 권고에 따라 전자여권 도입을 개시하고 있으며, 2008년 6월 현재 대한민국을 포함하여 45개국이 전자여권을 발급하고 있다.

2. 여권의 종류

여권은 사용자에 따라 일반여권(거주여권 포함), 관용여권, 외교관여권으로 구분되고, 일반여권은 사용횟수에 따라 복수여권, 단수여권으로 구분된다. 이 밖에 여권에 준하는 서류는 여행증명서(travel certificate)와 UN에 발급하는 통행허가증인 Laisser-Passer, 국제적십자에서 발행하는 International Red Cross Passport 등이 있다.

1) 일반여권

(1) 발급대상

대한민국 국적을 보유하고 있는 국민으로서 법령에 의한 여권발급 거부 또는 제한 대상이 아닌 자(여권법 제12조)이다. 이중국적자, 불법체류자, 무국적자 등도 일정한 경우, 여권 또는 여행증명서를 발급받을 수 있다.

- 외국국적 취득으로 한국국적이 자동적으로 상실된 후 한국여권을 계속 사용한 경우에는 출입국관리법 등 관련 규정에 의한 처벌대상이 될 수 있다.

(2) 발급절차

신청서 작성 → 접수 → 신원조사 확인 → 각 지방 경찰청(정보과 신원반) → 결과회보 → 여권서류심사 → 여권제작 → 여권교부

(3) 구비서류

여권발급 신청시 유효기간이 남아있는 여권소지자는 여권을 반납하여야 한다. 단, 유효기간연장 재발급 신청시에는 유효기간이 만료하였더라도 제시하여야 한다.

▸ 일반인

① 여권발급신청서

② 여권용 사진 1매

- 단, 전사식 여권(～2008.8.24)이나 긴급 사진부착식 여권 신청시에는 2매 제출

③ 신분증

④ 제외공관에서의 신청하는 경우 : 주재국의 체류허가서(입국비자 등)

⑤ 18세 이상 35세 이하 남자의 경우

- 국외여행허가서(25세 이상 35세 이하)
- 기타 병역 관계 서류

⑥ 미성년자(18세 미만)의 경우

㉠ 여권 발급동의서(동의자가 직접 신청하는 경우는 생략)

· 동의자(부모, 친권자, 후견인 등 법정대리인) 작성

· 부모동의서로서 본인데 대한 신분확인과정을 거친 것으로 인정하므로 해당 미성년자의 신분증은 제출하지 않아도 된다.

㉡ 동의자의 인감증명서(여권 발급동의서에 날인된 인감과 동일여부 확인)

· 동의자가 직접 신청시는 생략

㉢ 기본증명서 및 가족관계증명서(행정전산망으로 확인 불가능시)

㉣ 기타

· 부모가 이혼한 경우 : 법적으로 지정된 친권자가 동의

· 친권자인 부모가 국외 체류 중인 경우
체류지 관할공관의 영사확인 또는 체류지 공증인의 공증을 받은 친권자의 여권발급동의서를 제출

· 여권발급동의서 양식의 사본 제출도 가능하며, 인감증명서 제출은 생략

· 친권자가 외국시민권자인 경우, 공증인의 공증확인서 제출

▸ 공무원

① 여권발급신청서

② 여권용 사진 1매

※ 단, 전사식 여권(~2008.8.24)이나 긴급 사진부착식 여권 신청시에는 2매 제출

③ 신분증

④ 공무원증 또는 재직증명서(단, 해당기관에 재직여부 확인)

⑤ 병역관계서류(18세 이상 35세 이하 남자, 병역관계 항목 참조)

▸ 군인, 군무원 및 대체의무 복무 중인 자

① 여권발급신청서

② 여권용 사진 1매

※ 단, 전사식 여권(~2008.8.24)이나 긴급 사진부착식 여권 신청시에는 2매 제출

③ 신분증

④ 추가서류

▸ **국적 회복 또는 외국인이 우리 국적을 취득하는 과정인 경우**

① 외국국적 포기 증빙서류 징구

② 법무부 발행 외국국적 포기확인서 대신 6개월 이내 외국국적을 포기하겠다는 각서를 제출한 경우 여행증명서 또는 1년 유효기간의 여권(단수 또는 복수)을 발급(추후 외국국적포기확인서 제출과 함께 규정에 따라 여권을 신청)

▸ **국외 체류자**

국외 체류 중인 자(영주자 제외, 거주여권 참조)의 경우에는 소재지 관할 공관을 통해서만 여권을 신청할 수 있다.

(4) 기재사항 변경

여권 영문성명은 각국 출입국관리의 근거 자료가 되며 변경이 엄격히 제한되므로 결정 및 변경에 신중을 기하여야 하고, 정확하게 기재하여야 한다.

▸ **여권상 영문성명 표기 방법**

① 여권상 영문성명은 한글성명을 로마자(영어 알파벳)로 음역 표기한다.

② 한글성명의 로마자표기는 국어의 로마자 표기법에 따라 작성하는 것을 원칙으로 한다.

③ 영문이름은 붙여쓰는 것을 원칙으로 하되, 음절 사이에 붙임표(-)를 쓰는 것을 허용한다.

예 GILDONG, GIL-DONG

④ 종전 여권의 띄어 쓴 영문이름은 계속 쓰는 것을 허용한다.

⑤ 가족간 영문 성(姓)은 특별한 사유가 없는 경우 이미 발급받은 가족구성원의 영문(姓)을 확인하여 일치시켜야 한다.

⑥ 가족관계등록부상 등록된 한글성명을 영어로 표기시 한글이름 음역을 벗어난 영

어이름은 표기할 수 없으며, 반드시 음역을 정확하게 표기하여야 한다.

예 요셉 → JOSEPH(X)

⑦ 대리인이 영문성명을 잘못 기재하여 여권이 발급된 경우에도 영문성명의 변경은 엄격하게 제한되며 이로 인한 불이익은 여권명의인이 감수해야 한다.

※ 기타 여권 영문성명 변경에 대한 자세한 사항은 각 여권발급대행기관에 직접 문의

▸ 여권상 영문성명 변경

여권상 영문성명은 국제규정(ICAO Doc 9303)에 따라 한글성명을 영문 알파벳으로 음역을 표기하여야 하며 영문성명의 변경은 국제범죄 및 테러방지와 우리 여권의 대외신인도 제고를 위하여 여권 법규가 허용하는 경우를 제외하고는 엄격하게 제한하고 있다. 여권 재발급시는 최종 여권상 표기된 영문성명을 그대로 표기토록 규정하고 있다.

▸ 여권법 시행령 제19조에 의거, 영문성명 변경이 허용되고 있는 경우

① 여권의 영문성명이 한글성명의 발음과 명백하게 일치하지 않는 경우

② 국외에서 여권의 영문성명과 다른 영문성명을 취업이나 유학 등을 이유로 장기간 사용하여 그 영문성명을 계속 사용하려고 할 경우

③ 6개월 이상의 장기체류나 국외이주시 여권에 영문으로 표기한 성(이하 "영문 성"이라 한다)을 다른 가족구성원의 여권에 쓰인 영문 성과 일치시킬 필요가 있는 경우

④ 여권의 영문 성에 배우자의 영문 성을 추가 · 변경 또는 삭제하려고 할 경우

⑤ 여권의 영문성명이 명백하게 부정적인 의미를 갖는 경우

▸ 영문성명 변경 재발급시 구비서류

외국영주권, 이민허가서, 장기체류비자, 외국입학허가서, 외국재학증명서, 외국졸업증명서, 외국 공인자격증, 가족구성원의 여권 등

※ 모든 증빙서류는 원본을 제출하여야 하며, 외국발행서류는 필요시 현지 해당공관 영사확인을 받아야 한다.

▸ **동반자녀 분리**

구비서류 : 여권기재사항변경등신청서, 여권 및 여권사본 1부

- 분리되는 자녀에 대해서는 별도의 여권 신청 필요
- 유효기간 연장 재발급시 동반자녀는 분리하여야 함.

▸ **사증란 추가**

구비서류 : 여권기재사항변경등신청서와 여권

▸ **구여권번호 병기**

구비서류 : 여권기재사항변경등신청서와 여권

- 민원인이 요청하는 1개의 구여권번호만 병기 가능
- 광역지방자치단체에서만 신청 가능

(5) 여권발급수수료

▸ **여권발급 등에 관한 수수료(국제교류기여금 포함)**

표 4-2 여권발급수수료

<table>
<tr><th rowspan="2">종류</th><th rowspan="2" colspan="3">구 분</th><th colspan="2">여권발급수수료</th><th colspan="2">국제교류기여금</th><th colspan="2">합 계</th></tr>
<tr><th>국내</th><th>재외공관</th><th>국내</th><th>재외공관</th><th>국내</th><th>재외공관</th></tr>
<tr><td rowspan="5">전자 여권(*) 사진 전사식 여권</td><td rowspan="4">복수여권 (거주여권 포함)</td><td colspan="2">5년 초과 10년 이내</td><td>40,000원</td><td>40달러</td><td>15,000원</td><td>15달러</td><td>55,000원</td><td>55달러</td></tr>
<tr><td rowspan="2">5년 만</td><td>8세 이상</td><td rowspan="2">35,000원</td><td rowspan="2">35달러</td><td>12,000원</td><td>12달러</td><td>47,000원</td><td>47달러</td></tr>
<tr><td>만 8세 미만</td><td>-</td><td>-</td><td>35,000원</td><td>35달러</td></tr>
<tr><td colspan="2">5년 미만 (여권법시행령 제6조 제2항, 2,3,4호에 해당되는 경우)</td><td>15,000원</td><td>15달러</td><td>-</td><td>-</td><td>15,000원</td><td>15달러</td></tr>
<tr><td>단수여권</td><td colspan="2">1년 이내</td><td>15,000원</td><td>15달러</td><td>5,000원</td><td>5달러</td><td>20,000원</td><td>20달러</td></tr>
<tr><td rowspan="4">사직 부착식 여권</td><td rowspan="2">복수여권</td><td rowspan="2">5년 만</td><td>8세 이상</td><td rowspan="2">30,000원</td><td rowspan="2">30달러</td><td>12,000원</td><td>12달러</td><td>42,000원</td><td>42달러</td></tr>
<tr><td>만 8세 미만</td><td>-</td><td>-</td><td>30,000원</td><td>30달러</td></tr>
<tr><td>거주여권</td><td colspan="2">5년 이내</td><td>20,000원</td><td>20달러</td><td>12,000원</td><td>12달러</td><td>32,000원</td><td>32달러</td></tr>
<tr><td>단수여권</td><td colspan="2">1년 이내</td><td>10,000원</td><td>10달러</td><td>5,000원</td><td>5달러</td><td>15,000원</td><td>15달러</td></tr>
</table>

종류	구 분		여권발급수수료		국제교류기여금		합 계	
			국내	재외공관	국내	재외공관	국내	재외공관
기타	여행증명서	사진전사식	10,000원	10달러	2,000원	2달러	12,000원	12달러
		사진부착식	5,000원	5달러	2,000원	2달러	7,000원	7달러
	유효기간 연장	전자여권	25,000원	25달러	-	-	25,000원	25달러
		사진전사식여권	15,000원	15달러	-	-	15,000원	15달러
		기타	5,000원	5달러	-	-	5,000원	5달러
	기재사항변경	-	5,000원	5달러	-	-	5,000원	5달러
	여권사실증명	-	1,000원	1달러	-	-	1,000원	1달러

※(*)신여건법 제7조 제2항에 의거 전자적으로 수록한 여권

▸ **여권발급수수료 변경사항 안내**

① 전자여권 발급수수료는 전자여권이 일반인에게 발급되는 시점부터 기존 사진전사식 여권과 동일한 수수료가 부과되며, 다만 전자여권으로 기간연장 재발급시에는 25,000원이 부과된다.

② 1인 1여권제의 도입에 따라 8세 미만 자녀에 대해 부 또는 모 여권에의 동반제 폐지로 8세 미만인 사람에게도 18세 미만인 사람과 동일한 수수료가 적용된다.

③ 사진부착식 여권의 경우 : '사증란 추가'는 '기재사항 변경'에 포함되며, 최근 환율 수준을 반영하여 국내수수료를 일부 조정하였다.

2) 거주여권

(1) 발급대상

① 외교통상부장관에게 국외이주신고를 한 자

② 보건복지부장관의 국외입양허가를 받은 자

③ 거주지국의 영주권 또는 이민사증을 취득한 자

- 미국의 경우 이민사증 인터뷰 통지서(Packet III 또는 G-56 FORM)를 취득한 자도 포함.
- 일본의 경우 정주(定住)비자를 발급받은 경우도 해당

④ (영주권 제도가 없는 국가의 경우) 다음과 같은 영주권에 갈음하는 최장기 체류허가를 받은 자

- 4년 이상의 장기 체류허가를 받은 자
- 4년 미만의 체류허가만을 부여하는 국가에서는 전가족이 4년 이상 현지에 거주하고 있고 거주지국의 1년 이상의 장기체류허가를 받은 자
- 4년 이상 장기체류라 하더라도 상사주재 · 취업 · 유학 · 상용 등 국외이주의 목적이 아닌 경우는 일반여권 발급

⑤ 일반여권으로 일본으로 출국하여 일본에 체류 중에 있으면서 정주권 또는 영주권 취득 전의 자로서, 일본인 또는 영주자 이상의 재일 동포와 혼인한 자 중 본인이 원할 경우

⑥ 기타 국가의 외국인과의 혼인은 거주여권의 발급대상에 해당되지 않으나, 체류목적상 거주여권의 발급이 특히 필요하다고 인정될 경우는 공관장 재량으로 예외적으로 거주여권이 발급될 수 있다.

⑦ 상기 1항에 해당되더라도 병역의무자는 병무청장으로부터 국외여행허가를 받거나 병역면제처분을 받은 후 거주여권을 발급받을 수 있다.

(2) 발급절차

신청서 작성 → 접수 → 신원조사 확인 → 경찰청 외사과 → 결과회보 → 여권서류심사 → 여권제작 → 여권교부

- 거주여권은 외교통상부 여권과, 광역자치단체 및 재외공관에서만 신청할 수 있다.

(3) 구비서류

여권발급 신청시 유효기간이 남아있는 여권 소지자는 여권을 반납하여야 한다. 단, 유효기간연장 재발급 신청시에는 유효기간이 만료하였더라도 제시하여야 한다.

① 여권발급신청서, 여권용사진 1매, 신분증

- 전사식여권(~2008.8.24) 신청시에는 사진 2매 제출

② 국외이주신고확인서 등 거주여권 발급 대상자임을 증명하는 서류

③ 국세납세증명서(세무서발행 국외이주용), 지방세납증명서(구청 및 동사무소 발행)(국세징수법 제5조, 지방세법 제38조)

④ 병역관계서류(18세 이상 35세 이하 남자, 병역관계항목 참조)

⑤ 국외이주신고필증(읍 · 면 · 동사무소 발행)

⑥ 미성년자(18세 미만)의 경우

㉠ 여권발급동의서(동의자가 직접 신청하는 경우는 생략)

· 동의자(부모, 친권자, 후견인 등 법정대리인) 작성

· 부모동의서로서 본인에 대한 신분확인과정을 거친 것으로 인정하므로 해당 미성년자의 신분증은 제출하지 않아도 된다.

㉡ 동의자의 인감증명서(여권 발급동의서에 날인된 인감과 동일여부 확인)

· 동의자가 직접 신청시는 생략

㉢ 기본증명서 및 가족관계증명서(행정전산망으로 확인 불가능시)

㉣ 기타

· 부모가 이혼한 경우 : 법적으로 지정된 친권자가 동의

· 친권자인 부모가 국외 체류 중인 경우
체류지 관할공관의 영사확인 또는 체류지 공증인의 공증을 받은 친권자의 여권발급동의서를 제출하여야 한다.

· 여권발급동의서의 사본 제출도 가능하며, 인감증명서 제출은 생략

· 친권자가 외국시민권자의 경우, 공증인의 공증확인서 제출

3) 관용여권

(1) 사용용도

공무원의 공무상 국외여행시에는 관용여권을 사용해야 한다.

(2) 발급대상

① 공무원과 공공기관, 한국은행 및 한국수출입은행의 임원 및 직원으로서 공무로 국외에 여행하는 자와 관계기관이 추천하는 그 배우자, 미혼인 직계비속 및 생활능력이 없는 부모

② 공공기관, 한국은행 및 한국수출입은행의 국외주재원과 그 배우자 및 미혼인 직계비속

③ 정부에서 파견하는 의료요원, 태권도사범 및 재외동포 교육을 위한 교사와 그 배우자 및 미혼인 직계비속

④ 대한민국 재외공관 업무보조원과 그 배우자 및 미혼인 직계비속

⑤ 외교통상부 소속 공무원 또는 외무공무원법 제31조의 규정에 의하여 재외공관에 근무하는 공무원이나 현역군인이 그 가사보조를 위하여 동반하는 자

⑥ 기타 여행목적과 신분에 비추어 외교통상부장관이 특히 관용여권의 발급이 필요하다고 인정하는 자

- 관용여권은 공무상 국외여행의 경우에 발급되며, 발급대상자의 가족의 경우에는 공무상 동반시에만 발급받을 수 있으므로 가족에 대한 관용여권 발급요청시 관계부처에서는 그 필요성을 상세히 소명하여야 한다.
- 관용여권 발급기준에 관한 세부지침 : 부록참조

(3) 발급절차

신청서 작성 → 접수 → 신원조사 확인 → 각 지방 경찰청(정보과 신원반) → 결과회보 → 여권서류심사 → 여권제작 → 여권교부

- 관용여권은 외교통상부 여권과 및 전 지방자치단체에서 신청할 수 있다.
- 관용여권 신청시 소지하고 있는 유효한 일반여권은 반납 또는 보관을 하셔야 신청이 가능하다.
- 대리신청이 불가능하므로 직접 방문신청해야 한다.

(4) 구비서류

표 4-3 관용여권 구비서류

구분	구비서류
본인	1. 여권발급신청서 2. 공무원증 또는 재직을 증명하는 신분증(투자기관) 3. 관계기관 공문(공무국외여행허가권자 또는 위임자의 공문) 4. 여권용 사진 1매 5. 병역관계서류(병역관계항목 참조-해당자에 한함) 6. 공무국외여행계획(일정)서-관계기관 공문의 내용 미비시 추가 요청할 수 있음

구분	구비서류
배우자 또는 미혼자녀	1. 여권발급신청서 2. 신분증 3. 공무원증사본 또는 재직을 증명하는 신분증 사본 4. 관계기관 공문(공무국외여행허가권자 또는 위임자의 공문) 5. 여권용 사진 1매 6. 가족관계증명서, 기본증명서(만 18세 미만 미성년자만 해당) (행정전산망으로 확인 불능시) 7. 병역관계서류(병역관계항목 참조-해당자에 한함)
생활 능력이 없는 부모	1. 여권발급신청서 2. 신분증 3. 공무원증사본 또는 재직을 증명하는 신분증 사본 4. 여권용 사진 1매 5. 가족관계증명서(행정전산망으로 확인 불능시) 6. 주민등록등본(행정전산망으로 확인 불능시) 7. 부모의 미과세증명서(국세, 지방세) 8. 심신장애자 입증서류(해당자에 한함) 9. 형제자매의 출입국사실증명서(〃) 10. 형제자매의 군복무확인서(〃) 11. 형제자매의 재학증명서(〃)
동반 자녀 분리	1. 여권기재사항변경등신청서 2. 동반자녀 병기된 부 또는 모의 여권 및 여권사본

4) 사증취득을 위한 공한(비자노트) 신청

① 관용여권 또는 외교관여권을 소지하고 공무로 여행하고자 하는 자는 사증취득을 위하여 비자노트를 발급받을 수 있다.

② 구비서류 : 여권, 관계기관 협조요청 공문, 국외여행계획서, 비자노트신청서

③ 신청방법 : 상기 서류를 구비하고 외교통상부 여권과에 신청하면 된다.

- 미국 비자노트는 연방정부 또는 국제기구 초청장이 있는 경우에 한하여 발급(주정부 초청장은 해당 없음)

[별지 제1호서식]

(앞 쪽)

001

여 권 발 급 신 청 서

※ 흑색 펜으로 굵은선 안에만 기재

※ 사진
- 6개월이내 촬영한 천연색 정면사진(귀가 보여야 함)
- 옅은 하늘색, 옅은 베이지색, 흰색 바탕의 무배경 사진 **(어두운 바탕 제외)**
- 색안경과 모자 착용 금지
- 가로 35㎜, 세로 45㎜ (얼굴길이 : 25㎜~35㎜)

접 수 번 호		신원조사접수번호	
접 수 년 월 일		신원조사회보일	
여 권 번 호		신 원 조 사 결 과	
발 급 년 월 일		여 권 유 효 기 간	
여권종류	☐ 일반 ☐ 거주 ☐ 관용 ☐ 외교관 여행증명서(☐ 왕복 ☐ 편도)		
여권기간	☐ 10년 ☐ 5년 ☐ 5년미만 ☐ 단수(1년) ☐ 기간연장 재발급		

※ 영문성명은 해외에서 기준이 되며 개명(改名)이 엄격히 제한되므로 **본인(여권명의인)**이 정확하게 기재하시기 바랍니다.

성명	영 문 (대문자)	성		※영문성명은 기재하기 전에 **반드시** 뒷면 **「영문성명 기재요령」**을 참고하시기 바랍니다.
		이 름		
	한 글		한 자(漢字)	
	남 편 성 (영문대문자)		남 편 성 (한 글)	※ 남편성은 필요시 기재하시기 바랍니다.
주민등록번호	☐☐☐☐☐☐-☐☐☐☐☐☐☐			
현 주 소 (주민등록표상)	※ 주민등록상의 주소를 번지(아파트 등의 경우 동, 호수)까지 정확하게 기재하시기 바랍니다.			

여행예정국		여행목적		직장명(직위)	
전화번호	자택 ( )	직장 ( )		휴대	☐☐☐-☐☐☐☐-☐☐☐☐
				e-mail	
본 적 지		호 주		관 계	

※ 긴급연락처는 해외여행중 각종 사고 발생시 재외국민 보호를 위하여 필요합니다.

국내 긴급연락처	성 명		관 계		전 화 (휴대전화)	( )
	주 소				직장(학교)명	

※ 여권명의인의 나이가 만 18세 미만인 경우는 법정대리인(부모·친권자·후견인)의 인적사항을 기재하시기 바랍니다.

법정대리인	성 명		관 계	
	주민등록번호	☐☐☐☐☐☐-☐☐☐☐☐☐☐		

여권명의인 서 명		※ 이 서명은 여권에 그대로 전사되므로 반드시 **본인(여권명의인)**이 서명하시기 바랍니다. (만 18세 미만의 경우는 법정대리인이 대신 서명할 수 있습니다.) ☐ 본인 ☐ 법정대리인

※ 해외거주중 재외공관에 신청하는 경우에는 추가로 아래 사항을 기재하시기 바랍니다.

거주지주소							
영 주 권	번 호		구 여 권	번 호		거 주 지	입국일자	
	취득일			발급일			체류자격	

(뒷쪽계속)

※ 뒷쪽에도 기재하시기 바랍니다. 210㎜×297㎜[보존용지 120g/㎡]

002 (뒷 쪽)

위임장	
	본인은 여권법 제5조 및 여권법시행규칙 제6조의 규정에 의하여 여권발급신청·여권수령 등을 아래 사람에게 위임하며 동 위임에 따른 일체의 책임을 본인이 질 것을 서약합니다.
	성 명 □□□□□□□□ 위임자와의 관계 ________
	주민등록번호 □□□□□□-□□□□□□□
	대 행 업 체 명 ________ 전 산 코 드 □□□□□□□ 접 수 시군 □□□□
	※ 대리인이 여권 접수 및 수령시에는 본인 및 위임받은 사람의 주민등록증을 제시하시기 바랍니다.

이 신청서에 기재한 내용은 사실과 틀림없으며, 여권법 제5조의 규정에 따라 여권발급을 신청합니다.
※ 이 신청서상의 내용과 제출한 서류에 허위의 사실이 발견될 경우에는 여권법 제13조(벌칙)의 규정에 따라 처벌을 받습니다.

신청인(여권명의인) 성명 ________ 서명 ________

년 월 일

외 교 통 상 부 장 관 귀 하

특 기 사 항				영수(납입)필증 붙이는 난			
				영수필증		납입필증	
심사란	접 수 자	심 사 자	발 급 자				

※ 유 의 사 항

1. 여권은 국적신분증명서이므로 반드시 본인(법정대리인)이 잘 보관하여야 합니다.
2. 만 18세 미만의 자에 대하여는 유효기간 5년 이내의 여권만 발급합니다.
3. 초점이 명확하지 않거나 수정된 사진 등은 위조 또는 타인명의 여권으로 오인되어 출입국시 불이익을 받는 경우가 있습니다.
4. 타인이 여권명의인의 서명을 대신하는 경우는 여권법 제13조(벌칙)의 규정에 따라 처벌을 받으며, 여권명의인도 불이익을 받을 수가 있습니다.
5. 여권발급신청서류의 내용과 사진 등의 심사와 확인을 위하여 필요한 경우에는 신청인과 면담을 요구할 수 있습니다.
6. 새로운 여권을 발급받고자 할 때에는 소지하고 있는 유효한 여권은 반납하여야 합니다.
7. 단수여권(여행증명서 포함)은 1회에 한하여 외국여행을 할 수 있는 여권입니다.
8. 여권을 분실했을 경우는 외교통상부, 여권발급 대행기관, 재외공관에 즉시 신고하여 분실된 여권이 악용되는 것을 방지하여야 합니다. 분실신고된 여권은 무효로 처리되어 재사용이 불가능합니다.
9. 발급된 후 6월 이내에 찾아가지 않은 여권은 자동적으로 폐기·무효로 처리되며 발급수수료는 국고에 귀속됩니다.
10. 신청에서 수령까지 국내에서는 통상 10일정도(토·일요일, 공휴일 제외) 소요됩니다.
11. 사증이 필요한 국가에 여행하고자 하는 경우에는 사전(事前)에 사증을 받아야 하며, 대부분의 국가는 여권 잔여 유효기간이 6월 이상 남아야 사증을 받을 수 있습니다.
12. 이 신청서는 기계로 판독되므로 접거나 훼손하지 마시기 바랍니다.

※ 영문성명 기재요령

1. 대리인이 영문성명을 잘못 기재하여 여권이 발급된 경우에도 영문성명 정정은 엄격하게 제한되며 이로 인하여 여권명의인이 불이익을 받을 수도 있습니다.
2. 영문성명은 국제규정(ICAO Doc 9303)에 따라 한글성명을 라틴문자(영어 알파벳)로 음역(音譯) 표기하여야 합니다.
3. 영문이름은 붙여 쓰는 것을 원칙으로 하되, 음절사이에 붙임표(-)를 쓰는 것도 가능합니다. (예 : GILDONG, GIL-DONG) 단, 종전여권에 띄어 쓴 이름은 계속 쓰는 것도 허용이 됩니다.

210㎜×297㎜{보존용지 120g/㎡}

그림 4-1 여권발급신청서

여 권 발 급 동 의 서

여권발급신청자
성 명 :
성 별 :
주민등록번호 :
주 소 :

본인은 상기인의 여권발급을 동의하며 국외여행 및 체류 중 발생하는 제반사항에 대하여 보증인으로서 모든 책임을 부담할 것을 보증합니다.

년 월 일

보증인 : (인)
관 계 :
주민등록번호 :
주 소 :

첨 부 : 인감증명서 1부

외 교 통 상 부 장 관 귀하

그림 4-2 여권발급동의서

그림 4-3 대한민국 여권

3. 병역의무자의 국외여행허가

1) 개요

병역의무자로서 아래의 허가대상자가 국외여행을 하고자 할 때에는 지방병무청장의 국외여행허가를 받아야 하며, 국외여행허가를 받은 사람이 허가기간 내에 귀국하기 어려운 때에는 허가기간만료 15일 전까지, 24세 이전에 출국한 사람은 25세가 되는 해의 1월 15일까지 국외여행기간연장허가를 받아야 한다.

2) 허가대상

25세 이상자로서 다음 각호 어느 하나에 해당하는 사람. 다만, 24세 이하자도 현역, 보충역으로 복무 중인 사람은 국외여행허가를 받아야 한다.

① 제1국민역
② 보충역으로서 소집되지 아니한 사람
③ 공익근무요원

④ 전문연구요원 · 산업기능요원 · 공중보건의사 · 국제협력의사 · 징병전담의사

⑤ 공익법무관 · 공익수의사 및 예비역의 장교 또는 부사관으로서 의무종사기간을 마치지 아니한 사람

- 군복무 또는 대체복무 중인 사람으로서 2개월 이내 전역 또는 의무종사 만료예정인 사람은 국외 여행허가 없이 여권발급 가능(전역예정 또는 복무만료예정일이 명시된 병적증명서나 복무확인서 첨부) 단, 전역 또는 복무만료 후에 출국이 가능함.

3) 허가제한 대상자

① 징병검사를 기피 중에 있는 사람 또는 기피 사실이 있는 사람

② 입영 또는 소집을 기피 중에 있는 사람 또는 기피 사실이 있는 사람

③ 군복무 및 공익근무요원 등의 복무를 이탈하고 있는 사람

④ 국외여행허가 의무를 위반한 사실이 있는 사람

⑤ 영주권취득자 등 국외이주자로서 국내 영리활동 등 사유로 병역면제 또는 병역연기처분이 취소된 사람

⑥ 35세까지 의무종사기간을 마칠 수 없는 산업기능요원 또는 전문연구요원

⑦ 병역의무를 기피하거나 감면받을 목적으로 신체손상이나 사위행위를 한 사람

4) 허가기관

(1) 국외여행허가

① 방문접수 : 모든 지방병무청 민원실, 인천공항 병무신고사무소. 단, 전문연구요원, 산업기능요원, 공익근무요원으로 복무 중인 사람은 병적을 관할하는 지방병무청 민원실에서만 접수

② 인터넷으로 국외여행 신청

③ 병무청 홈페이지(전자민원창구 신청)

- 증빙서류를 이미지파일 전송 또는 FAX, 우편송부

■ 병역법 시행규칙 [별지 제132호서식] <개정 2011.11.25>

병역의무자 국외여행(기간연장)허가 신청서

※ 유의사항과 첨부서류를 확인하시고 작성하여 주시기 바랍니다. (앞쪽)

접수번호	접수일자	처리기간	민원사무처리기준표에 따름

병역 의무자	성명		주민등록번호
	집 전화번호		휴대전화번호
	E-mail		
	주소	국내	
		국외	
병역사항 (허가기관 기재사항)			대조
			확인
최초 허가 신청	당초 허가번호	제 호	
	여행기간	. . . ~ . . .(년 월 일간)	
	여행국명		여행목적
국외체류 중인 자 기간연장 허가 신청	재외공관장 확인 : (인)		접수 및 확인번호
	최초 허가사항	여행 목적	여행국명
		병무청 허가번호	출국 연월일
		병무청 허가기간 20 . . . ~ 20 . . . (일간)	
	기간연장 허가 신청	체재목적	체재국명
		기간연장 요청기간 20 . . . ~ 20 . . . (일간)	

구분	성명	관계	주소	전화번호	E-mail
국내 가족사항					

「병역법」 제70조 및 같은 법 시행령 제145조부터 제147조까지의 규정에 따라 위와 같이 국외여행(기간연장)허가를 받기 위하여 신청합니다.

년 월 일

신청인 (서명 또는 인)

의무자와의 관계 :

○○지방병무청(병무지청)장 귀하

신청서 제출 시 별도의 수수료는 없습니다.

210㎜×297㎜[일반용지 60g/㎡(재활용품)]

그림 4-4 국외여행허가서

(2) 국외여행 기간연장허가

① 체재지역 관할 재외공관(대사관, 영사관)

② 병적지 관할 지방병무청장

③ 인터넷으로 국외여행기간 연장 허가 신청

- 병무청 홈페이지 → 전자민원창구 신청
- 증빙서류를 이미지파일 전송 또는 FAX, 우편송부

(3) 국외여행허가를 받은 이후

국외여행 허가자에게는 "국외여행 허가서"와 "국외여행 허가증명서"를 교부하며(인터넷으로 하가받은 경우에는 병무청 홈페이지에서 직접 출력함), "국외여행 허가서"는 여권발급 신청시에, "국외여행허가증명서"는 출국시 공항이나 항만에 있는 병무청 출·귀국신고사무소에 제출하면 됩니다.

4. 비자의 개요

1) 비자의 정의

비자(visa)란 방문국 정부를 대리하는 해외공관(대사관 또는 영사관 등)이 방문자가 소지하는 여권의 유효성과 방문자의 자국으로의 입국 및 체재에 대해 타당성을 심사하여 발행하는 '일종의 입국허가증'이다. 여권이 발급되어 소지하고 있다고 해서 어느 나라든 입국할 수 있는 것은 아니다. 특정국가에 입국하기 위해서는 그 나라에서 발급하는 비자가 필요하다.

비자의 발급형태는 여권에 입국허가조건의 ① 비자 스티커를 부착하거나 ② 스탬프를 날인하고 영사의 서명으로 표시하는 방법이 일반적인 유형이고, 국가에 따라 ③ 비자 대신 여행객 카드라는 것으로 대체 발급하는 국가들도 있다(미국과 캐나다 간, 미국과 멕시코 간).

2) 비자의 종류

비자는 일반적으로 입국목적, 체류목적, 입국횟수, 사용자에 따라 구분하고 있다. 국가에 따라 조금씩 다르게 발급하고 있지만, 일반적 기준에 의해 다음과 같이 분류할 수 있다.

(1) 주목적입국 · 경유여부와 체류목적에 따른 분류

① 입국비자(entry visa) : 해당국에의 입국을 주목적으로 하는 자에게 발급하는 비자로서 체류목적에 따라 관광비자(tourist visa), 상용비자(business visa), 방문비자(visit visa), 유학비자(study visa), 취업비자(employment), 영주비자(immigrant) 등이 있다.

② 통과비자(transit visa) : 주목적의 방문국을 가는 도중 항공기 연결 등의 필요에 의해 해당국을 단기간 또는 72시간 이내(무비자) 체류시 현지공항에서 발급하는 비자

(2) 사용횟수에 의한 분류

① 단수비자(single entry visa) : 유효기간 내에 1회 입국에 한하여 유효한 비자

② 복수비자(multiple entry visa) : 유효기간 내에 횟수에 관계없이 입국이 가능한 비자

(3) 여권종류에 따른 분류

① 일반비자 : 일반여권 소지자에게 발급하는 가장 보편적인 비자

② 공용비자 : 공무목적으로 여행하는 관용여권 소지자에게 발급하는 비자

③ 외교비자 : 외교목적으로 여행하는 외교관여권 소지자에게 발급하는 비자

3) 비자의 상호면제협정

자국민의 여행편의를 도모하기 위해서 비자상호면제협정을 체결한 국가간에는 여행자가 단기간의 체류를 할 경우에 비자를 취득하지 않아도 입국을 허용하고 있다. 이와 같이 국가간에 비자상호면제협정을 통해 입출국을 자유롭게 보장하는 제도를 비자상호면제협정제도라고 한다.

그러나 비자상호면제협정이 체결된 국가라 하더라도 취업, 거주, 상사주재, 취업, 동거, 유학, 연수 등을 목적으로 입국할 때에는 비자를 발급받아야 한다.

표 4-4 사증(비자)면제협정 체결 현황 총체결국 90개국(2009.9.1 현재)

<table>
<tr><th>총체결국</th><th>적용대상</th><th colspan="3">국가명</th></tr>
<tr><td rowspan="8">90개국</td><td>외교관
(3개국)</td><td colspan="3">우크라이나(90일), 우즈베키스탄(60일), 투르크메니스탄(30일)</td></tr>
<tr><td>외교관
·
관용
(24개국)</td><td colspan="3">필리핀(무제한) 이란(3개월) 베넹(90일)
이집트(90일) 일본(3개월) 우루과이(90일)
아르헨티나(90일) 알제리(90일) 캄보디아(60일)
파라과이(90일) 몽골(30일) 베트남(90일)
사이프러스(90일) 벨리즈(90일) 파키스탄(3개월)
크로아티아(90일) 인도(90일) 러시아(90일)
카자흐스탄(90일) 벨라루스(90일) 아제르바이잔(30일)
방글라데시(90일) 라오스(90일)
에콰도르(외교 : 업무수행기간, 관용 : 3개월)</td></tr>
<tr><td rowspan="6">외교관
·
관용
·
일반
(63개국)</td><td>30일
(1개국)</td><td colspan="2">튀니지</td></tr>
<tr><td>60일
(2개국)</td><td colspan="2">포르투갈, 레소토</td></tr>
<tr><td rowspan="4">90일
(60개국)</td><td>아주지역
(4개국)</td><td>태국, 싱가포르, 뉴질랜드, 말레이시아</td></tr>
<tr><td>미주지역
(24개국)</td><td>바베이도스, 바하마, 코스타리카, 콜롬비아, 파나마, 도미니카(공), 그레나다, 자메이카, 페루, 아이티, 도미니카(연), 세인트루시아, 세인트키츠네비스, 세인트빈센트그레나딘, 트리니다드토바고, 수리남, 안티구아바부다, 니카라과, 엘살바도르, 멕시코, 브라질, 칠레, 과테말라, 베네수엘라(외교·관용 30일, 일반 90일)</td></tr>
<tr><td>구주지역
(29개국)</td><td>그리스, 오스트리아, 스위스, 리히텐슈타인, 프랑스, 영국, 네덜란드, 벨기에, 룩셈부르크, 독일, 스페인, 핀란드, 스웨덴, 덴마크, 노르웨이, 아일랜드, 아이슬란드, 몰타, 폴란드, 헝가리, 불가리아, 체코, 터키, 슬로바키아, 루마니아, 이탈리아, 에스토니아, 라트비아, 리투아니아</td></tr>
<tr><td>중동 ·
아프리카
지역(3개국)</td><td>모로코, 라이베리아, 이스라엘</td></tr>
</table>

※캐나다 : 상호합의에 의거 6개월간 사증면제(협정 미체결, 1998.4.10)
※파키스탄 : 2001.10.1부터 일반여권 소지자에 대한 사증면제 일시중지 상태
※이탈리아 : 협정상의 체류기간은 60일이나 상호주의로 90일간 체류기간 부여(2003.6.15)
※일본 : 일반은 구상서 교환에 의한 90일간 사증면제(외교 · 관용은 사증면제협정체결)
※우크라이나 : 우리 국민에 대한 일방적 사증면제(2006.6.24일부로 발효), 우크라이나 국민은 사증필요
※방글라데시 : 2008.7.15일자로 일반여권 소지자에 대한 사증면제협정 일시정지
※라오스 : 2009.8.1일부터 협정시행
자료 : 외교통상부

비자면제협정국가는 비자를 받지 않고 방문국가의 공항이나 항만 및 기타 입국하는 지점의 입국심사관의 체류허가만 받고 그냥 통과하게 된다. 우리나라는 동남아의 대부분 국가와 유럽국가 그리고 중남미 여러 국가들과 비자면제협정을 맺고 있어 관광목적 등 단기간의 체류목적은 비자없이 입국이 가능하다.

4) 미국비자의 신청

(1) 미국비자의 개요

① 미국비자의 구분과 의미

미국비자는 크게 이민비자와 비이민비자로 구분된다. 이민비자는 미국 내에서 영구적으로 거주하고 일할 수 있는 권리를 부여받는 비자이고, 비이민비자는 미국 내에서 영주목적이 아닌 방문이나 상용 및 관광비자 등을 말한다.

비이민비자는 여러 다양한 비자종류가 있으며, 입국목적에 맞는 적합한 비자를 발급받아야 한다. 특정 목적의 비이민비자는 처음 발급될 때의 목적으로 입국에만 유효하다.

비자소지자는 입국공항에서 입국심사관이 이민국 관리가 입국허가 여부를 결정하기 때문에 비자를 받는 것이 곧 입국을 보장하는 것이 아니다. 비이민비자에 기재된 유효기간은 미국에 입국허가를 신청할 수 있는 기간을 의미하며, 미국에 체류할 수 있는 기간을 의미하는 것은 아니다. 미국체류기간은 입국공항의 이민국 관리에 의하여 결정된다.

② 미국사증의 신청요령

2008년 11월부터 우리나라 사람들이 미국방문시 90일 이내 체류 단기방문이나 상용의 경우 무비자제도가 시행되게 되었다. 그렇지만 대상자가 아닌 경우는 미국정부가 비자를 발급하는 데 엄격한 규정과 절차를 적용하고 있는데 그 이유는 비이민비자를 받아 미국에 일단 입국하고 난 뒤에 불법으로 장기체류를 하는 사람들이 있다. 이를 방지하기 위해 사전에 비자발급과정에서 객관적으로 귀국이 증명될 수 있는 여러 가지 서류제출을 요청하거나 직접 영사면담을 통해서 직접 확인하는 번거로운 과정을 거친다. 결론적으로 미국비자 신청시 미국에서 반드시 한국으로 귀국한다는 것을 보여줄 수 있는 증빙서류를 제출하는 것이 가장 중요하다.

(2) 비자면제프로그램

① 개요

비자면제프로그램(VWP)에 가입된 특정 국가의 국민들은 최대 90일 동안 관광, 상용 또는 경유의 목적으로 비자없이 미국을 여행할 수 있다. 비자면제프로그램은 1986년에 시행되었으며 미국 여행을 하는데 있어 불편한 점들을 없애 여행산업을 활성화하고, 미국무부가 영사관 관련 자원을 다른 분야에 투자할 수 있게 하는 데 초점을 두고 있다.

비자 면제국가의 여행자들은 미국입국에 앞서 전자여행허가제(Electronic System for Travel Authorization/ESTA)를 통하여 미국국토안보부(Department of Homeland Security. USA.gov)의 US-Visit프로그램에 등록해야 한다. 그러기 위하여 여행자들은 출국 72시간 전에 미국국토안보부 전자여권허가 사이트(http://esta.cbp.dhs.gov)에 가서 이름과 여권번호, 주소 등 간단한 사항을 입력하면 무료로 여행허가를 발급받을 수 있다.

② 이용조건

한국은 2008년 11월 17일부터 미국 비자면제프로그램(VWP)에 가입이 되었다. 만약 미국입국 목적에 맞는 유효한 비자를 소지하고 있다면 비자면제프로그램을 이용하지 않고도 미국여행을 할 수 있다. 비자면제프로그램을 이용해서 미국방문을 계획하는 여행자들은 아래 조건을 모두 충족해야 한다.

㉠ 상용, 관광 또는 경유 목적으로 방문

㉡ 전자 칩이 내장된 전자여권 소지

㉢ 등록된 항공 · 선박을 이용하고 왕복항공권 또는 미국 경유시 최종 목적지 항공권 소지

㉣ 미국, 멕시코 또는 캐나다 내에서 90일 이하로 체류(체류기간은 미국, 멕시코, 캐나다로 입국하는 시점에서부터 시작됨)

㉤ 전자여행허가(ESTA) 승인

③ 미국 비자면제프로그램 해당국가

전자여권을 소지한 35개의 비자면제협정국가 국민들은 미국 비자면제프로그램을 이용하여 비자없이도 미국을 입국할 수 있다. 비자면제프로그램은 관광이나 상용 또는 경

유를 목적으로 미국을 입국하길 원하고 미국입국자격이 되는 여행객들에게 적용된다.

표 4-5 미국 비자면제프로그램 해당국가

안도라	오스트레일리아	오스트리아	벨기에
브루나이	체코공화국	덴마크	에스토니아
핀란드	프랑스	독일	헝가리
아이슬란드	아일랜드	이탈리아	일본
한국	라트비아	리히텐슈타인	리투아니아
룩셈부르크	말타	모나코	네덜란드
뉴질랜드	노르웨이	포르투갈	산마리노
싱가포르	슬로바키아	슬로베니아	
스웨덴	스위스		
영국(영국정식 거주권이 있는 분들에 한해 해당됨)			

④ 전자여행허가제 허가

비자면제프로그램에 따라 미국으로 여행하고자 하는 전세계 여행자들에게 강도 높은 보안 요건이 적용된다. 비자면제프로그램에 따라 여행하고자 하는 자격이 있는 모든 여행자들은 전자여행허가제(Electronic System for Travel Authorization/ESTA)에 의거 절차에 따라 허가를 신청해야 한다(https://esta.cbp.dhs.gov).

(3) 미국비자 구비서류

① 관광비자(B1/B2)

▸ 인터뷰 해당자 구비서류

㉠ 재직자

- 공통서류 : 미국비자신청서(여권서명과 신청서 서명 동일, 서명은 본인이 직접 할 것), 재직증명서, 소득금액증명(세무소발급), 봉급통장원본, 재산세 납세증명서, 갑근세/소득/월급내역서 최근 1년치(회사 또는 세무서 발급), 경력증명서(현 직장이 1년 미만시), 택배신청서, 기타 재정적 보조서류
- 본인 : 공통서류+여권, 사진 1매
- 배우자 : 공통서류+여권, 사진 1매, 관계증명서류(등본, 호적등본), 배우자 비자사본

- 자녀 : 공통서류+여권, 사진 1매, 재학증명서, 성적증명서 또는 생활기록부(중/고생 해당), 관계증명하는 서류(등본, 호적등본), 부모 비자사본
- 만 15세부터 직접 인터뷰함. 만 15세 미만인 경우 부/모가 인터뷰 가능

ⓛ 사업자

- 공통서류 : 미국비자신청서(여권서명과 신청서 서명 동일, 서명은 본인이 직접 할 것), 사업자등록증사본, 소득금액증명(세무소발급), 봉급통장원본, 재산세 납세증명서, 갑근세/소득/월급내역서 최근 1년치(회사 또는 세무서 발급), 경력증명서(사업시작이 1년 미만시), 택배신청서, 기타 재정적 보조서류
- 본인 : 공통서류+여권, 사진 1매
- 배우자 : 공통서류+여권, 사진 1매, 관계증명서류(등본, 호적등본), 배우자 비자사본
- 자녀 : 공통서류+여권, 사진 1매, 재학증명서, 성적증명서 또는 생활기록부(중/고생 해당), 관계증명하는 서류(등본, 호적등본), 부모 비자사본
- 만 15세부터 직접 인터뷰함. 만 15세 미만인 경우 부/모가 인터뷰 가능

▸ 인터뷰 비자 신청방법

① 대사관 ARS 시스템에 전화를 걸어 인터뷰 날짜를 정한다(ARS : 02-700-2510).

② 해당서류를 준비하고, 서류가 준비가 되면 서류의 영어 번역본도 준비한다.

③ 신청서 작성 후 한미은행에서 미국 비자피를 구입하여 신청서에 붙인다(신청서는 본인이 작성하며, 자필서명을 해야 한다).

④ 인터뷰 날짜가 되면, 해당서류와 여권을 지참하고 인터뷰를 받는다.

※ 인터뷰시 DHL 비자택배신청서를 작성 후 여권에 첨부하여 대사관에 제출하면, 차후 본인에게 전달됨.

5) 중국비자의 신청

(1) 공통구비서류(관광, 상용비자)

① 여권(유효기간 확인)

② 비자신청서 1부

③ 사진 1매

④ 주민등록증 사본

⑤ 명함 또는 재직증명서 또는 사업자등록증 사본

▶ **주의사항**

① 취업, 유학비자 신청시

- 건강진단서 발급시(영문) 사진에 병원의 철인이나 직인이 찍혀 있어야 한다.
- AIDS 검사 및 매독, 간염검사를 꼭 받아야 한다.

② 상용(F)비자를 접수시는 반드시 명함이나 재직증명서가 필요하다.

③ 상용(F)비자를 받은 적이 없는 사람이 상용비자를 신청하는 방법

- 사진 1매, 여권, 재직증명서, 명함, 출장증명서, 신분증사본을 첨부
- 출장증명서의 체류기간은 반드시 90일로 명시되어야 한다.

  예 출장기간 : 1월 1일～3월 31일까지
- 재직증명서와 출장증명서상에 고무명판과 인감도장(직인)이 반드시 찍혀 있어야 한다.

6) 기타 국가의 비자신청

① 기타 국가들의 비자신청에 있어서 구비서류 및 신청절차는 거의 대동소이하다.

② 중동의 쿠웨이트나 사우디아라비아의 비자는 VISA NOTE라 하여 현지에서 전송된 명단이 대사관에 도착되어야 비자신청이 가능하다.

③ 중남미 대부분의 국가들은 비자를 발급받는데 상당한 시간이 소요되기도 한다. 예컨대, 브라질의 경우 일일이 본국에 조회하여 비자를 발급해 주는 관계로 1개월 이상 시간이 소요된다.

④ 남태평양의 국가들은 피지와 같이 현지에서 사증을 취득하는 경우도 있으며, 영연방국가는 사증업무를 타국의 영국대사관에서 대행하는 경우도 있다.

⑤ 미주대륙은 대개 미국이 기준이 되어 미국사증 취득사실이 있으면 큰 무리없이 쉽게 받을 수 있다.

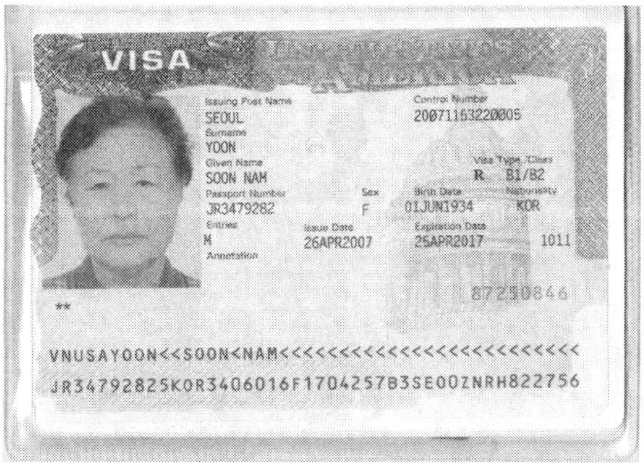

그림 4-5 미국비자

그림 4-6 중국비자

제3절 출입국수속업무

출입국수속은 탑승수속과 세관수속, 출입국심사수속을 말한다. 이러한 출입국수속은 일정한 흐름에 따른 절차, 즉 CIQ라 일컫는 세관(Customs), 출입국심사(Immigration), 검역(Quarantine)을 거친다. 출입국수속은 모든 공항이나 항만에서 이루어지고 있는데, 이 수속절차는 여행객의 안전보장, 국민보건과 국가안보유지, 국익의 도모 등을 위해 여행객으로 하여금 출입국시 일정한 흐름에 따른 절차를 거치도록 하는 국제간 왕래의 필수적 절차이다.

1. 출국수속

승객이 항공여행을 하고자 공항에 나오는 경우 제반수속을 거쳐서 항공기에 탑승하게 된다. 따라서 승객은 탑승수속에 필요한 항공권은 물론 여권, 비자, 검역증 등의 여행구비서류를 갖추어야 한다.

출국절차를 순서대로 나열하면 다음 그림과 같다.

다음 그림과 같이 출국절차가 이루어지며, 인천국제공항에서의 출국절차순서는 다음과 같다.

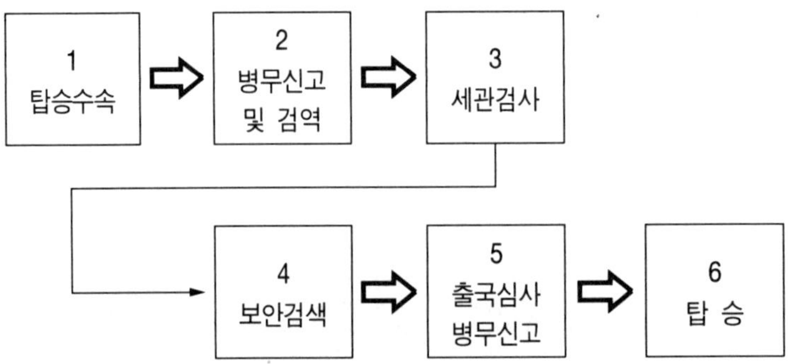

그림 4-7 출국절차순서

1) 탑승수속(Check in)

탑승수속이란 여행객이 비행기를 타기위한 절차로 해당 항공사의 카운터에 여권, 비자, 항공권 등 해외여행에 필요한 서류를 제출하여 확인을 받고 본인이 소지한 위탁수하물을 목적지까지 보내는 수속을 하는 것이다.

이 과정에서 여행객은

① 좌석의 배정 : 항공기내의 좌석은 일등석(First Class), 비즈니스석(Prestige Class) 그리고 일반석(Economy Class)으로 나누어진다. 모든 절차가 끝나고 나면 항공사직원은 승객이 요청한 클래스에 맞는 탑승권을 여권, 비자, 항공권 등 모든 서류와 함께 승객에게 전달하고, 탑승권(Boarding Pass)에는 승객의 영문이름과 좌석번호, 항공기편명, 탑승구, 탑승시간 등이 기록되어 있다.

② 수하물표 : 탑승권과 함께 위탁수하물을 확인할 수 있는 수하물표(Baggage claim tag)를 받게 된다.

수하물 운송

수하물 운송에서는 수하물의 정의, 수하물 운송제한 품목, 무료수하물 허용량, 고가품 신고제도, 특수수하물 요금, 수하물분실과 파손에 대하여 살펴본다.

1. 수하물의 정의

수하물은 여객이 자신의 여행과 관련하여 착용 또는 사용하거나 안락 또는 편의를 위하여 필요한 물품 및 기타 휴대품을 의미한다.

수하물은 운송취급방법에 따라 위탁수하물(checked baggage)과 휴대수하물(carry on baggage)로 구분한다. 위탁수하물은 고객이 항공사에 탁송의뢰하여 수하물표를 발행한 수하물을 말하며, 휴대수하물은 고객의 책임과 보관 하에 기내에 휴대하여 운송하는 수하물을 말한다.

2. 무료수하물 허용량

모든 여객은 별도의 요금을 지불하지 않고, 항공사규정에 의거하여 일정량의 수하물을 무료로 휴대 및 위탁할 수 있다. 이를 무료수하물 허용량(free baggage allowance)이라고 한다.

1) 휴대수하물

휴대수하물(hand-carry baggage 혹은 unchecked baggage)은 승객이 기내에 반입하여 좌석의 밑이나 기내선반에 올려 놓을 수 있는 물품을 말한다.

① 기내반입 휴대수하물 허용기준

기내반입 휴대수하물의 크기와 중량은 항공사별 · 좌석등급별로 다르다. 예를 들어 대한항공 일등석과 비즈니스석은 18kg 2개, 일반석은 12kg 1개와 추가로 1개의 품목이 허용된다. 반면 아시아나항공 일등석과 비즈니스석은 10kg 2개와 추가 1개 품목, 일반석은 10kg 1개와 추가 1개 품목이 허용된다.

② 별도의 좌석을 구매해야 운송가능한 물품

기내로 악기를 반입하는 경우에 바이올린과 같이 크기가 115cm 이하인 악기는 무료반입이 가능하지만, 115cm를 초과하는 첼로, 더블베이스, 거문고 등과 같은 대형 악기는 별도의 좌석을 구매해야 한다.

2) 위탁수하물

위탁수하물(checked baggage)은 승객이 항공사에 위탁하여 보내는 수하물로 항공사에서는 수하물표(baggage claim tag)를 승객에게 발급하여 운송에 대한 책임을 진다.

무료 위탁수하물은 적용노선에 따라 미주 외 구간(중량제, weight system)과 미주구간(개수제, piece system)으로 구분된다. 개수제는 미주구간(미국, 미국령사이판 포함, 캐나다, 멕시코와 카리브해 등 중남미 구간)에 적용되며, 수하물의 개수(piece)로 무료수하물을 허용한다. 반면 중량제는 미주 외 구간(동남아 · 일본 · 유럽 · 중국 구간)에 적용되며, 수하물의 무게(weight)로 무료수하물을 허용한다.

▸ 무료 위탁수하물 허용량

① 중량제(weight system)

퍼스트 클래스	40kg 이내 1개
비즈니스 클래스	30kg 이내 1개
일반석	20kg 이내 1개
유아	10kg 이내 1개와 접을 수 있는 유모차 1개

② 개수제(piece system)

퍼스트 클래스	32kg 이내 2개
비즈니스 클래스	32kg 이내 2개
일반석	23kg 이내 2개
유아	10kg 이내 1개와 접을 수 있는 유모차 1개

- 개수제지역인 경우도 다수의 항공사가 무료수하물을 23kg 1개만 허용하는 경우도 있으니 확인해야 한다.

3) 초과수하물 요금

무료수하물 허용량을 초과하는 수하물은 초과수하물(excess baggage)이다. 초과수하물 요금은 미주구간은 수하물의 개수에 따라 부과되며, 미주 외 구간은 수하물의 중량을 기준으로 부과된다.

① 미주구간의 초과수하물 요금

미주구간은 초과되는 가방 1개(23kg 이내)당 정해진 요금(정액제)이 부과된다. 미주구간의 초과수하물 요금은 도시에 따라 11만원에서 13만 5천원까지 부과된다.

② 미주 외 구간의 초과수하물 요금

미주 외 구간은 해당구간 성인편도운임의 1.5%(단, 호주와 뉴질랜드 출발은 1%)가 kg당 부과된다.

4) 고가품 신고제도

항공사에서는 위탁수하물 분실이나 파손과 같은 사고발생을 대비하여 수하물 배상액을 규정하고 있다. 그러나 수하물 배상액이 많지 않으므로 이러한 경우에 활용하는 것이 바로 고가품 신고제도(종가제도)이다. 즉 수하물 사고발생시에 항공사 배상기준보다 많은 보상을 희망하는 경우에 소정의 추가요금을 지불하고 손해배상시에 신고한 금액까지 보상받을 수 있다.

위탁수하물 1kg당 미화 20달러 또는 그 상당액을 초과하는 수하물에 대해서 소정의 추가요금을 지불하면 항공사의 위탁수하물 책임한도가 신고한 금액까지 보장되는 것이다. 단, 신고액은 증명할 만한 근거가 있어야 하고, 최대신고액은 미화 2,500달러로 한정되어 있다. 고가품신고시에 부과되는 요금은 신고금액 미화 100달러당 0.5달러로 계산된다.

3. 수하물분실과 파손

오랫동안 기다려도 수하물이 나오지 않을 때는 수하물분실 카운터에 문의하여야 한다.

수하물위탁시에는 다음 사항을 참고한다.

1) 수하물에 영문으로 작성한 이름표(성명, 연락처, 주소 기재)를 붙여 둔다.

2) 도자기전자제품유리병액자 등 파손되기 쉬운 물품, 음식물과 같이 부패되기 쉬운 물품, 악취기 나는 물품은 수하물로 위탁할 수 없다.

3) 노트북컴퓨터 · 캠코더 · 카메라 · MP3 등 고가의 개인 전자제품, 보석류 · 골동품 · 귀금속류 등 고가의 물품, 계약서류, 유가증권류, 기타 고가품 · 견본류 등은 직접 휴대하도록 한다.

4. 수하물 배상책임한도의 법적 근거 및 배상규정

수하물 배상책임한도의 법적 근거는 바르샤바협약과 몬트리올협약이 있다. 바르샤바협약은 1929년 폴란드 바르샤바(Warsaw)에서 개최된 국제사법회의에서 채택한 항공사법에 관한 협약으로 우리나라는 1967년에 가입하였다. 바르샤바협약의 목적은 사고발생시에 승객 · 수하물 · 화물에 대한 항공사의 책임한도를 결정하기 위해서이다. 이 협약에서는 위탁수하물과 휴대수하물을 구분하여 다음과 같이 배상규정을 하고 있다.

첫째, 위탁수하물에 있어서 운송인의 책임은 kg당 미화 20달러를 최대 한도액으로 한다. 예를 들어 위탁수하물의 경우 kg당 미화 20달러이므로 일반석은 20kg×USD20=USD400, 비즈니스석은 30kg×USD20=USD600, 일등석은 40kg×USD20=USD800이 최대 보상한도액이다. 다만, 승객이 수하물을 교부함에 있어 인도시의 가액을 신고하고, 필요로 하는 종가요금을 지불한 경우에는 신고된 가액을 한도로 지급한다.

둘째, 휴대수하물에 있어서 운송인의 책임은 미화 2,500달러를 최대 한도액으로 한다. 즉 종가요금신고가 없을 경우에는 수하물의 무게가 기준을 초과하더라도 그 이상의 보상은 허용되지 않는다는 것이다. 그러나 여객이 수하물에 대하여 사전에 보다 높은 가격을 신고하고 종가요금을 지불한 경우에는 신고가격을 적용하여 보상받을 수 있다.

그러나 바르샤바협약의 보상수준이 지나치게 낮다는 지적이 생기면서 1999년 국제항공운송기구(ICAO) 회원국은 바르샤바협약을 대체하는 몬트리올협약(Montreal Convention)을 채택하였다.

몬트리올협약은 1999년 5월 28일 채택되었으며, 2010년 7월 현재 97개국이 가입되어 있다. 우리나라는 2007년 12월 29일에 가입하였다.

몬트리올협약에 근거한 수하물배상 규정(바르샤바협약과 달리 위탁수하물과 휴대수하물을 구별하지 않음)을 살펴보면, 여객의 수하물에 발생한 파손(destruction), 분실(loss), 손해(damage), 지연(delay)의 손해에 대해 책임지도록 명시되어 있다. 그 배상책임한도는 승객 1인당 약 1,200유로(1,800USD 상당액)이다(동 협약 제22조 2항). 개인소지품을 포함한 휴대수하물의 경우에는 운송인의 과실이 있는 경우에만 책임을 부담한다(동 협약 제17조 제2항). 다만 위탁수하물의 경우에 항공사가 인수한 시점에서 승객에 의한 가격신고가 이루어지고, 그에 따른 추가요금이 징수된 경우에는 예외로 한다.

그리고 이 배상책임한도액에 관한 규정은 운송인 또는 운송인의 사용인 또는 대리인이 손해를 발생시킬 의도로써 행한 또는 손해가 발생할 염려가 있음을 인식하면서 무모하게 행한 작위나 부작위에 의하여 손해가 발생된 경우에는 적용하지 아니한다(동 협약 제22조 5항).

그러나 다음과 같은 물품은 보상이 불가하다.

① 깨지기 쉬운 물품, 부패하기 쉬운 물품, 건강과 관련된 의약품
② 하드케이스(전용용기)에 넣지 않은 스포츠용품 및 위탁수하물로 접수된 악기류
③ 노트북컴퓨터, 핸드폰, 캠코더, MP3 등 고가의 개인 전자제품 또는 데이터
④ 현금, 보석이나 귀금속, 유가증권, 계약서, 논문과 같은 서류, 여권, 신분증, 견본(샘플), 골동품 등 가치를 따지기 어려운 물품
⑤ 너무 무겁거나 가방용량에 비해 무리하게 내용품을 넣은 경우
⑥ 보안검색과정에서 발생한 잠금장치 파손이나 X-ray 통과로 인한 필름 손상
⑦ 일상적으로 수하물을 취급하는 과정에서 발생한 경미한 긁힘, 흠집, 얼룩 또는 스크랩, 외부자물쇠, Name Tag, 액세서리 분실

2) 병무신고

(1) 병무신고대상

병역의무자가 국외를 여행하고자 할 때는 병무청에 국외여행허가를 받고 출국 당일 법무부출입국에서 출국심사시 국외여행허가증명서를 제출하여야 한다.

① 25세 이상 병역미필 병역의무자(영주권사유 병역연기 및 면제자 포함)
② 연령제한 없이 현재 공익근무요원 복무중인 자, 공중보건의사, 징병전담의사, 국제

협력의사, 공익법무관, 공익수의사, 국제협력요원, 전문연구원/산업기능요원으로 편입되어 의무종사기간을 마치지 아니한 자

(2) 국외여행귀국신고 : 폐지됨

3) 검역신고

(1) 검역안내

검역소에서는 외국여행자, 동물, 식물에 대한 검역 · 증명서를 발급하고 있다. 도착지 국가에 따라 검역증명서를 확인하는 경우가 있으므로 반드시 확인해야 한다. 검역 관련 절차는 탑승수속을 받기 전에 해야 신속하게 탑승할 수 있다.

(2) 여행자검역

여행지역에 따라 말라리아, 콜레라 등의 예방접종을 적정기간에 해야 하며, 그에 따른 국제공인예방접종증명서를 휴대하여야 한다.

(3) 동물검역

애완동물 등을 휴대 반출시 도착지 국가에 따라 반입금지 및 동물검역증명서를 요구하는 경우가 있으므로 사전에 항공사 및 국립수의과학검역원에서 확인하여야 한다.

(4) 식물검역

수출상대 국가에 따라 반입금지 및 식물검역증명서를 요구하는 경우가 있으므로 사전에 항공사 및 식물검역소에서 확인하여야 한다. 외국에 도착할 경우 휴대한 식물류를 검역기관에 반드시 신고해야 한다.

4) 세관신고(Customs)

(1) 외화반출

① 국민거주자

미화 1만불 초과하는 일반 해외여행경비 휴대 반출시 → 세관 외환신고대에 신고, 미

화 5만불까지 신고 가능함.

② 해외이주자, 체재자, 유학생, 여행업자, 외국인거주자가 국내근로소득을 휴대
- 대여행경비 1만불 이상→지정거래 외국환 은행장의 확인
- 물품거래 대금, 자본거래 대가→각 거래에서 정하는 신고나 허가 필요

③ 비거주자
외국환은행장 또는 한국은행 총재 또는 세관장의 허가 필요
- 최근 입국시 신고한 외국환 등은 휴대수입한 범위 내에서 최초 출국시 휴대 반출 가능
- 허가에 수일이 소요되므로 출국 수일 전에 미리 허가를 받아야 함.

(2) 귀중품, 고가품 반출(출국 후 재반입)

① 여행시 사용하고 다시 가져올 귀중품 또는 고가품은 출국하기 전 세관에 신고한 후 "휴대물품반출신고(확인)서"를 받아야 입국시에 면세를 받을 수 있다.

② 문화재 반출시는 문화재 감정관의 "비문화재확인서"를 발급받아야만 반출이 가능하다.

(3) 귀중품 고가품 재반출(입국 후 재반출)

① 일시 입국하는 여객 중 고가귀중품 등 휴대 반입물품을 재반출하는 경우 입국시 세관에서 발급한 "재반출조건일시반입물품확인서"와 반입물품을 세관에 제시하여야 한다.

② 신고한 물품을 가지고 출국하지 않는 경우, 출국수속이 지연될 수 있으니 반드시 휴대하여야 하며 물품을 분실하였거나 휴대하여 출국하지 않으면 해당 세금을 납부하거나 세액의 120/100에 해당하는 담보금을 예치하여야 출국할 수 있다.

(4) 부가세 특소세 환급확인 절차(외국인 대상)

① 면세판매장(관할세무서장 지정)에서 물품구입

② 출국장 세관신고대에서 반출확인(반드시 구입물품 제시)

③ 법무부 출국심사 완료 후 부가세환급카운터에서 환급

- 물품을 구입한 날로부터 3월 이내에 국외로 반출하여야 해당세액을 환급받을 수 있다.

5) 보안검색(Security Check)

(1) 보안검색 안내

① 탑승수속 및 세관신고를 거쳐 출국장으로 이동하여 보안검색을 받아야 한다.

② 공항 이용객 및 항공기의 안전을 위해 보안검색을 실시하므로 보안검색 업무에 적극 협조해야 한다.

③ 환송객은 항공기의 안전 운항을 위해 보안검색대 지역으로 입장할 수 없으니 출국장 지역에서 환송을 마쳐야 한다.

④ 보안검색은 탑승자의 신체에 대한 검색(body check)과 기내 휴대품의 보안검색(hand-carry check)으로 나누어진다.

⑤ 보안검색 과정은 항공기의 납치와 폭발위험에 대비하기 위한 사전예방조치로서 X-ray투시기와 문형 전자탐지기를 이용해 각종 무기류 및 폭발물과 위해물질 등의 소지여부에 대해 확인을 하고, 회화허용한도액을 초과한 금액의 밀반출을 적발하게 된다.

(2) 검색절차

1 여권, 탑승권을 출국장 입장시에 보완요원에게 보여주세요.

⬇

2 보안검색 받기 전에 신고대상 물품이 있으시면 세관에 미리 신고하세요.

⬇

3 휴대물품을 X레이 검색대 벨트 위에 올려놓으세요(가방, 핸드백, 코트 등) 목적지에 따라서 신발, 촉수 등 추가검색이 있을 수 있습니다.

⬇

4 소지품(휴대폰, 지갑, 열쇠, 동전 등)은 바구니에 넣으세요.

www.airport.kr

(3) 수하물 운송제한물품

① 기내 반입제한물품

㉠ 기내 반입금지물품(restricted items) : 항공기 안전운항 및 여객의 생명과 재산을 보호하기 위하여 기내 휴대 및 탑재가 금지되는 물품을 말한다.

ⓐ 칼 · 가위 등 끝이 뾰족하거나 날카로운 물체

ⓑ 총기류 및 장난감총

ⓒ 우산 · 골프채 등 둔기류

ⓓ 일정용량 이상의 액체류

ⓔ 기타 항공보안 및 안전상 반입제한이 필요하다고 인정되는 물품

㉡ 제한적으로 반입이 허용되는 물품

ⓐ 일정용량 이내로 반입하는 액체류

ⓑ 1개 이하의 라이터 및 성냥(단, 2008년 4월 8일부터 중국 국제선 및 국내선 공항 보안검색대에서 라이터 및 성냥 휴대탑승 금지)

ⓒ 항공사의 사전승인을 받은 의료용품

ⓓ 항공사의 사전승인을 받은 제한된 무게의 드라이아이스(dry ice)

② 위탁수하물 제한운송

㉠ 위탁수하물로 운송이 금지된 품목(직접 휴대해야 하는 수하물)

ⓐ 기내 및 여행지에서 복용해야 하는 의약품

ⓑ 노트북컴퓨터, 핸드폰, 캠코더, 카메라, MP3 등 고가의 개인 전자제품

ⓒ 화폐, 보석류, 귀금속류, 유가증권류

ⓓ 기타 고가품, 견본류, 서류, 파손되기 쉬운 물품, 부패성 물품 등

㉡ 제한적으로 반입이 허용되는 물품

ⓐ 총기류 및 스포츠용 총기 사용목적의 5kg 이내 화약

ⓑ 법령에 의한 임무수행상 특별히 허가된 자가 소지하는 무기(단, 사전에 무기소지허가증 제시)

ⓒ 적절히 포장되지 않았거나 가방용량에 비해 무리하게 내용품을 넣은 수하물(적절히 재포장 후 위탁 가능)

ⓓ 배터리가 분리된 전동 휠체어

- 배터리는 내용액이 누출되거나 누전위험이 없도록 안전하게 포장되어야 함.
- 별도의 위탁수하물로 운송되어야 함.

③ 항공운송 금지품목

㉠ 알람장치가 있는 가방류

㉡ 부식성 · 폭발성 · 인화성 · 자기성 · 유독성 · 산화성 · 방사성 · 자극성 물질

㉢ 개, 고양이, 새, Seeing Eye Dog, Hearing Dog 이외의 야생동물

④ 국제선 기내 반입액체류의 제한

㉠ 허용하는 액체물질, 젤 또는 스프레이 등의 휴대수하물 기내 반입조건

ⓐ 내용물 용량한도 : 용기 1개당 100ml 이하

ⓑ 기내 반입조건

- 1리터(liter) 규격의 투명 지퍼락(zip-lock) 비닐봉투 안에 용기들을 넣어서 봉인해야 함.
- 투명 지퍼락 비닐봉투(20cm×20cm)에 담겨 지퍼가 잠겨 있어야 하며, 투명 지퍼락 비닐봉투가 완전히 잠겨 있지 않으면 반입불가 조치함.
- 1인당 투명비닐봉투 1개만 허용되며, 보안검색 전에 비닐봉투를 휴대수하물에서 꺼내 보안검색요원에게 미리 보여 주고 검사를 받아야 함.

ⓒ 대상물품 : 객실 내 휴대반입이 허용되는 대상물품은 반드시 기내반입조건

에 부합해야 한다.

㉡ 공항에서 구매한 액체면세품

공항면세점에서 구입한 물품 또는 시내면세점에서 구입 후에 공항에서 전달받은 주류 · 화장품 등의 액체류는 다음의 조건을 모두 준수하는 경우에는 기내 반입이 가능하다.

ⓐ 면세점에서 제공하는 투명봉인봉투 또는 국제표준방식으로 제조된 훼손탐지가능봉투(STEB : Security Tamper Evident Bag, 개봉할 경우에 표시가 남는 비닐 포장지)로 포장

ⓑ 면세품 구입당시에 교부받은 영수증이 훼손탐지가능봉투 안에 동봉 또는 부착된 경우에 한하여 용량에 관계없이 반입가능

ⓒ 최종목적지행 항공기탑승 전까지 미개봉 상태유지

㉢ 기내 반입제한 예외대상물품

기내 반입제한 예외대상물품은 1리터 규격의 투명 지퍼락 비닐봉투 안에 담겨 있지 않아도 허용된다.

표 4-6 기내 반입제한 예외대상물품

<table>
<tr><th colspan="2">예외대상 품목</th><th>예외대상물품 예시</th><th>허용기준</th></tr>
<tr><td rowspan="2">의약품</td><td>처방약품</td><td>의사처방전이 있는 모든 약품</td><td rowspan="4">· 비행여정에 적합한 용량만 허용
· 보안검색시 신고 필요</td></tr>
<tr><td>시판약품</td><td>액상감기약, 액상위장약, 기침억제시럽, 겔 캅셀약, 비강스프레이, 콘택트렌즈용제(보존액), 해열파스, 안약, 의료용 식염수</td></tr>
<tr><td colspan="2">비의약품</td><td>의료목적으로 사용되는 얼음(이식용 장기보관용), 혈액 또는 혈액관련 약제, 자폐증 환자용 음료</td></tr>
<tr><td colspan="2">특이식이 처방음식</td><td>승객의 건강에 꼭 필요한 의사처방전이 있는 음식</td></tr>
<tr><td colspan="2">어린아이용품</td><td>우유, 물, 주스, 모유, 액체, 겔, 죽 형태의 음식 및 젖어 있는 티슈</td><td>· 유아동반에 한하여 항공여정에 적합한 용량 허용
· 보안검색시 신고 필요</td></tr>
</table>

※예외대상물품은 1리터 투명개폐가능봉투에 담겨 있지 않아도 허용됨.

(4) 수하물분실과 파손

오랫동안 기다려도 수하물이 나오지 않을 때는 수하물분실 카운터에 문의하여야 한다.

수하물위탁시에는 다음 사항을 참고한다.

① 수하물에 영문으로 작성한 이름표(성명, 연락처, 주소 기재)를 붙여 둔다.

② 도자기 · 전자제품 · 유리병 · 액자 등 파손되기 쉬운 물품, 음식물과 같이 부패되기 쉬운 물품, 악취가 나는 물품은 수하물로 위탁할 수 없다.

③ 노트북컴퓨터 · 캠코더 · 카메라 · MP3 등 고가의 개인 전자제품, 보석류 · 골동품 · 귀금속류 등 고가의 물품, 계약서류, 유가증권류, 기타 고가품 · 견본류 등은 직접 휴대하도록 한다.

6) 출국심사

여행객은 유효한 여권을 소지하고 도착국가 또는 경유하는 국가의 유효한 입국사증 소지 여부를 확인하여야 한다. 출국심사 후 면세지역에서는 현금출금(외환관리법에 의거 현금출금기 설치 불가), 휴대폰로밍(SK텔레콤은 가능)이 불가능함으로 출국심사 전에 현금출금, 휴대폰로밍 등 여행에 필요한 준비를 마쳐야 한다.

출국심사대 앞의 대기선에서 기다리다 자신의 차례가 오면 ① 여권, ② 탑승권을 제출한다. 출국심사관이 확인하는 사항은 ① 여권의 유효성과 위조여권 조사 ② 여권소지인과 본인여부 확인 ③ 여권목적지의 비자소지 확인 ④ 출국금지자 및 요주의 인물 확인 ⑤ 외국인의 체류기간 초과여부 확인 등이다. 출국심사 후 심사관은 여권에 출국확인도장을 날인한 후 나머지 서류(여권, 탑승권)를 돌려준다.

(1) 출국심사절차

1 출국심사대 앞 대기선에서 기다리세요.

⬇

2 모자(선글라스)는 벗으시고, 대기 중 휴대폰 통화는 자제하여 주세요.

⬇

3 여권, 탑승권을 제시해 주세요.

⬇

4 여권에 출국확인을 받고 여권을 받으신 후, 출국심사대를 통과하세요.

www.airport.kr

(2) 국민출국 요건

① 거주여권 소지자

거주여권 소지자의 경우 국내 체제기간이 제한되어 있으며(일반인 2년, 병역의무자 1년, 60세 이상 여권유효기간), 체제기간이 지나면 여권의 효력이 상실되므로 외교통상부에서 재발급 후 출국하여야 한다.

② 이중국적자

- 외국여권으로 입국하여 국민처우를 받은 자는 원칙적으로 대한민국여권으로 출국해야 하며 외국여권으로 출국시에는 통고처분 후 출국할 수 있다(병역미필자의 경우 출국제한).
- 국내에서 출생한 이중국적자의 경우, 대한민국여권으로 출국하고자 하는 때에는 국민처우를, 외국여권으로 출국하고자 하는 때에는 외국인으로 출국할 수 있다.
- 국민처우 전에 소지한 외국여권을 발급한 해당국가에는 사증없이 출국가능하다.

③ 최초이민자 및 해외입양자

최초이민자 및 해외입양자는 출국신고서 여행목적란에 반드시 "최초이민", 목적지란에 "이민국가명", 주소란에 주민등록상 주소지를 정확하게 기재하여야 한다.

④ 여권상 동반자녀

- 동반여권의 경우 출입국심사가 불편하여 불이익을 받을 수 있으니 분리발급하는 것이 바람직하다.

- 여권명의인을 동반하지 않는 동반자녀만의 단독출국이나 여권명의인 없이 다른 사람과 함께 출국하는 것은 인정되지 않는다.

⑤ 선원출국자

선원신분증명서 소지자는 지방해양수산청장의 선원출입국확인을 받고 출국하여야 하며(선원법 시행규칙 제29조), 선원출입국확인은 허가일로부터 10일간 유효하다.

7) 출국라운지

출국라운지란 지금까지의 모든 승객이 출국을 위한 제반 수속절차를 마친 후 탑승 전에 대기하는 장소를 말한다. 출국라운지는 "국내에 위치한 외국"에 해당되는 장소로서 보세구역이다. 승객은 자신의 탑승권만을 소지하고 있으면 된다. 승객은 자신이 탑승하는 항공편의 탑승구(boarding gate)를 확인하여야 한다.

라운지 내에는 면세점이 있어 원하는 물품을 Tax Free로 구입할 수 있다.

① 예치 · 유치품 반환

출국시 세관에 예치된 물품을 찾거나 유치된 물품을 반환받고자 하는 여객은 최소한 항공기 출발 1시간 전에 출국장 내 세관 반송품 인도장에서 직원에게 신청해야 한다.

② 면세품 인도

국내 면세점에서 구입한 면세품은 출국시 면세품 인도장에서 인환증과 상품을 교환한 후 출국한다.

③ 부가세 · 특소세 환급

외국인 여객은 세관의 확인을 받은 "외국인관광객 물품판매확인서"를 환급카운터에 제출하여 세금을 환급받을 수 있다.

8) 탑승(Boarding)

승객은 출국라운지에서 대기하다가 항공기 출발 30분 전에 탑승하라는 안내방송에 따라 탑승할 항공편의 탑승구(boarding gate)로 가서 탑승수속을 받는다. 탑승구는 탑승권에 표시되어 있으나 한 번 더 확인하는 것이 좋다. 탑승수속시 탑승권을 제시한 후 탑승교(Boarding Bridge)를 통과하여 항공기내에 들어가면 승무원의 안내에 따라 지정된 좌석에 앉아야 한다.

9) 항공기 출발

승객의 탑승이 완료되면 출입국심사관은 탑승한 승객의 수와 항공사가 제출한 승객의 명단과 승무원 명단을 서로 대조를 하는 HEAD COUNTING을 실시한다. 또한 검역관에 의한 항공기의 검역사항의 이상 유무를 서면으로 제출한 후 승인을 받게 되고, 세관에 의한 출항허가를 받은 후에 항공기가 출항할 수 있다.

2. 입국수속

목적지 공항에 도착한 승객은 출국시와 마찬가지로 CIQ(Customs Immigration Quarantine, 세관검사, 입국심사, 검역)를 통한 입국수속 절차를 진행하게 된다. 목적지 국가에 적합하게 입국할 수 있는 정당한 비자를 소지하여야 한다.

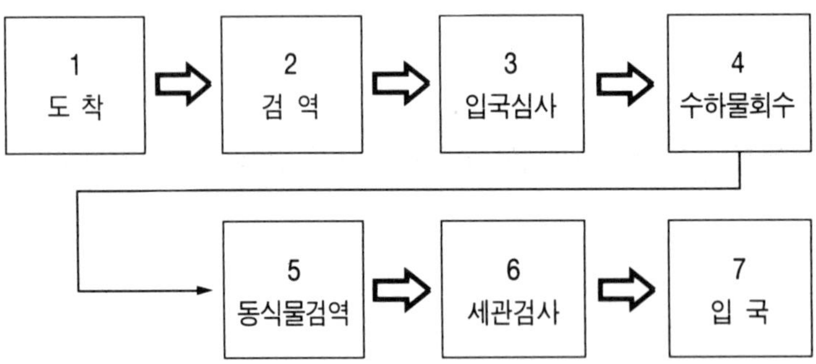

그림 4-8 입국수속순서

1) 도착(기내서류작성)

기내에서 승무원이 나눠주는 신고서를 비행기 안에서 미리 작성하면 입국수속을 편리하고 신속하게 받을 수 있다.

검역질문서	・콜레라, 황열, 페스트 오염지역(동남아시아, 중동, 아프리카, 남아메리카 등)에서 입국하는 승객, 승무원
여행자 휴대품 신고서	・개인당 1장, 가족인 경우 가족당 1장 ・신고물품이 없는 경우에도 반드시 작성 ・2005년 10월 1일부터 모든 입국자는 반드시 작성/제출해야 함.

▸ **입국신고서 제출생략**

2006년 8월 1일부터는 내국인과 90일 이상 장기체류할 목적으로 출입국사무소에 외국인 등록을 마친 외국인의 경우 입국신고서를 작성할 필요가 없다.

▸ **휴대품신고서 작성**

① 해외에서 우리나라로 입국하는 모든 여행자는 세관에 여행자 휴대품신고서를 제출해야 한다.

② 가족과 함께 입국하는 경우에는 가족을 포함하여 1장만 작성하면 된다.

③ 기내에서 배부받은 세관휴대품신고서에 세관신고대상물품을 기재하고, 여행자의 이름, 생년월일 등 인적사항을 기재하면 된다.

2) 검역(Quarantine)

항공기 착륙 후 입국시 먼저 검역절차를 거치게 되며, 최근 대부분의 국가가 몇몇 국가에서 입국하는 여행객을 제외하고 검역을 생략하는 경우가 많다.

우리나라의 경우 콜레라, 황열, 페스트 오염지역(동남아시아, 중동, 아프리카, 남아메리카)으로부터 입국하는 승객과 승무원은 검역질문서를 작성한 후 입국시 제출하여야 한다. 여행 중에 설사, 복통, 구토, 발열 등의 증세가 있으면 입국시 즉시 검역관에게 신고하여야 하며, 귀가 후에 설사 등의 증세가 계속될 때에는 검역소나 보건소에 신고해야 한다.

동물・축산물 및 식물을 가지고 입국할 경우에는 국립수의과학검역원 및 식물검역소에 신고하여 검역을 받아야 하며, 수출국에서 발행한 동물검역증 및 식물검역증을 제출해야 한다.

3) 입국심사(Immigration)

내국인은 입국신고서를 작성하지 않아도 되며, 외국인만 입국신고서를 작성하여야 한다.

입국심사대는 내국인과 외국인 심사대로 분리되어 있다. 입국심사대 앞 노란색 대기선에서 여권, 입국신고서 등의 서류를 들고 있다가 순서가 되면 심사관에게 제출하여 입국심사를 받는다. 대한민국 여권을 위 · 변조하여 입국을 시도하는 외국인이 급증하고 있다. 다소 불편하더라도 입국심사관의 얼굴 대조, 질문 등에 적극 협조가 필요하다. 입국심사시 여권대조, 규제여부, 여권 위 · 변조, 입국금지 여부 등의 심사를 받는다.

(1) 입국심사절차

1 내국인은 내국인심사대에, 외국인은 외국인심사대에 대기

⬇

2 입국심사대 앞의 대기선에서 기다리세요.

⬇

3 모자(선글라스)는 벗으시고, 대기 중 휴대폰 통화는 자제해 주세요.

⬇

4 내국인은 여권을, 외국인은 입국신고서와 여권을 제시하시고 심사 후 입국심사대를 통과하세요.

www.airport.kr

(2) 입국금지 대상자

① 전염병환자, 마약중독자, 기타 공중위생상 위해를 미칠 염려가 있는 자

② 무기 또는 화약류를 위법하게 가지고 입국하려는 자

③ 대한민국의 국시에 위배되거나 국가의 안전을 해하는 행동을 할 염려가 있다고 인정할 만한 상당한 사유가 있는 자

④ 경제질서 또는 사회질서를 해하거나 풍속을 문란하게 하는 행동을 할 염려가 있다고 인정할 만한 상당한 사유가 있는 자

⑤ 심신장애자, 방랑자, 빈곤자 기타 구호를 요하는 자

⑥ 강제퇴거명령을 받고 출국한 후 5년이 경과되지 아니한 자

4) 수하물 수거

입국심사대를 통과한 후 출발지 공항에서 위탁한 수하물을 지정된 수하물 수취대(baggage claim)에서 수하물을 회수한다. 이때 수하물의 표면이나 내용물이 파손 또는 분실 등의 사유가 발생된 경우 즉시 해당 항공사 직원에게 통보하고, 분실물신고센터(lost & found)에 신고서를 제출한다.

(1) 수하물 찾기 절차

1 수하물 수취대번호를 확인하세요.

⬇

2 엘리베이터나 에스컬레이터 이용하여 1층으로 이동하세요.

⬇

3 지정된 수하물 수취대에서 대기하세요.

⬇

4 본인의 수하물 찾기
(수하물이 바뀌지 않도록 주의하여 수하물을 찾으시기 바랍니다.)

www.airport.kr

(2) 수하물 분실 · 대형수하물

① 수하물 분실 : 오랫동안 기다려도 자신의 수하물이 나오지 않을 때는 분실수하물

카운터를 찾아서 문의해야 한다.

② 대형수하물 : 별도의 대형수하물 수취대에서 찾는다.

5) 동 · 식물 검역

(1) 동물검역

동물 · 축산물을 가지고 입국할 경우에는 국립수의과학검역원에 출발국가에서 발행한 검역증명서를 제출하고 검역을 받아야 한다. 수입금지국가에서 동물 및 축산물 반입을 절대 금지되어 있으며 미신고시 범칙금이 부과된다.

(2) 식물검역

식물을 가지고 입국할 경우에는 수출국에서 발행한 식물검역증을 제출하고 식물검역소에서 검역을 받아야 한다. 살아있는 곤충, 대부분의 생과실, 과채류, 호두와 흙이 제거 안된 식물은 수입이 금지되며, 휴대한 식물류 미신고시 과태료가 부과된다.

6) 세관검사(Customs)

해외에서 우리나라로 입국하는 모든 여행자는 세관에 여행자 휴대품신고서를 제출해야 한다. 가족과 함께 입국하는 경우에는 가족을 포함하여 1장만 작성하면 된다. 기내에서 배부받은 여행자 휴대품신고서에 세관신고대상물품을 기재하시고 여행자의 이름, 생년월일 등 인적사항을 기재하면 된다. 입국장에서도 세관휴대품신고서를 작성할 수 있으나 신속한 휴대품 통관을 위해 기내에서 미리 작성하면 편리하다.

(1) 세관검사절차

직접 소지하고 기내로 반입한 물품(Hand Carry)인 경우에는 문형 게이트 옆에 설치된 X-ray 투시기를 통과해야 하며 여행객은 문형금속탐지기를 통해 신변검색을 받는다. 기내에 들고 탑승하지 못한 짐(위탁수하물)은 입국장의 지정된 수하물 수취대에서 찾아야 하며, 이때 '세관검사안내표시'가 부착된 수하물이 있는 경우에는 가까운 세관직원의 안내를 받아 검사대로 이동하여 정밀 검사를 받아야 한다.

(2) 면세통관

① 우리나라에 입국하는 여행자는 내외국인을 불문하고 동등하게 일정한 범위의 면세를 받을 수 있다.

② 1인당 면세금액 : 해외에서 취득(무상포함)한 물품 및 구입물품의 총 가격이 $400 미만인 경우 무조건 면세

③ 아래 물품은 1인당 면세금액에 포함되지 않는다.

- 주류

  1ℓ, $400 이하 1병

- 담배

  - 권련 : 200개비(단, 만 19세 미만의 미성년자가 반입하는 주류 및 담배는 제외)
  - 엽권련 : 50개비
  - 기타담배 : 250g

- 향수

  향수 2온스(약 50ml)

- 기타

  - 여행자가 출국할 때 반출신고한 물품으로 본인이 재반입하는 물품
  - 정부, 지방자치단체, 국제기구간에 기증 또는 통상적 선물용품으로 세관장이 타당하다고 인정하는 물품

- 조건부면세 : 일시 입국하는 자가 본인이 사용하고 재수출할 목적으로 직접 휴대하여 수입하거나 별도 수입하는 신변용품 및 직업용품으로써 세관장이 재반출 조건부로 일시 반입을 허용하는 물품

(3) One-stop 통관 및 당일통관(세금을 내고 통관하는 절차)

① 여행자가 휴대반입한 물품으로서 면세범위를 초과한 물품이나 반입제한물품 등은 세관에서 유치한다. 유치된 물품 중 "여행자휴대품"으로 인정되는 물품으로 검사대에서 One-Stop 통관 또는 당일통관을 원할 경우, 현장통관사무실에서 당일통관이 가능하다.

② 입국검사장에서 받은 유치서를 가지고 입국장 안에 있는 현장통관사무실에서 통

관신청을 하면 된다. 반입금지 및 제한물품으로서 통관에 관한 요건확인(구비서류 검토)을 받아야 하는 경우에는 시간이 걸릴 수 있으며 제한물품의 요건을 구비하지 못하면 물품은 세관에서 보관한다.

③ 과세가격을 결정하고 세금을 부과하면 납부고지서를 발부받아 입국장 내에 있는 은행에 세금을 납부한 후 영수증을 세관(현장통관사무실)에 제출하면 물건을 찾을 수 있다.

(4) 물품예치(반입하지 않고 다시 가져갈 물품)

① 여행자 또는 승무원이 입국시 휴대반입한 물품으로 통관의사가 없는 물품은 입국장에서 세관직원의 안내를 받아 예치증을 발급받으면 가능하다.

② 보관기간은 예치증에 기재된 출국예정시기에 1월을 더한 기간으로, 보관기간이 경과한 물품인 경우에는 관련규정에 따라 세관장이 공고 후 매각처분이 가능하도록 되어 있다.

(5) 외환신고

① 미화 1만불에 상당하는 금액을 초과하는 외화, 원화, 수표 등의 지급수단을 휴대입국하는 경우에는 세관휴대품신고서에 외화반입신고를 하고 전산에 입력을 한 후

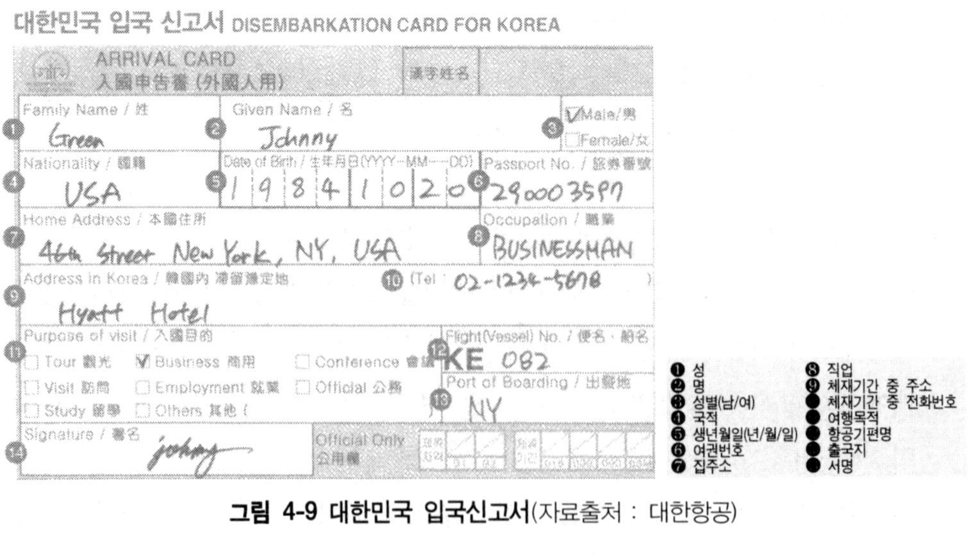

그림 4-9 대한민국 입국신고서(자료출처 : 대한항공)

세관직원이 발급하는 외국환확인필증을 받으면 된다.

② 내국통화의 여행자수표, 자기앞수표를 제외한 기타 내국지급수단의 수출입은 금액에 관계없이 허가를 받아야 한다.

대한민국 세관 신고서

- 모든 입국자는 관세법에 따라 신고서를 작성 · 제출하여야 하며, 세관공무원이 지정하는 경우에는 휴대품 검사를 받아야 합니다.
- 가족여행인 경우에는 1명이 대표로 신고할 수 있습니다.
- 신고서 작성 전에 반드시 뒷면의 유의사항을 읽어보시기 바랍니다.

성 명			
생년월일		여권번호	
직 업		여행기간	일
여행목적	□여행 □사업 □친지방문 □공무 □기타		
항공편명		동반가족수	명
한국에 입국하기 전에 방문했던 국가 (총 개국) 1. 2. 3.			
주소 (체류장소)			
전화번호 (휴대폰)	☎ ( )		

세 관 신 고 사 항

– 아래 질문의 해당 □에 "✓"표시 하시고, 신고할 물품은 '신고물품 기재란(뒷면 하단)' 에 기재하여 주시기 바랍니다. –

	있음	없음
1. 해외(국내외 면세점 포함)에서 취득(구입, 기증, 선물 포함)한 면세범위 초과 물품 (뒷면 1 참조)	□	□
2. FTA 협정국가의 원산지 물품으로 특혜관세를 적용받고자 하는 물품	□	□
3. 미화로 환산하여 1만불을 초과하는 지급수단(원화 · 달러화 등 법정통화, 자기앞수표, 여행자수표, 기타 유가증권) [총금액 : 약]	□	□
4. 총포류, 도검류, 마약류, 국헌 · 공안 · 풍속 저해물품 등 우리나라에 반입이 금지되거나 제한되는 물품(뒷면 2 참조)	□	□
5. 동물, 식물, 육가공품 등 검역대상물품 또는 가축전염병발생국 축산농가 방문 ※ 축산농가 방문자 검역검사본부에 신고	□	□
6. 판매용 물품, 회사용 물품(샘플 등), 다른 사람의 부탁으로 대리반입한 물품, 예치 또는 일시수출입물품	□	□

본인은 이 신고서를 사실대로 성실하게 작성하였습니다.

년 월 일

신고인 : (서명)

85mm×210mm (일반용지 120g/㎡)

1. 휴대품 면세범위

▸ 주류 · 향수 · 담배

구 분	주 류	향 수	담 배
일반 여행자	1병 (1ℓ 이하로서 US$400 이하)	60㎖	200개비
승무원	–	–	200개비

* 만19세 미만자는 주류 및 담배 면세 없음

▸ 기타 물품

일반 여행자	US$400이하 (자가사용, 선물용, 신변용품 등에 한함) * 단, 농림축산물, 한약재 등은 10만원 이하이며, 품목별 수량 또는 중량에 제한이 있음
승무원	US$100이하(품목당 1개 또는 1셋트에 한함)

2. 반입이 금지되거나 제한되는 물품

- 총포(모의총포) · 도검 등 무기류, 실탄 및 화약류, 방사성물질, 감청설비 등
- 메스암페타민 · 아편 · 헤로인 · 대마 등 마약류 및 오 · 남용 의약품
- 국헌 · 공안 · 풍속을 저해하거나 정부의 기밀누설이나 첩보에 사용되는 물품
- 위조(가짜)상품 등 지식재산권 침해물품, 위조지폐 및 위 · 변조된 유가증권
- 웅담, 사향, 녹용, 악어 가죽 등 멸종위기에 처한 야생동식물 및 관련 제품

3. 검역대상물품

- 살아있는 동물(애완견 등) 및 수산동물(물고기 등), 고기, 육포, 소세지, 햄, 치즈 등 육가공품
- 흙, 망고, 호두, 장뇌삼, 송이, 오렌지, 체리 등 생과일. 견과류 및 채소류

[신고물품 기재란]

▸ 주류 · 향수 · 담배 (면세범위 초과되는 경우 전체 반입량 기재)

주 류	( )병, 총 ( )ℓ, 금액 ( )US$		
담 배	( )갑(20개비 기준)	향 수	( )㎖

▸ 기타 물품

품 명	수(중)량	가 격 (US$)

※ 유의사항

- **성명**은 여권의 **한글** 또는 **영문명**으로 기재 바랍니다.
- 신고대상물품을 신고하지 않거나 허위신고 또는 대리반입할 경우 관세법에 따라 **5년 이하의 징역** 또는 **유치**, **가산세 부과(납부세액의 30%)**, **통고처분 및 해당물품 몰수** 등 불이익을 받게 됩니다.
- **FTA협정**등에 따라 일정요건을 갖춘 물품은 **특혜 관세를 적용**받을 수 있으며, 다만 **사후에 특혜관세를 신청**하고자 하는 경우에는 **일반 수입신고가 필요**합니다.
- 기타 궁금한 사항은 세관공무원 또는 ☎ 1577-8577로 문의하시기 바랍니다.

그림 4-10 대한민국 세관신고서

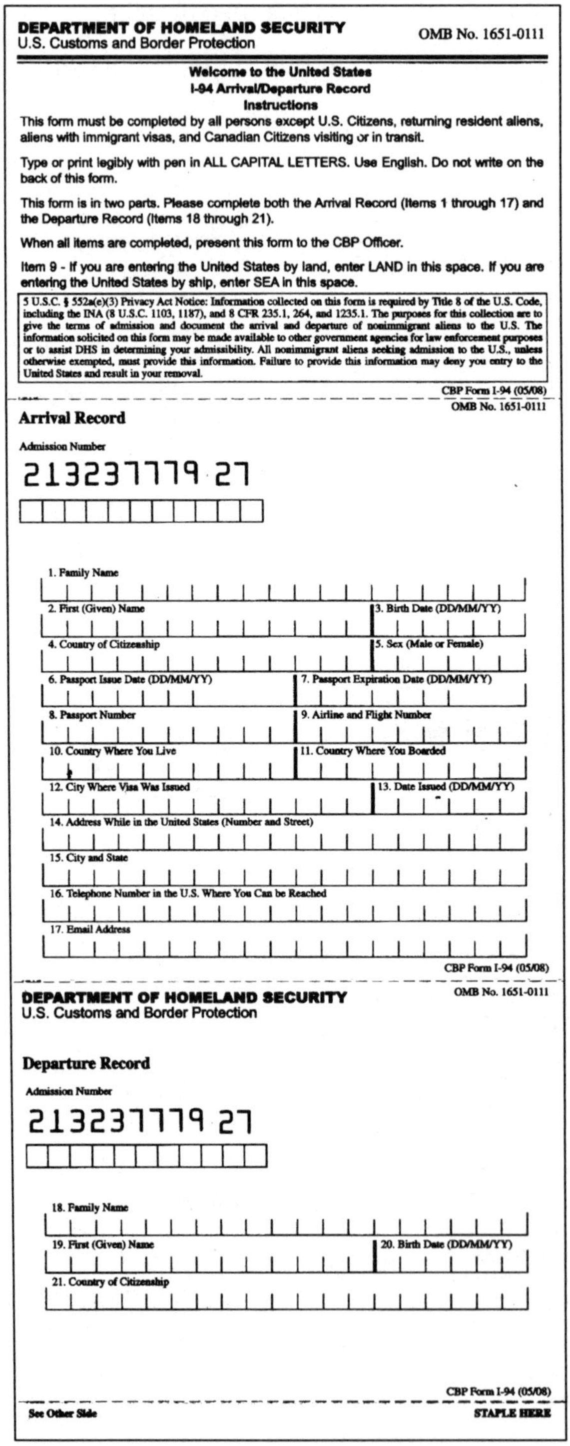

DEPARTMENT OF HOMELAND SECURITY
U.S. Customs and Border Protection

OMB No. 1651-0111

Welcome to the United States
I-94 Arrival/Departure Record
Instructions

This form must be completed by all persons except U.S. Citizens, returning resident aliens, aliens with immigrant visas, and Canadian Citizens visiting or in transit.

Type or print legibly with pen in ALL CAPITAL LETTERS. Use English. Do not write on the back of this form.

This form is in two parts. Please complete both the Arrival Record (Items 1 through 17) and the Departure Record (Items 18 through 21).

When all items are completed, present this form to the CBP Officer.

Item 9 - If you are entering the United States by land, enter LAND in this space. If you are entering the United States by ship, enter SEA in this space.

5 U.S.C. § 552a(e)(3) Privacy Act Notice: Information collected on this form is required by Title 8 of the U.S. Code, including the INA (8 U.S.C. 1103, 1187), and 8 CFR 235.1, 264, and 1235.1. The purposes for this collection are to give the terms of admission and document the arrival and departure of nonimmigrant aliens to the U.S. The information solicited on this form may be made available to other government agencies for law enforcement purposes or to assist DHS in determining your admissibility. All nonimmigrant aliens seeking admission to the U.S., unless otherwise exempted, must provide this information. Failure to provide this information may deny you entry to the United States and result in your removal.

CBP Form I-94 (05/08)

OMB No. 1651-0111

Arrival Record

Admission Number

213237779 27

1. Family Name
2. First (Given) Name
3. Birth Date (DD/MM/YY)
4. Country of Citizenship
5. Sex (Male or Female)
6. Passport Issue Date (DD/MM/YY)
7. Passport Expiration Date (DD/MM/YY)
8. Passport Number
9. Airline and Flight Number
10. Country Where You Live
11. Country Where You Boarded
12. City Where Visa Was Issued
13. Date Issued (DD/MM/YY)
14. Address While in the United States (Number and Street)
15. City and State
16. Telephone Number in the U.S. Where You Can be Reached
17. Email Address

CBP Form I-94 (05/08)

DEPARTMENT OF HOMELAND SECURITY
U.S. Customs and Border Protection

OMB No. 1651-0111

Departure Record

Admission Number

213237779 27

18. Family Name
19. First (Given) Name
20. Birth Date (DD/MM/YY)
21. Country of Citizenship

CBP Form I-94 (05/08)

See Other Side

STAPLE HERE

그림 4-11 미국 입출국신고서

U.S. Customs and Border Protection

Customs Declaration

19 CFR 122.27, 148.12, 148.13, 148.110,148.111, 1498; 31 CFR 5316 — FORM APPROVED OMB NO. 1651-0009

Each arriving traveler or responsible family member must provide the following information (only ONE written declaration per family is required):

1. **Family Name**
   First *(Given)* Middle
2. **Birth date** Day Month Year
3. Number of **Family members** traveling with you
4. (a) U.S. Street **Address** (hotel name/destination)
   (b) City (c) State
5. **Passport issued by** (country)
6. **Passport number**
7. Country of **Residence**
8. **Countries visited** on this trip prior to U.S. arrival
9. **Airline/Flight No.** or **Vessel Name**
10. The primary purpose of this trip is **business**: Yes No
11. I am (We are) bringing
    (a) fruits, vegetables, plants, seeds, food, insects: Yes No
    (b) meats, animals, animal/wildlife products: Yes No
    (c) disease agents, cell cultures, snails: Yes No
    (d) soil or have been on a farm/ranch/pasture: Yes No
12. I have (We have) been in close proximity of (such as touching or handling) **livestock**: Yes No
13. I am (We are) carrying **currency or monetary instruments** over $10,000 U.S. or foreign equivalent: Yes No
    (see definition of monetary instruments on reverse)
14. I have (We have) **commercial merchandise**: Yes No
    (articles for sale, samples used for soliciting orders, or goods that are not considered personal effects)
15. **Residents** — the **total value of all goods,** including commercial merchandise I/we have purchased or acquired abroad, (including gifts for someone else, but not items mailed to the U.S.) and am/are bringing to the U.S. is: $
    Visitors — the **total value of all articles** that will remain in the U.S., including commercial merchandise is: $

Read the instructions on the back of this form. Space is provided to list all the items you must declare.

I HAVE READ THE IMPORTANT INFORMATION ON THE REVERSE SIDE OF THIS FORM AND HAVE MADE A TRUTHFUL DECLARATION.

X (Signature) Date (day/month/year)

For Official Use Only

그림 4-12 미국 세관신고서

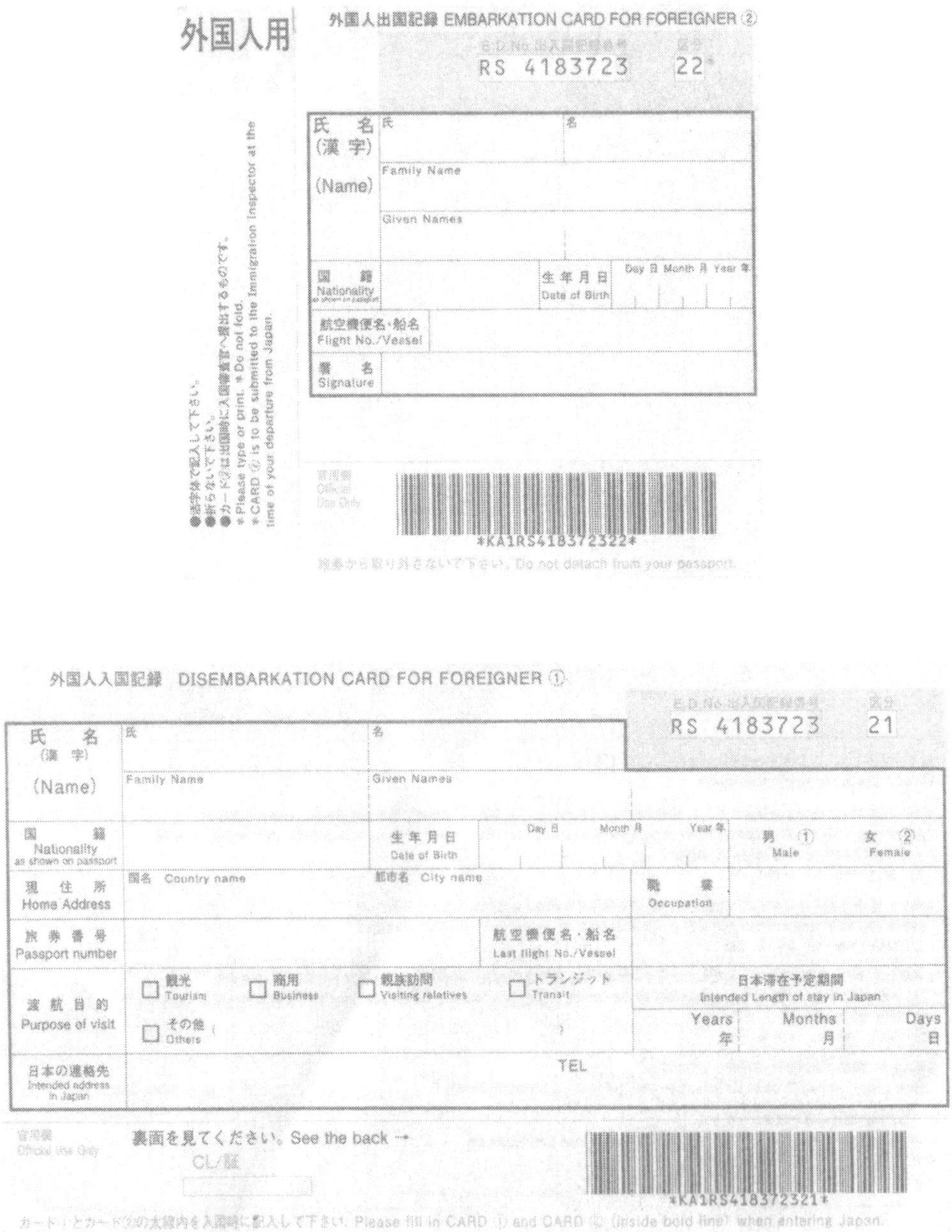
外国人用

外国人出国記録 EMBARKATION CARD FOR FOREIGNER ②

E/D No. 出入国記録番号 RS 4183723 区分 22

氏名（漢字）	氏	名
(Name)	Family Name	
	Given Names	
国籍 Nationality as shown on passport		生年月日 Date of Birth: Day 日 Month 月 Year 年
航空機便名・船名 Flight No./Vessel		
署名 Signature		

●漢字体で記入して下さい。
●折らないで下さい。
●カード②は出国時に入国審査官へ提出するものです。
* Please type or print. * Do not fold.
* CARD ② is to be submitted to the Immigration Inspector at the time of your departure from Japan.

官用欄 Official Use Only

KA1RS418372322

旅券から取り外さないで下さい。Do not detach from your passport.

外国人入国記録 DISEMBARKATION CARD FOR FOREIGNER ①

E/D No. 出入国記録番号 RS 4183723 区分 21

氏名（漢字）	氏	名	
(Name)	Family Name	Given Names	
国籍 Nationality as shown on passport		生年月日 Date of Birth: Day 日 Month 月 Year 年	男 ① Male 女 ② Female
現住所 Home Address	国名 Country name	都市名 City name	職業 Occupation
旅券番号 Passport number		航空機便名・船名 Last flight No./Vessel	
渡航目的 Purpose of visit	□観光 Tourism □商用 Business □親族訪問 Visiting relatives □トランジット Transit □その他 Others ( )		日本滞在予定期間 Intended Length of stay in Japan: Years 年 Months 月 Days 日
日本の連絡先 Intended address in Japan		TEL	

官用欄 Official Use Only

裏面を見てください。See the back →

CL/証

KA1RS418372321

カード①とカード②の太線内を入国時に記入して下さい。Please fill in CARD ① and CARD ② (inside bold line) when entering Japan.

그림 4-13 일본 출입국신고서

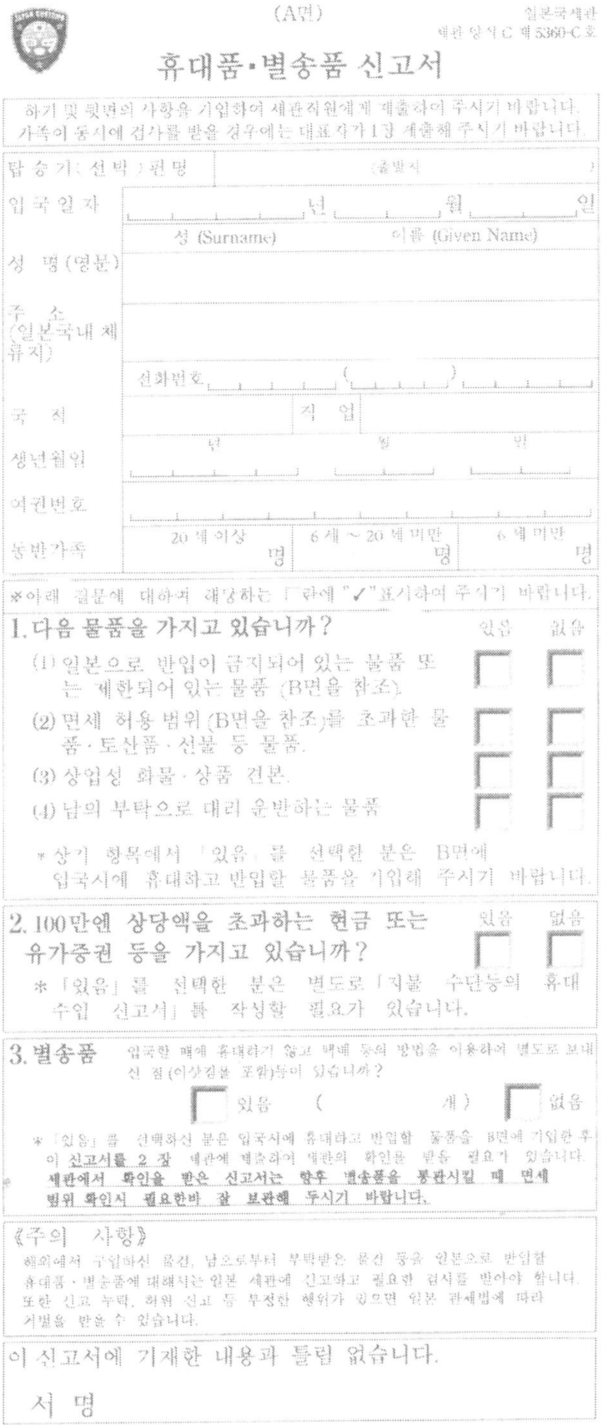

(A면)

일본국세관
세관 양식 C 제 5360-C 호

휴대품·별송품 신고서

하기 및 뒷면의 사항을 기입하여 세관직원에게 제출하여 주시기 바랍니다.
가족이 동시에 검사를 받을 경우에는 대표자가 1장 제출해 주시기 바랍니다.

탑승기(선박)편명	(출발지)		
입국일자	년	월	일
성 명(영문)	성 (Surname)	이름 (Given Name)	
주 소 (일본국내 체류지)			
	전화번호 ( )		
국 적		직 업	
생년월일	년	월	일
여권번호			
동반가족	20 세 이상 명	6 세 ~ 20 세 미만 명	6 세 미만 명

※아래 질문에 대하여 해당하는 □란에 "✓"표시하여 주시기 바랍니다.

1. 다음 물품을 가지고 있습니까? 있음 없음

(1) 일본으로 반입이 금지되어 있는 물품 또는 제한되어 있는 물품 (B면을 참조). □ □

(2) 면세 허용 범위(B면을 참조)를 초과한 물품·토산품·선물 등 물품. □ □

(3) 상업성 화물·상품 견본. □ □

(4) 남의 부탁으로 대리 운반하는 물품 □ □

* 상기 항목에서 「있음」를 선택한 분은 B면에 입국시에 휴대하고 반입할 물품을 기입해 주시기 바랍니다.

2. 100만엔 상당액을 초과하는 현금 또는 유가증권 등을 가지고 있습니까? 있음 □ 없음 □

* 「있음」를 선택한 분은 별도로 「지불 수단등의 휴대 수입 신고서」를 작성할 필요가 있습니다.

3. 별송품 입국할 때에 휴대하지 않고 택배 등의 방법을 이용하여 별도로 보내신 짐(이삿짐을 포함)등이 있습니까?

□ 있음 (개) □ 없음

* 「있음」를 선택하신 분은 입국시에 휴대하고 반입할 물품을 B면에 기입한 후 이 **신고서를 2 장** 세관에 제출하여 세관의 확인을 받을 필요가 있습니다.
세관에서 확인을 받은 신고서는 향후 별송품을 통관시킬 때 면세 범위 확인시 필요한바 잘 보관해 두시기 바랍니다.

《주의 사항》
해외에서 구입하신 물건, 남으로부터 부탁받은 물건 등을 일본으로 반입할 휴대품·별송품에 대해서는 일본 세관에 신고하고 필요한 검사를 받아야 합니다.
또한 신고 누락, 허위 신고 등 부정한 행위가 있으면 일본 관세법에 따라 처벌을 받을 수 있습니다.

이 신고서에 기재한 내용과 틀림 없습니다.

서 명

그림 4-14 일본 세관신고서

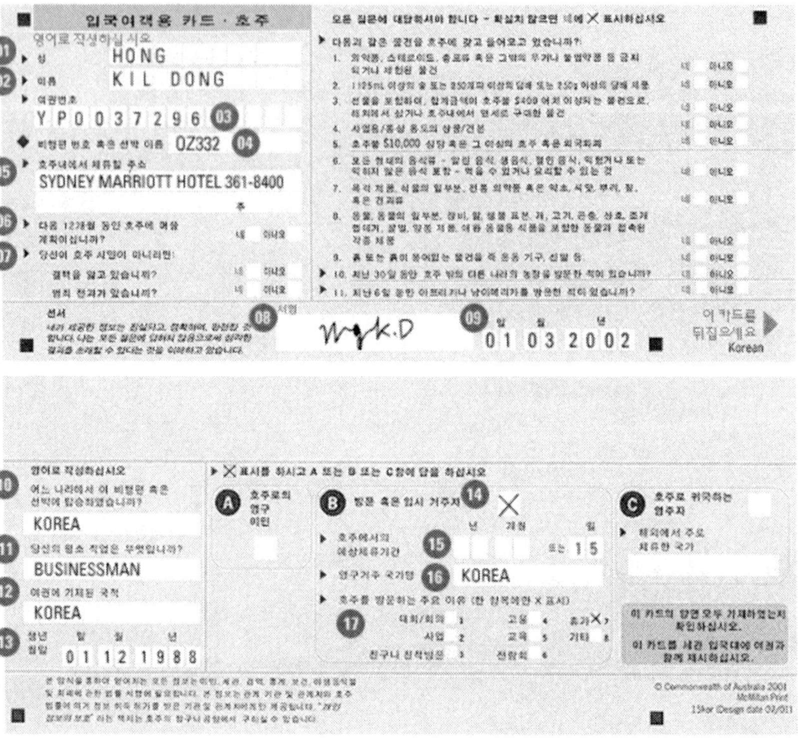
입국여객용 카드 · 호주
영어로 작성하십시오
HONG
KIL DONG
YP0037296
OZ332
SYDNEY MARRIOTT HOTEL 361-8400
01 03 2002
이 카드를 뒤집으세요
Korean
영어로 작성하십시오
KOREA
BUSINESSMAN
KOREA
01 12 1988
15
KOREA

[앞면]

❶ 성 HONG
❷ 이름 KIL DONG
❸ 여권번호 YP0037296
❹ 비행편 번호 OZ 332
❺ 호주 내에 체류할 주소 SYDNEY MARRIOTT HOTEL 361-8400 비행편 번호 OZ 332
❻ 다음 12개월 동안 호주에 머물 계획이십니까?
❼ 당신이 호주 시민이 아니라면 :
결핵을 앓고 있습니까?
범죄전과가 있습니까?
❽ 서명
❾ 입국일 01 03 2002

[뒷면]

⓾ 탑승지 KOREA
⓫ 직업 BUSINESS MAN
⓬ 국적 KOREA
⓭ 생년월일 18 11 1988
⓮ B 방문 혹은 임시거주자 X
⓯ 호주에 예상체류기간 15
⓰ 영구거주 국가명 KOREA
⓱ 방문목적(한 항목만 표시)

그림 4-15 호주 출입국신고서

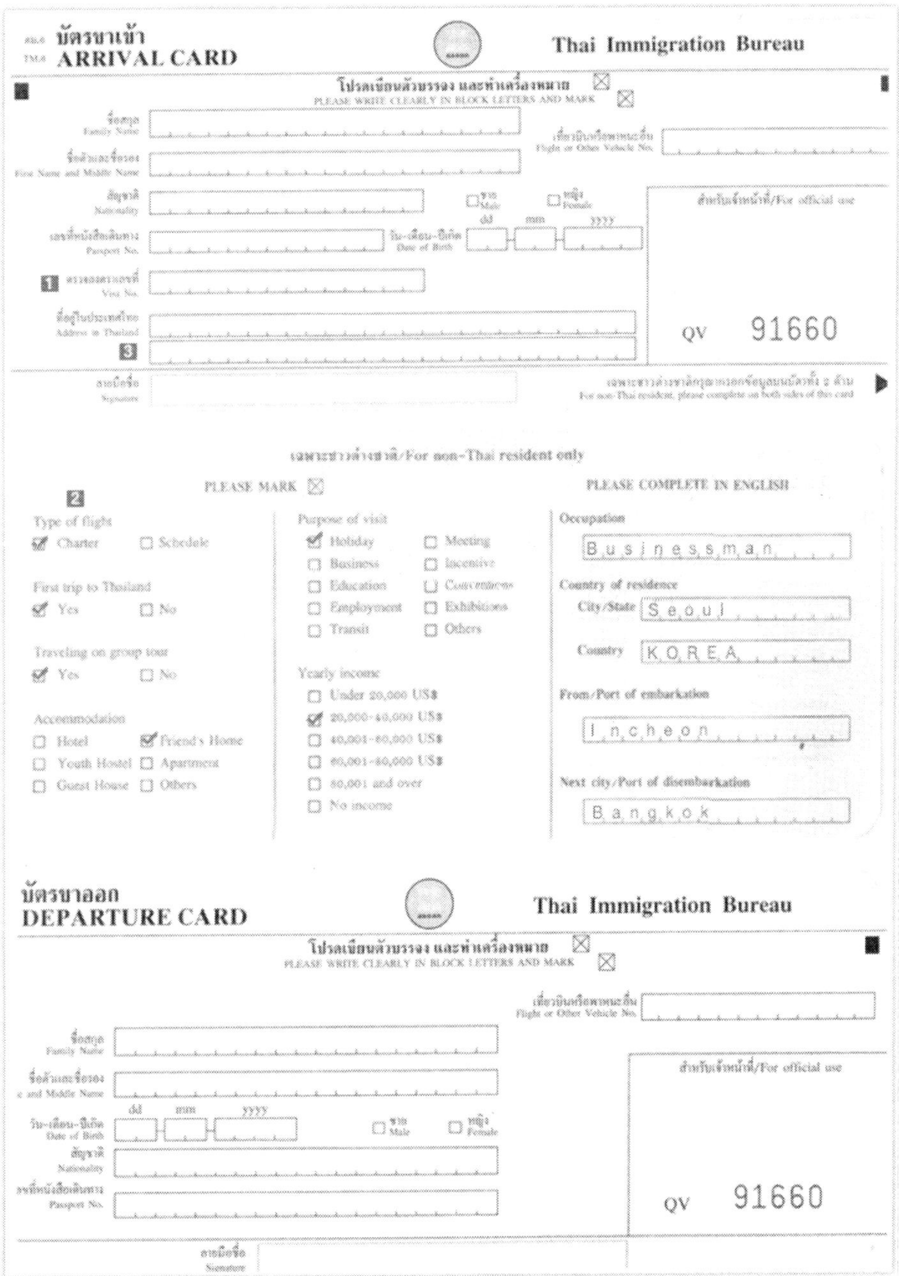
ตม.6 บัตรขาเข้า
TM.6 ARRIVAL CARD

Thai Immigration Bureau

PLEASE WRITE CLEARLY IN BLOCK LETTERS AND MARK ☒

Family Name
First Name and Middle Name
Flight or Other Vehicle No.
Nationality
☐ Male ☐ Female
For official use
Passport No.
Date of Birth dd mm yyyy
Visa No.
Address in Thailand
QV 91660
Signature
For non-Thai resident, please complete on both sides of this card

For non-Thai resident only

PLEASE MARK ☒

PLEASE COMPLETE IN ENGLISH

Type of flight
☑ Charter ☐ Schedule

First trip to Thailand
☑ Yes ☐ No

Traveling on group tour
☑ Yes ☐ No

Accommodation
☐ Hotel ☑ Friend's Home
☐ Youth Hostel ☐ Apartment
☐ Guest House ☐ Others

Purpose of visit
☑ Holiday ☐ Meeting
☐ Business ☐ Incentive
☐ Education ☐ Conventions
☐ Employment ☐ Exhibitions
☐ Transit ☐ Others

Yearly income
☐ Under 20,000 US$
☑ 20,000-40,000 US$
☐ 40,001-60,000 US$
☐ 60,001-80,000 US$
☐ 80,001 and over
☐ No income

Occupation: Businessman
Country of residence
City/State: Seoul
Country: KOREA
From/Port of embarkation: Incheon
Next city/Port of disembarkation: Bangkok

บัตรขาออก
DEPARTURE CARD

Thai Immigration Bureau

PLEASE WRITE CLEARLY IN BLOCK LETTERS AND MARK ☒

Flight or Other Vehicle No.
Family Name
First Name and Middle Name
For official use
Date of Birth dd mm yyyy
☐ Male ☐ Female
Nationality
Passport No.
QV 91660
Signature

그림 4-16 태국 출입국신고서

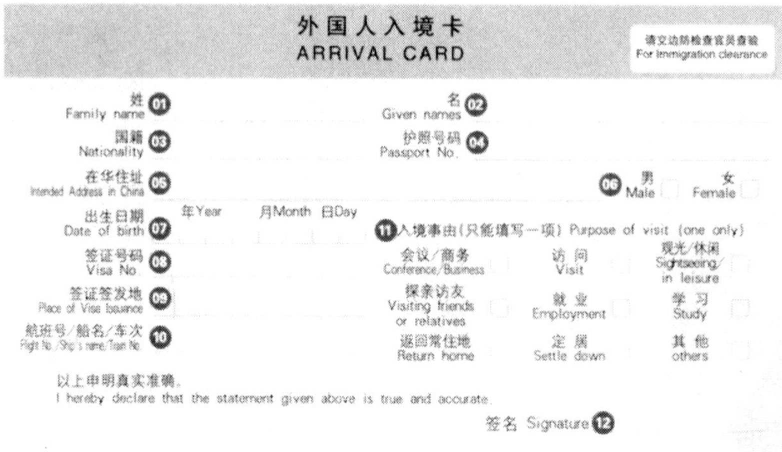
外国人入境卡
ARRIVAL CARD
请交边防检查官员查验
For Immigration clearance

姓 Family name 01	名 Given names 02
国籍 Nationality 03	护照号码 Passport No. 04
在华住址 Intended Address in China 05	06 男 Male / 女 Female
出生日期 Date of birth 07 年Year 月Month 日Day	11 入境事由(只能填写一项) Purpose of visit (one only)
签证号码 Visa No. 08	会议/商务 Conference/Business · 访问 Visit · 观光/休闲 Sightseeing/in leisure
签证签发地 Place of Visa Issuance 09	探亲访友 Visiting friends or relatives · 就业 Employment · 学习 Study
航班号/船名/车次 Flight No./Ship's name/Train No. 10	返回常住地 Return home · 定居 Settle down · 其他 others

以上申明真实准确。
I hereby declare that the statement given above is true and accurate.
签名 Signature 12

❶ 성
❷ 명
❸ 국적
❹ 여권번호
❺ 체재기간 중 주소
❻ 성별(남/여)
❼ 생년월일(년/월/일)
❽ 비자번호
❾ 비자발급지
❿ 항공기 편명
⓫ 여행목적
⓬ 서명

그림 4-17 중국 출입국신고서

"A" (Въезд/Arrival)
Российская Федерация / Russian Federation — Республика Беларусь / Republic of Belarus
Миграционная карта / Migration Card — Серия/Serial 4010 — № 3311999
❶ Фамилия/Surname (Family name) HONG
❷ Имя/Given name(s) GIL DONG
Отчество/Patronymic
❸ Дата рождения/Date of birth — День/Day 01, Месяц/Month 01, Год/Year 1960
❹ Пол/Sex — Муж./Male ☑ Жен./Female ☐
❺ Гражданство/Nationality KOREA
❻ Документ, удостоверяющий личность/Passport or other ID JR123466
❼ Номер визы/Visa number: 210995137
❽ Цель визита (нужное подчеркнуть)/Purpose of travel (to be underlined): Служебный/Official, Туризм/Tourism, Коммерческий/Business, Учеба/Education, Работа/Employment, Частный/Private, Транзит/Transit
❾ Сведения о приглашающей стороне (наименование юридического лица, фамилия, имя, (отчество) физического лица), населенный пункт/Name of host person or company, locality: TRAVEL AGENCY PUSHKIN STREET 10/2
❿ Срок пребывания/Duration of stay: С/From: 01.02.2011 До/To: 05.02.2011
⓫ Подпись/Signature: Hong
Служебные отметки/For official use only
Въезд в Российскую Федерацию /Республику Беларусь/ Date of arrival in the Russian Federation/Republic of Belarus
Выезд из Российской Федерации /Республики Беларусь/ Date of departure from the Russian Federation/Republic of Belarus

❶ 성
❷ 명
❸ 생년월일(일/월/년)
❹ 성별(남/여)
❺ 국적
❻ 여권번호
❼ 비자번호
❽ 여행목적
❾ 초청기관 및 주소
❿ 체재예정기간
⓫ 서명

그림 4-18 러시아 출입국신고서

제4절 여행상품의 기획과 판매업무

1. 여행상품 기획업무

1) 여행상품 기획의 개념

여행상품 기획이란 여행자의 여행목적과 욕구를 파악하여 여행자가 바라는 형태의 여행상품을 만들어 여행자의 욕구를 충족시키려는 활동을 말한다. 여행자의 욕구 다양화, 교육수준의 향상, 겸목적여행의 증가, 여행목적의 다변화로 인하여 현대사회에서의 여행상품 기획업무는 매우 복잡하고 다양하게 되었다.

다양해진 여행자의 욕구와 여행목적을 충족시키기 위해서는 여행상품도 보다 더 다양해져야 하며, 한층 더 성숙해진 여행자의 만족을 위해서는 더 좋은 상품을 기획하여야만 한다.

2) 기획여행상품 기획시 고려사항

기획여행이란 여행사에서 판매되고 있는 패키지여행으로 관광진흥법 제2조(정의) 3항과 국외여행 표준약관 제3조(용어의 정리) 1항에 의하면, 여행업자가 미리 여행목적지 및 관광일정, 여행자에게 제공될 운송 및 숙식 서비스 내용, 여행요금을 정하여 광고 또는 기타 방법으로 여행자를 모집하여 실시하는 여행을 말한다. 기획여행은 단기적으로 판매되는 것이 아니라 장기간 지속적인 시리즈로 판매된다. 따라서 기획여행상품을 기획하고자 할 경우에는 장기적인 관점에서 새롭게 출시될 상품에 대한 시장의 분위기와 시장의 요구에 대한 적합성, 상품 자체의 경쟁력 등을 철저한 분석을 통하여 밝혀내는 것이 선행되어야 한다.

(1) 시장환경분석

시장환경분석은 마케팅환경에 대한 유익한 정보와 유해한 정보를 지속적으로 수집하는 활동이라 정의할 수 있다. 시장환경에 대한 정보를 지속적으로 수집하기 위해서는 미시적 관점에서 최종소비자뿐만 아니라 경쟁자 · 공급업자 등에 관한 정보와 거시적 관점에서 사회적 · 경제적 · 정치적 등 사회 전반에 대한 영향요인들을 조사하여야 한다.

① 미시적 환경분석

㉠ 최종소비자분석

- 여행자의 여행상품에 대한 선호도
- 새로운 여행상품을 구입하고자 하는 여행자의 계층과 구입의사
- 새로운 여행상품에 기꺼이 투자하고자 하는 비용
- 여행자의 새로운 여행상품 구매사유

㉡ 경쟁자분석

- 기존 유사상품과의 경쟁우위관계
- 경쟁여행사의 선별
- 경쟁여행사의 강점과 약점
- 경쟁여행사의 전략과 목표

㉢ 공급업자

- 경쟁여행사가 이용하는 공급업자분석
- 공급업자가 제공하는 항공 · 호텔 등 여행상품 구성요인의 시장가격과 경쟁여행사에 제공되는 가격대
- 경쟁여행사와 계약관계에 있는 공급업자대비 경쟁우위분석

② 거시적 환경분석

㉠ 사회적 요인

- 전체인구의 증가와 감소
- 노인층의 증가 등 특정연령층의 변화
- 늦은 결혼과 자녀를 두지 않은 부부, 독신의 증가 등 특정부류의 변화
- 표적시장 인구층의 변화

㉡ 경제적 요인

- 경기상황 : 경기불황에 따른 소득의 저하는 소비위축을 가져와 여행수요의 급감을 가져온다. 1997년 말 IMF 외환위기시기에 국외여행수요는 급감하여 대형 여행사들의 도산사태로 이어졌다.
- 환율변동 : 환율의 변동에 따라 여행자의 수요변동이 크게 나타난다. 원화

가치가 상승하면 국외여행은 증가하고, 원화가치가 하락하면 국외여행은 감소한다.

㉢ 정치적 요인

- 목적지 국가와의 정치적 관계 : 목적지 국가와의 정치적 관계는 여행수요에 큰 영향을 미치는 요인으로, 예를 들면 1992년 중국과의 수교로 대만과의 외교가 단절되면서 모든 직항로가 폐쇄되어 여행이 단절되었던 것이나 2008년 북한군의 금강산관광객 피격사건으로 금강산관광이 단절된 것이 그러한 사례이다.
- 목적지 국가의 정치적 상황 : 목적지 국가의 정치적 불안으로 인하여 정부에서 여행금지국가 · 여행자제국가 등으로 통제가 된다면 수요는 급감할 수 밖에 없다.

(2) 여행상품분석

시장환경분석을 통한 외교환경분석도 중요하지만, 상품 자체가 시장의 요구에 얼마나 부합되는지에 대한 분석을 통해 여행자의 욕구를 충족시킬 수 있는 여행상품을 기획하여야 한다.

① 여행상품의 아이디어

여행상품의 아이디어는 시장의 요구에 부합되는지의 분석이 필요하다. 아무리 좋은 아이디어라도 시장의 요구와 부합되지 않으면 판매와 연결되지 못하고, 아이디어로 끝날 뿐이다.

② 여행상품의 목적

현대사회에서의 여행은 다양한 목적에 의해 이루어지고 있다. 즐거움을 추구하는 순수관광에서 시작하여 상용, 친지방문, 취미활동, 지적 욕구충족 등 여행의 목적은 매우 다양할 뿐만 아니라, 겸목적여행의 증가로 여행자의 여행목적을 쉽게 단정하기는 매우 어려운 일이다. 그러나 여행목적지가 이미 결정되어 있는 상용 · 친지방문 등을 제외하면 크게 다음과 같이 2가지로 분류될 수 있다. 따라서 여행자의 여행목적에 적합한 여행상품이 기획되어야 한다.

㉠ 여행목적지 자체가 여행목적이 되는 순수여행

파리의 에펠탑과 루브르박물관, 북경의 만리장성과 자금성, 괌의 아름다운 해변 등 관광지 자체가 여행의 목적이 되어 이미 가고자 하는 특정목적지가 선정된 경우에는 그 관광지의 관광매력물을 중심으로 상품을 기획하여야 한다.

㉡ 여행목적지 자체보다는 다른 목적이 있는 겸목적여행

관광지의 관광매력물보다는 다른 특별한 활동(스키 · 골프 · 온천 · 쇼핑 등)이 여행의 주된 목적이 되는 겸목적여행의 경우에는 우선적으로 여행목적에 부합하는 여행목적지의 선택이 매우 중요하다.

이런 경우에는 여행목적지의 관광매력물의 방문은 여분의 시간을 이용하고, 대부분의 여행일정은 여행목적에 부합하는 활동으로 채워져야만 한다.

③ 여행상품의 기간

여행자의 여행기간에 따라 여행상품의 기획은 많이 달라진다. 단기간의 여행은 그 짧은 기간을 최대한 효율적으로 보낼 수 있도록 기획되어야 하고, 장기간의 여행은 지루함을 느끼지 않고 편안한 여행이 될 수 있도록 기획되어야 한다.

㉠ 단기여행

단기여행을 기획하는 경우라면 주로 근거리 여행목적지를 선택하여 짧은 일정 속에서도 그 여행의 목적을 최대한 이룰 수 있는 상품을 기획하여야 한다. 여행기간이 짧은 경우에는 대체적으로 주중 일정이 불가능한 여행자가 대다수이므로 가급적 주말을 이용한 상품기획이 바람직하다.

㉡ 장기여행

장기여행을 기획하는 경우에는 보다 더 폭넓게 여행목적지를 선택할 수 있으며, 여행목적지에서 휴식과 관광 및 특별활동의 적당한 조화로 여행자의 만족도를 높여야 한다.

④ 여행상품의 가격

표적시장에 따른 적정한 상품가격을 책정하였을 때 실제 구매로 이어질 수 있으며,

상품가격대가 너무 높으면 아무리 좋은 여행상품을 기획하였을지라도 판매에 어려움이 있다.

표적시장에 따라 저렴한 알뜰여행 및 고품격여행 등을 구분하여 적정한 판매가가 되도록 여행상품을 기획하여야 한다.

3) 주문여행상품 기획시 고려사항

국외여행 표준약관 제3조(용어의 정리) 2항에 의하면 주문여행이란 여행자가 주문하는 여행조건에 따라 여행업자가 운송 · 숙식 · 관광 등 여행에 관한 전반적인 계획을 수립하여 실시하는 여행을 말한다. 사전에 여행상품을 기획하여 불특정다수를 대상으로 판매하는 기획여행과는 반대되는 개념으로 특정여행자의 주문에 의해서만 생산되어 주문여행이라고도 한다.

주문여행은 대부분 여행자가 여행목적지와 서비스 제공조건 등을 제시하므로, 기획여행상품과는 다르게 장기적 관점에서의 다양한 시장환경분석보다 여행자의 요구에 부합되는 여행상품을 경쟁사보다 저렴한 가격에 제공하는 것이 매우 중요하다.

다음은 주문여행상품 기획시 고려해야 할 사항이다.

① 주문여행은 철저하게 여행자의 요구에 의해 기획되어야 한다.

② 여행사 종사원의 폭 넓은 지식과 다양한 경험을 통하여 여행자의 취향에 맞는 여행 서비스내용을 선별하여 경쟁사와 차별화시켜야 한다.

③ 공급업자들과 가격협상을 통하여 경쟁력있는 여행상품요금을 산출해내야 한다.

④ 일반 패키지상품과는 별도의 차별화된 서비스제공이 필요하다.

⑤ 단체여행의 구성원에 맞는 여행상품의 기획이 필요하다. 가족여행은 가족들간의 우애를 돈독히 할 수 있는 계기를 만들어 주고, 기업체 연수는 화합의 장을 만들어 줌으로써 기업체의 목적을 달성할 수 있게 기획하여야 한다.

2. 국외여행상품 판매업무

1) 카운터판매방법

여행이 대중화됨에 따라 일반상품처럼 여행상품도 눈에 띄는 점포에 들어가서 구매하는 경향이 높아지고 있어 카운터판매의 중요성이 점점 높아가고 있다. 이 카운터판매업무는 점포의 입지조건, 점포의 구조, 광고, 선전 등의 조건이 판매에 영향을 미치게 된다.

카운터 직원은 다음 사항을 갖추어 상품을 판매해야 한다.

① 상품에 대한 지식을 충분히 가져야 한다. 카운터의 경우에 많은 고객을 응대하게 되기 때문에 예기치 않았던 고객에 대해서도 적응해야 한다.

② 팜플렛 등의 진열을 잘 해야 한다. 팜플렛을 용도별 · 크기별 · 색채별로 배열하고, 계절감이나 유행에도 민감하게 대처하고, 카운터 및 점내의 정리, 정돈도 잘 해야 한다.

③ 고객과 응대시에 좋은 인상이 중요하며, 접객순 및 접객시간의 조절이 필요하며, 언어에 조심해야 한다.

④ 상담 진행시에 최초의 질문 또는 의뢰사항을 중점적으로 진행시켜야 하며, 고객의 욕구에 맞는 상품이 없는 경우 다른 상품 등을 추천해야 하며 고객에게 흥미를 주어야 한다.

2) 전화판매방법

전화는 판매를 유도하는 중요한 도구이다. 그러나 전화는 대화 상대자를 볼 수 없으므로 표정, 제스처 등이 주는 이점을 활용할 수 없다. 고객의 의도를 파악하는 데 어려움이 있으며, 고객의 의도를 파악하기 위해서는 고객의 요구에 경청하고 목소리를 통해 고객에게 신뢰를 줘야 한다.

3) 방문판매방법

방문판매는 신규고객에 대한 수요예측을 함으로써 시작된다. 일시적인 거래를 수행하는 것뿐만 아니라, 판매노력을 통해 거래를 창출함으로써 상당한 이익을 얻고 있다. 궁극적으로 재고객 창출의 근간이 되는 신규고객을 창출함으로써 장기적인 고객확보를 할 수 있다.

4) 인터넷 및 기타 판매

① 인터넷 광고와 홈페이지를 통한 판매방법

② TV · 신문 · 라디오 · 잡지 등 대중 매체를 이용해서 불특정다수에게 상품을 알림으로써 판매확대를 꾀하는 방법

③ 여행사가 보유하고 있는 고객 데이터를 활용하여 DM발송을 통한 판매방법

3. 기획여행상품의 판매

1) 기획여행상품의 정의

기획여행이라 함은 여행업을 경영하는 자가 국외여행을 하고자 하는 여행자를 위해 여행의 목적지, 일정, 여행자가 제공받을 운송 또는 숙박 등의 서비스 내용과 그 요금 등에 관한 사항을 미리 정하고 이에 참가하는 여행자를 모집하는 여행을 말한다.

일반적으로 ① 숙박비, ② 식사비, ③ 교통비(운임), ④ 국외여행인솔자의 제반경비, ⑤ 관광비(입장료 등), ⑥ 화물운반비, ⑦ 여행보험, ⑧ 기타경비 등의 경비가 포함되며 개인적인 여러 경비(전화사용료, 세탁비 등)는 특별한 계약이 없는 한 기획여행경비에 포함시키지 않는다.

기획여행은 여행의 필수요소를 묶어서 여행상품화한 것으로 패키지 투어라고도 한다.

기획여행상품을 운영하고자 하는 자는 관광진흥법에 의하여 5억원 이상의 보증보험 · 공제가입 또는 영업보증금을 예치하고 이를 유지해야 한다. 단, 기존운영 중인 여행업체로서 보증보험 또는 영업보증보험에 가입하고 있는 경우에는 업종별 해당금액을 포함하여 5억원 이상이 되면 된다.

2) 기획여행상품의 광고

기획여행의 광고는 신문 · 방송 · 잡지 등 언론매체와 팜플렛, 광고지, 업체홍보책자

등에 게시 · 게재되는 모든 경우를 포함한다. 그러나 기획여행상품에 해당되지 않는 순수유학 · 교육 · 어학연수 등은 기획여행상품광고와 함께 게시 또는 게재되는 경우 기획여행상품광고로 간주하지 아니한다.

기획여행의 신고를 한 자가 기획여행을 실시하기 위하여 광고 또는 그와 유사한 방법을 이용할 때에는 다음 사항을 광고 등에 게재해야 하고, 광고를 하기 전에 해당기관(협회)으로부터 광고심의필을 받아야 한다.

① 여행업의 등록번호, 상호 및 소재지(등록관청, 업종, 등록번호, 전화번호 포함)
② 기획여행명(자율표시)
③ 여행일정 및 주요여행지
④ 여행경비(1인당)
⑤ 교통 · 숙박 및 식사 등 서비스 내용
- 교통 : 이용교통수단(항공기, 선박, 기차, 버스 등) 및 수준(등급)
- 숙박 : 소비자가 판단할 수 있는 국내호텔기준 등급
- 식사 : 여행기간 중 식사제공횟수

⑥ 최저여행인원, 모집마감기간
⑦ 기타 참고사항
- 출발일 또는 실시기간 표시
- 여행일정, 주요 여행지, 교통 · 숙박 및 식사 등 서비스내용, 최저여행인원, 출발일 또는 실시기간은 기획여행별로 그 내역을 표시하여야 한다. 그러나 기획여행별로 내용이 동일한 경우에는 매번 기획여행별로 표시하지 않고 공통적으로 표시가 가능하다.

3) 계약서 작성

기획여행상품광고에 의한 각각의 개별 모집시에는 계약서를 의무적으로 작성해야 하며, 기획여행상품 실시여행업체와 대리의 관계에 있는 여행업체에서 여행객을 대리모집시에는 대리점과 여행자계약서 작성을 의무화하고 동 계약서 사본을 기획여행상품 실시여행사에 보관하고, 또 대리점과 기획여행상품 실시여행사와의 계약서도 작성해야 한다.

(□패키지, □주문) 여 행 계 약 서

당사("갑")와 당사를 이용하는 여행자("을")는 다음 조건으로 여행계약을 체결합니다.

* 해당란에 기록하거나 □로 표기, ( )는 선택 입니다.

여행상품명		여행기간		
보험가입등	□공제 □영업보증 □예치금, 금액: 원, 보험기간: 피모험자:			
여행인원	명	최저행사인원 명	여행지역	*여행 일정표 참조
여행경비	1인당 원 총 액 원	계약금 원 * 계약과 동시 납부		잔액 완납일 : 금액 원
	※영수증, 지로용지, 은행구좌 등은 여행사명이나 대표자명으로 작성시만 유효함.			
교통수단	□항공기( )등석	□기차( )등석	□선박( )등실	□기타:( )
숙박시설	□관광호텔( )등급 □일반호텔 □여관 □여인숙 □기타:( ) 1실투숙인원(명)			
식사회수	□일정표에 표시 / 조식( )회, 중식( )회, 석식( )회 *기내식포함			
여행인솔자	□유 □무	현지안내원	□유 □무	*일정표참조
현지교통	□버스 □승용차 □기타:( )	현지여행사	□유 □무	*일정표참조
여행경비	필 수 포 함 항 목	기 타 선 택 항 목		
	□국내외 공항세 □관광진흥개발기금 □제세금 □일정표나 관광지 입장료 ※희망여행인 경우 해당란에 □로 표기	□여권발급비 □비자발급비 □봉사료 □포터비 □여행보험료(최고한도액: 원) □쇼핑 □선택관광(※선택관광은 강요될 수 없으며 전적으로 여행사의 의사에 따른다) □기타( )		
기타사항				

* 기타 여행조건은 공정거래위원회가 승인한 표준여행약관에 따릅니다.
* 본 계약과 관련한 다툼이 있을 경우 문화체육관광부고시에 의거 운영되는 관광불편 신고처리위원회 (전화:02-779-6957)의 우선적인 중재를 요청할 수 있습니다.
* 본인은 뒷면의 계약내용을 숙지하였음에 서명날인하여 본 계약서를 작성합니다. (본계약이 체결됨과 동시에 약관설명 의무를 다한 것으로 본다.)

작성일: 2012년 7 월 25 일

"갑" 여행사	*상 호 *주 소 *대 표 자 *등록번호		전 화: 02-774-5852
"을" 여행자	*이 름 *주 소	김형건,서경희,김수민,김재헌 이상4명 인천시 계양구 효성1동 두산아파트 109-1104	전화: 여행자: 김 형 건 (인)
붙 임: 여행일정표 1 부			

그림 4-19 여행계약서

4. 주문여행상품의 판매

1) 주문여행상품의 판매과정

(1) 여행의뢰 접수

여행의뢰가 접수되면 예약대장을 통하여 단체번호를 부여한다. 단체별로 각각의 파일을 작성하며, 본 파일에는 단체가 구성되어 진행되는 전 과정이 빠짐없이 기재되어야 한다.

(2) 수배 · 견적서 의뢰 및 견적서 접수

고객으로부터 접수한 여행조건에 따라 지상수배업자에게 견적을 요청하는 업무로, 수배의뢰서를 발행하기 전에 고객의 의뢰조건을 충족시키는 최초의 여정을 작성하여야 한다. 지상수배업자는 여행사가 의뢰한 수배에 대한 견적서와 수배확인서를 제출한다.

(3) 일정표 작성 및 여행요금 산출

일정표 작성은 여행자 욕구를 충족시킬 수 있는 여행목적, 여행일수, 여행비용을 제시해야 한다. 여행요금 원가계산은 항공운임, 지상경비, 기타경비로 구분된다.

(4) 여행조건 및 요금견적서 제시

여행사는 일정표와 원가계산서를 근거로 하여 여행조건 및 요금견적서를 작성 · 고객에게 제시한다.

(5) 약관제시 및 계약서 작성

고객이 여행조건 및 요금견적서를 수락하게 되면, 약관을 제시하고, 계약서를 작성하게 된다.

(6) 확정통보서 송부

여행조건 및 요금견적서의 수락 및 계약서 작성 후, 여행업자는 지상수배업자(land operator)에게 확정통보서를 송부한다. 그러나 계약 이후에 여정의 변경사항이 발생할 때에는 확정통보서는 여행출발 1주일 전에 송부하여 의뢰한다.

지상수배업자는 최종적으로 확정통보서(confirm sheet)를 여행사에 송부해야 한다.

5. 여행일정 작성

1) 여행일정 작성의 의의

여행일정표는 무형의 여행현상을 유형의 상품으로 구체화시킨 것으로 여행일정(Tour Itinerary)을 나타내는 스케줄표이다. 여행요금과 함께 결정적 영향을 미치기 때문에 치밀한 사전준비와 계획에 의해 만들어져야 한다. 여행일정은 크게 여행의 조건에 영향을 받고, 여행상품의 주체가 여행사인지 또는 여행객의 주문에 의해 만들어진 것인지에 따라 그 작성에 있어서도 다수의 차이가 있을 수 있으나, 작성된 여정에 따라 여행의 성패를 좌우할 정도로 여정작성업무는 여행사업무 중에서 기본적이면서도 가장 중요한 업무 중의 하나이다. 즉 훌륭한 여정이란 여행객의 입장에서 보면 자신의 기대가 충족되고 만족을 얻을 수 있는 여행일정을 말하며, 여행사의 입장에서는 여행객의 신뢰를 확보함으로써 여행상품의 판매력을 제고시킬 수 있는 완벽한 일정이 작성된 것을 의미한다. 결국 훌륭한 여행일정이란 절대적인 관점에서가 아닌 여행객의 요구조건 · 기호 · 특성 · 여행목적 · 여행경비 등을 고려한 상대적 관점에서 만들어져야 한다.

2) 여행일정 작성의 과정

① 여행목적지, 여행시기와 기간, 여행비용, 여행경험의 유무 등에 대한 충분한 의사교환 및 희망사항을 파악한다.

② 고객의 선호 · 목적에 따라 원가계산서를 작성하여 상품의 가격을 결정한다(여행시기, 출발일자, 단체인원수, 항공사별 요금을 구분하여 2~3가지 작성).

③ 항공사의 항공일정 및 좌석상황 판단, 항공요금, 랜드사의 지상경비 등 예비수배를 한다.

④ 고객이 원하는 여행조건에 맞는 여행일정표를 작성한다.

⑤ 여행조건서 · 여행일정표를 제시하고 상호 협의하여 수정보완한 후 승낙을 받는다.

⑥ 여행인솔자는 고객의 여행조건과 여행일정 및 여행객들의 희망사항을 출발 전에

인지하여 만족한 여행이 될 수 있도록 노력해야 한다.

3) 여행일정 작성시 고려사항

(1) 일반적 사항

① 여행목적에 맞는 관광일정을 작성한다.

② 여행자들이 희망하는 출발시간과 현지도착시간을 확인해야 한다.

③ 조기출발과 심야도착을 가급적 피해야 한다.

④ 여행 중 다양한 교통기관이 병용될 때 여행사들이 선호하는 교통기관을 선정한다.

⑤ 교통기관의 접속과 환승시 여유있는 시간(최소 2시간)을 배정한다.

⑥ 관광지선정은 가능한 주변경관이 아름답고, 목적지 도착에 효과적이어야 한다.

⑦ 호텔선정에 신중을 기해야 하며, 객실의 고급화보다는 호텔의 고급화를 택하는 것이 좋다.

⑧ 식사는 여행참가자에 따라 내용에 변화를 주도록 고려하고, 특히 조식은 호텔 내에서 하거나 가까운 주위에서 함으로써 불필요한 차량이동은 금해야 한다.

⑨ 전체일정 스케줄에 무기가 없도록 편리한 일정을 작성한다.

⑩ 적절한 쇼핑시간과 사진촬영시간을 할애하도록 한다.

⑪ 기상조건에 따른 불필요한 여정변경에 대비해 대안을 마련한다.

⑫ 방문예정인 지역의 계절 및 시간을 고려해야 한다.

⑬ 각 관광지의 시설, 특히 박물관이나 미술관 등의 휴관일자를 확인해 둔다.

⑭ 장기간 여행시 여행의 최종일은 편안한 일정을 편성하는 것이 좋다.

⑮ 볼거리와 참여거리 등을 적당히 배합한다.

⑯ 고객이 작성한 일정표에 모순이 있을 때에는 주저 말고 납득시켜 교정해야 한다.

(2) 고객별 사항

① 가족여행일 경우

㉠ 연령에 따라 숙박요금이나 운임의 차이가 있으므로 어린이를 동반할 때는 연령을 반드시 확인해야 한다.

㉡ 특별한 요구사항이 없는 한 가장 연소자와 연로한 사람을 기준으로 편안한 여

정을 작성해야 한다.

㉢ 호텔의 선정은 가족에 알맞은 것으로 하고, 호텔 내의 설비도 가족이 이용할 수 있는지 확인해야 한다.

② 단체일 경우

㉠ 비행기 등 갈아타는 경우 이동시간에 충분한 여유를 두어야 한다.

㉡ 방 배정을 위해 성별을 구분해서 확인해 두어야 한다.

㉢ 단체의 특성에 맞는 일정 등을 고려해야 한다.

4) 여행일정 작성시 구성요소

(1) Tour Itinerary의 구성요소

① 여행기간 : 해당단체의 여행출발일과 도착일을 기입한다.

② 여행지역 : 현지여행일자별로 방문코스를 순서대로 기입한다.

③ 교통수단 : 여행구간의 이동시 교통편(항공기 · 선박 · 기차 · 버스 등)을 명시한다.

④ 관광지 · 쇼핑 · 선택관광 등의 여행세부일정 : 기본일정과 선택관광 및 쇼핑정보를 세부적으로 기입한다.

⑤ 식사조건 : 식사의 포함 유무와 식사의 종류 및 메뉴를 세부적으로 기입한다.

⑥ 숙박시설 : 호텔의 이름과 등급, 전화번호, 호텔의 주소 등을 기입한다. 호텔 이외의 숙박장소는 기내박, 기차박, 선박 등으로 표기한다.

(2) Tour Itinerary의 표기방법

① 일정표 양식에 따라 일자란에 출발일을 제1일로 하고, 순차적으로 제2일 · 제3일로 기입하여 최종일의 일자에 의해 며칠간의 여행인지 알 수 있도록 한다. 또는 일자란에 실제로 여행하는 월 · 일 및 요일을 기재한다.

② 도시란에는 해당나라와 도시를 일정에 맞추어 기재한다.

③ 교통편에는 교통기관의 이용편 · 등급 · 침대차 등의 표시도 해주는 것이 좋다.

④ 시간란에는 실제 출발시간, 일정시간, 도착시간, 오전, 오후, 전일 표시로 기재한다.

⑤ 일정내역란에는 행사의 진행순서대로 방문지가 표기되며 표기된 곳은 반드시 방

문해야 하는 확정된 장소이다.

⑥ 식사란에는 식사의 제공유무 표시, 식사장소와 내용(기내식, 현지식, 한식)을 기입한다.

⑦ 숙박란에는 숙박호텔명과 등급 등을 기입하고 숙박지가 열차 · 항공기 · 배 등일 때는 열차 숙박, 기내 숙박, 선박 숙박 등의 표시를 한다.

북경 3박4일 일정표

DATE	CITY	CARR	TIME	ITINERARY	MEALS
제1일	인천		8:00	**인천공항 G 카운터 만남,수속**	
4월23일		OZ 331	10:00	인천공항 출발	
토	북경		10:55	북경수도공항도착	
		전용차량	12:30	중식	현지식
			13:30	세계최대의 광장으로 6.4 민주화운동의 중심지 '천안문광	
			14:30	장'명,청대황제들이 살던곳 현존하는 세계최대의 황궁	
				자금성'등 관광	
			18:30	석식	한식
			19:30	호텔투숙	
				HOTLE : SHERATON BEIJING	
제2일	북경	전용차량	8:00	호텔 조식	
4월24일			9:00	호텔출발	
일				용경협관광	
			12:30	중식	현지식
			13:30	오랜역사와 문화적우수성을 과시한 세계문화유산'만리장	
				(케이블카포함),다채로운 중국문화의 진수를 느낄수 있는	
				전통종합공연인 중국3대기예'관람	
			19:00	석식	전취덕
			20:00	호텔투숙	
				HOTLE : SHERATON BEIJING	
제3일	북경	전용차량	7:30	호텔 조식	
4월25일			9:00	북경의 골목을 누비며 서민들의 생활상을 느낄수	
일				있는 '인력거투어'체험 / 서태후의 별장이며 중국 고전원	
				최고봉'이화원'명,청대황제가 하늘에 풍년을 빌었던 '천	현지식
				공원'생동감이 넘치는 명실상부한 북경의 최고번화가'왕	
				거리'관광	
			18:30	석식:현지식	한식
			19:30	여행의 피로를 풀어주는 전통황제발+전신맛사지 체험	
			20:30	호텔투숙	
				HOTLE : SHERATON BEIJING	
제4일	북경	전용차량	8:00	호텔 조식 후	
4월26일			9:00	명,청대의 화려함을 자랑하는 황실전통가구전시관인'자단	
화				박물관'등 시내관광후	
			12:00	중식	현지식
			13:00	공항으로 이동	
		OZ 334	15:50	북경수도공항출발	
	인천		18:25	인천국제공항도착	

그림 4-20 패키지상품 여행일정표

⑧ 마지막으로 주의사항 표기를 명시한다. 모이는 장소, 여행조건, 포함 · 불포함사항, 참고사항, 상품특징 및 옵션투어 등을 표기하며, 여행일정의 변경가능성을 알려 둔다.

6. 여행요금산출 업무

1) 여행요금의 구성요소 및 산출방법

(1) 여행요금

① 여행요금은 여행조건에 따라 달라지므로 이를 고려해 여행요금을 산출하여야 한다. 여행조건이란 여행참가자의 수, 여행목적, 여행목적지, 여행시기와 일수, 여행서비스의 품질수준 및 여행의 구성내용 등을 말한다.

② 여행요금은 여행상품을 구성하는 데 소요된 생산원가에 일정한 이윤을 더하여 산출하는 방법을 많이 사용하고 있다. 즉, 여행상품은 여행요소들을 조립 · 판매하는 상품이므로 구매원가에 이윤이 가산되어 요금이 결정된다.

③ 여행요금은 구체적으로 다음과 같이 산출할 수 있다.

여행요금 = 항공운임 + 지상비 + 기타 비용 + 이윤(margin)

(2) 여행요금의 구성요소

여행상의 원가구성요소 항목은 운임(transportation), 지상경비(land fee), 그리고 기타 경비 등 세 가지로 크게 구분된다. 원가구성요소를 분석해 보면 다음과 같다.

① 운임

운임(transportation)이란 출발지와 여행목적지와의 왕복이동에 필요한 교통기관을 이용한 대가로 여행객이 지불하는 요금이다. 국외여행시 운임은 전체 여행요금에서 아래의 지상비와 더불어 가장 높은 비중을 차지하고 있기 때문에 정확한 계산이 요구되며, 운송기관(항공사, 선박회사 등)과 운임에 대한 가격절충 및 좌석확보 능력은 유리한 조건의 여행요금산출을 가능하게 하는 중요한 요소이다.

② 지상비

지상비(land fee)란 여행목적지 내에서 여행관련시설을 이용하고 제공받는 모든 서비스 비용을 말한다. 대체로 다음과 같은 여행 구성요소가 포함된다.

㉠ 숙박비

숙박비(accommodation charge)는 숙박시설의 위치, 종류, 등급, 규모, 단체인원수, 이용시기 등에 따라 달라질 수 있으며, 숙박비의 산출에 있어 다음과 같은 호텔의 요금운영방식을 사전에 정확히 파악하여야 한다.

- European Plan : 객실요금만을 징수하는 방식
- American Plan : 객실요금에 3식의 식사를 포함하는 방식
- Continental Plan : 객실요금에 조식이 포함되어 있는 방식

㉡ 식사비

식사비용(meal charge)은 여행일정 중에 제공되는 식사수와 식사의 제공장소 등에 따라 상이하다. 특히 기내식을 할 경우가 있으므로 항공사의 시간표를 참고로 기내식 제공여부를 사전에 조사하여 식사횟수에 착오가 없도록 주의한다.

㉢ 지상교통비

지상교통비(ground transportation charge)는 여행목적지에서의 교통수단, 예컨대 전세버스, 철도, 유람선, 렌터카, 택시 등의 이용에 따른 비용을 말한다.

㉣ 관광비용

관광비용(sightseeing charge)은 관광을 하는 데 소요되는 비용으로 관광지 입장료 및 관람료와 가이드 요금 등이 포함된다.

㉤ 포터비

포터비(porterage)는 공항, 부두, 역, 호텔 등에서 손님들이 짐을 들지 않고 포터를 통하여 운반시키는 데 소요되는 비용으로, 여행객 스스로의 부담으로 할 것인지, 아니면 지상비에 포함시킬 것인지를 사전에 결정하여야만 한다.

㉥ 세금

세금(tax)은 현지에서의 공항세 또는 공항사용료, 통행세, 유흥음식점세 등이 포함된다.

ⓢ 팁

팁(tip)은 현지가이드, 버스기사, 호텔 및 식당의 종업원 등에게 주는 팁의 포함여부에 따라 지상비가 변화될 수 있다. 따라서 대상이나 인원수를 고려하여 팁 액수를 사전에 정해 놓고 여행객 부담으로 할 것인지, 아니면 지상경비에 포함시켜야 할지를 구분한다.

③ 기타비용

기타비용이란 운임이나 지상비 이외의 여행경비를 말하는데, 여행요금에 포함하는 비용과 포함되지 않는 비용 등 두 가지로 나눌 수 있다.

㉠ 여행요금에 포함되는 비용

- 여행보험료 : 계약조건에 따라 다르나 일반적으로 여행요금에 포함시키는 경우가 많다. 사고시 보상금액과 여행기간에 따라 차등적으로 적용되는데, 통상 3천만 원~1억 원의 보상금액 보험에 가입한다.
- 국내 출발시의 출국납부금(관광진흥개발기금) : 상품에 따라 포함되지 않는 경우도 있다.
- 국외여행인솔자(Tour Conductor)의 여행경비 : 항공운임, 출장비, 보험료, 공항세 등 TC에게 발생되는 여행경비는 여행참가 인원수로 나누어 책정한다.

㉡ 여행요금에 포함되지 않는 비용

- 여권수속비용과 비자대(visa fee)
- 개인소요비용(음료대, 세탁비, 전화사용료, 초과수하물 요금 등)
- 현지에서의 선물비와 기념품비
- 현지가이드, 버스기사, 호텔 및 식당의 종업원 등에게 주는 팁

④ 이윤

상기 항목들에서 산출된 여행요금의 원가[①+②+③]에 여행사가 설정해 놓은 원칙에 따라 이윤(margin)을 가산한다.

(3) 여행요금의 산출방법

여행요금의 산출방법은 보통 두 가지 방법을 사용한다.

① 각 항목별로 전체 인원수의 요금을 계산해서 그것을 총합산한 다음 1인당 요금으로 나누는 방법

② 각 항목별로 한 사람을 기준으로 해서 요금을 산출한 다음 총비용을 합산하는 방법

2) 여행요금산출방법의 실제

요금산출방법 중 각 항목별로 전체그룹의 요금을 계산해서 그것을 총 합산한 다음 전체여행참가의 인원수로 나누는 방법을 적용한 원가계산 사례는 다음과 같다.

(1) 여행조건

① 목적지 : 하와이

② 인원수 : 15명인 경우

③ 인솔자(TC) : 1명

④ 여행일정 : 4박 5일

(2) 여행요금 산출내역

▸ **원가계산 방법**

① 항공운임

SEL/HNL/SEL 1인당 ₩89,000×15명=₩13,350,000 ①

② 지상비

하와이(4박 5일) $450×@1,200=₩540,000

* 소계 : ₩540,000×15명=₩8,100,000 ②

③ 기타비용

* 공항이용료 : 항공료에 포함
* 여행보험료 : ₩6,000×16명=₩96,000
* TC 출장비 : $30×5일×1,200=₩180,000

• 소계 : 240,000 ③

④ 판매원가 : ①+②+③ =₩21,726,000 ④

⑤ 판매이익 : ④×약 10% =₩2,172,600

⑥ 판매가격 : ④+⑤ =₩23,898,600

⑦ 1인당 여행요금 : ⑥÷15명=₩1,593,240 ⇒ ₩1,590,000(판매가격)

원 가 계 산 서

2012년 6 월 19 일

행사번호	20120614	인원	15+1T/C	결재	담당	책임자	임원
단 체 명	하와이 4박5일						
지 역	하와이(호노룰루)					*	
기 간	2012년 6 월 21일 - 6월 25 일 (3박5일)			인솔자명			

	1인요금		인원	소계	합계	주관여행사

여행진행경비	항목	구분	요금	인원		합계	비고
	항공료	대한항공	890,000	15		13,350,000	TAX 포함
	지상비	호돌이	$450	15		8,100,000	환율 1200원 적용
	보험료		6,000	16		96,000	
	T/C	출장비	$30	5		180,000	환율 1200원 적용
	공항세		-			-	항공료에 포함
	판매원가					**21,726,000**	

1인예상판매가	수익율	수익+판매원가
1,593,240	10%	23,898,600

이포스탑투어

그림 4-21 원가계산서

3) 여행조건 및 요금견적서

여행사는 일정표와 원가계산서를 근거로 하여 여행조건 및 요금견적서를 작성하여 고객에게 제시하게 된다.

7. 수배업무

1) 수배업무의 개요

수배업무란 상품을 구성하고 있는 교통, 숙박시설, 식사, 관광 등에 대해 예약과 수배를 담당하는 업무를 말한다. 다시 말하면 여행객이 여행일정에 따라 원활하게 여행할 수 있도록 여행사가 항공좌석 등 여행요소를 각각 예약을 하고 여행에 필요한 제반요소를 확보해 여행상품을 만들어내는 업무를 말한다. 해외여행에 따른 예약과 수배는 크게 항공수배업무와 지상수배업무로 나누어진다.

(1) 항공수배업무

항공수배업무는 국제간의 이동수단으로서의 항공좌석을 확보하고 항공요금도 계산하는 업무를 말한다. 따라서 여행사로서 항공좌석을 확보하는 문제, 특히 성수기 좌석확보가 큰 관건이 되고 있다.

(2) 지상수배업무

지상수배업무란 여행이 진행되는 지상에서의 활동, 즉 호텔숙박, 교통, 식사, 관광 등에 대한 예약 · 수배업무를 말한다. 여행사는 현지관광지의 지상수배를 현지여행사, 현지여행사의 한국 내 지사, 현지여행사의 한국 내 연락사무소를 통하여 업무를 수행하고 있는데, 주로 이 모두를 통틀어 지상수배업자라고 하며, 또한 일반적으로 랜드사(land operator)로 지칭하고 있다.

2) 수배업무의 기본

① 여행자의 의뢰사항을 정확히 파악해야 한다. 수배담당자는 여행객이 무엇을 요구하는지, 또는 요구한 사항에 대해 어떤 자료를 참고하여 제공할 것인지를 결정한다.

② 여행관련업자와의 업무협조가 중요하다.

③ 모든 진행과정을 정확히 기록한다. 여행관련업자의 업무교환시 보통 전화상으로 모든 예약 · 수배가 이루어지고 있으나, 가급적 수배업무의 진행과정을 문서로 교환하여 보존하는 것이 좋다.

3) 수배업무의 원칙

수배업무를 효과적으로 진행하기 위해서는 다음과 같은 원칙으로 수행되어야 한다.

(1) 정확성

수배업무에 있어서 가장 중요한 원칙은 정확성이라 말할 수 있다. 수배서류의 기입, 기재사항을 정확히 이해하고 기록해야 한다.

(2) 신속성

수배내용의 우선순위를 정하여 수배업무를 신속히 처리해야 한다. 또한 수배에 대한 회답이 늦어질 경우 반드시 진행과정을 중간에 보고하고 대안을 찾아야 한다.

(3) 경제성

수배단계를 최대한 줄여 신속한 업무를 수행하게 함으로써 경제적으로 비용을 낮출 수 있는 방향으로 이루어져야 한다.

(4) 확실성, 재확인성

항공 및 호텔 등의 수배사항 등이 자주 변동될 수 있으므로 수배 재확인(reconfirmation)을 꼭 해야 하며, 여행객과의 대면시나 전화통화시에도 수배사항에 변동이 없는지 꼭 재확인해야 한다.

(5) 대안성

수배담당자는 본인 판단이 아닌 고객이 요청한 내용에 접근할 수 있는 수배를 해야 하며(alternativeness), 부득이한 문제(천재지변 등)에 대비하여 대안을 마련해야 한다.

4) 지상수배업자의 선정

지상수배업무는 여행상품의 구성 및 행사의 집행과 집결되는 업무로 아웃바운드 여행상품의 경우 자사가 직접 지상수배업무를 수행하기보다는 외국의 지상수배업자를 통하여 업무를 처리해야 한다. 지상수배업자의 선정은 국외여행상품의 품질과 관련되어 있기 때문에 매우 신중하게 이루어져야 하는 업무이다.

지상수배업자 선정시 다음 사항을 고려하여야 한다.

(1) 거래의 신뢰성
(2) 현지의 전문성
(3) 수배의 신속성
(4) 현지 부품업자와의 우호적인 관계성
(5) 수배부품의 적정가격을 제시
(6) 현지행사능력

8. 예산 및 정산업무

1) 예산 및 정산업무의 개념

상품담당자(OP : operator)는 본인이 담당하고 있는 모든 여행상품 판매에 다른 여행경비의 입금내역을 확인하고, 출발 전 반드시 총입금액과 총지출에 따른 행사수익과 지상비 · 여행자보험료 · 인솔자출장비 등의 비용을 계산하여 지출해야 하는데, 이러한 업무를 예산업무라고 한다.

행사완료 후에는 실제로 지출된 비용을 정산하고 정확한 수익을 산출해내어 납세의 근거로 삼는데, 이러한 업무를 정산업무라고 한다. 이때는 예산서에 의한 지출확인뿐만 아니라 현지행사에서 발생되었던 추가비용까지 포함시켜 정산을 하여야 하며, 반드시 근거가 되는 영수증을 첨부하여야 한다.

2) 예산 및 정산업무의 실제

예산업무를 통한 예산서 작성시에는 각 여행자별 입금확인내역서, 발권의뢰서, 수배확정서, 여행자보험 가입증명서, 여행자에게 발송된 일정표, Name List, Rooming List, PNR 등이 첨부되어야 한다.

상품담당자(OP : operator)는 여행자의 명단이 기입된 입금확인내역서에 각 여행자별로 입금액을 적어 경리부의 확인을 받아 두는 것이 좋다. 그러나 전산 시스템을 이용할 경우에는 시스템 내에서 입금확인이 완료된다.

그리고 발권의뢰서를 작성하여 항공발권부서로 넘겨 항공권의 발권이 가능하게 해야 하며, 지상수배업자로부터 수배확정서를 받고, 최종 확정된 명단으로 여행자보험을 가입하여 만일의 사고에 대비한다.

예산업무는 예산서작성으로 끝나는 것이 아니라 단체행사 개시 전 마지막으로 전체사항을 점검해야 한다. PNR과 여행자에게 발송된 확정일정표, 수배확인서, 항공권의 비행기 스케줄이 반드시 일치되어 있는지 확인하여 혹시라도 여행자에게 발송된 일정표의 출·귀국시간이 잘못되어 있는지와 최초 목적지국가에 수배되어 있는 비행기편명과 시간이 일치하는지를 재확인하여 현지에서 가이드의 공항 미팅이 정확하게 이루어질 수 있도록 해야 한다. 또한 PNR과 항공권상의 영문이름과 여권의 영문이름이 일치하는지도 반드시 재확인해야 한다.

행사 예산보고서

2012년 5 월 2 일

행사번호	20120515-	인원	13+1	결재	담당	책임자	임원
단 체 명	**상해 4박5일**					*	
지 역	상해, 장가계						
기 간	2012년 5 월 5 일 - 5 월 8 일			인솔자명		*	

	여행자명	요금	인원	소계	합계	주관여행사
여행수탁금	OOO외12명	750,000	13		9,750,000	
					9,750,000	

	항목	구분	요금	인원		합계	비고
여행진행경비	항공	아시아나	425,000	13		5,525,000	
		인솔자항공	215,000	1		215,000	
	지상	현지여행사	120,000	13		1,560,000	
		국내선	85,000	14		1,190,000	
	보험	여행자보험	6,000	14		84,000	
		비자대금	28,000	13		364,000	
		인솔자출장비	25,000	4		100,000	4일기준
						-	
						-	
						-	
		합 계				**9,038,000**	

3.여행알선대가	**4.부가세**	**5.여행알선수입**
712,000		

이포스탑투어

그림 4-22 행사 예산보고서

행 사 결 산 보 고 서

2012년 5 월 12 일

행사번호	20120515-	인원	13+1	결재	담당	책임자		임원
단 체 명	상해 4박5일					*		
지 역	상해,장가계							
기 간	2012년 5 월 5 일 - 5 월 8 일			인솔자명		*		

	여행자명	요금	인원	소계	합계	주관여행사
여행수탁금	OOO외12명	750,000	13		9,750,000	
					9,750,000	

	항목	구분	요금	인원	합계	비고
여행진행경비	항공	아시아나	425,000	13	5,525,000	
		인솔자항공	215,000	1	215,000	
	지상	현지여행사	120,000	13	1,560,000	
		국내선	85,000	14	1,190,000	
	보험	여행자보험	6,000	14	84,000	
		비자대금	28,000	13	364,000	
		인솔자출장비	25,000	4	100,000	4일기준
		현지음료수비용	2,000	13	26,000	
					-	
					-	
					-	
	합 계				**9,064,000**	

3.여행알선대가	4.부가세	5.여행알선수입
686,000	68,600	**617,400**

이포스탑투어

그림 4-23 행사 결산보고서

chapter 5

국외여행인솔업무

제1절 국외여행인솔자의 정의 및 유형

국외여행인솔자에 대한 용어는 다양하게 쓰이고 있다. 여행업계에서는 '투어컨덕터(Tour Conductor)'의 약자인 'T/C'를 많이 사용하고 있으며, '투어 리더(tour leader)'라고도 한다. 또한 일본에서는 첨승원이라는 용어로 사용되고 있다. 여행사의 여행약관에는 '전문안내원 또는 전문관광안내원'이라는 용어로 명시되어 있으며, 또한 가이드(guide)란 의미로도 사용되고 있다. 그 밖에도 '국외여행안내원', '국외여행인솔자', '여행가이드'라고 불리기도 한다.

본서에서는 용어의 통일을 위해 "국외여행인솔자"라 칭하도록 하겠다.

1. 국외여행인솔자의 정의

국외여행인솔자란 국외여행의 출발준비로부터 시작해서 여행종료시까지 여행객을 관리하고 지휘하는 사람으로서, 단체관광이나 개인관광시에 동행하여 계획된 현지일정의 원활한 진행은 물론, 여행객의 안전과 편의를 위해 상황에 따라 적절한 조치를 취하는 역할을 한다.

국외여행인솔자의 역할을 보면

① 여행진행의 기획관리자(coordinator)

② 여행진행의 감독관(supervisor)

③ 여행자와 현지 여행업자간의 중간자(liaison)

④ 문제해결사(problem-settler)

⑤ 고객의 심리를 파악하여 치유하는 심리학자(psychologist)

⑥ 고객, 회사, 국가를 대표하는 외교관(diplomat)

⑦ 고객을 즐겁게 여행하도록 하는 만능 엔터테이너(entertainer)

⑧ 고객들의 언어불편을 덜어 주는 통역사(translator)

2. 국외여행인솔자의 유형

1) 소속별 유형

(1) 여행사 소속의 일반직원

여행사에 소속되어 있으면서 평소에는 일반사원으로서 사내의 업무인 영업(sales), 수배(operation), 관리(management), 기획(planning) 등을 담당하고, 단체가 형성되면 국외여행인솔자 업무를 수행하는 유형이다. 이 유형의 장점은 국외여행인솔자가 회사에 소속된 직원이기 때문에 책임감이 높고, 양질의 서비스를 통해 고객 재창출에 기여할 수 있다. 또한 회사원이 직접 투어에 참여하므로 상품의 문제점을 파악하고 개선할 수 있다. 단점으로는 출장으로 인한 업무의 공백이 우려된다.

(2) 특정여행사 소속의 전속 국외여행인솔자

특정여행사에 소속되어 투어에스코트 업무만을 전문으로 하는 계약직 직원 형태로서, 여행사에서 단체가 형성되면 인솔자로서의 업무를 담당하게 된다. 보수는 한 달에 일정기간(약 15일 이상)의 출장횟수를 보장받으며 출장일수(횟수)에 따라 일별 출장비를 지급받는 것을 원칙으로 하나, 대체로 회사에서 기본급 형태로 일정액을 지급하고 의료보험 혜택을 주는 정도이다.

자사에 소속된 전속투어 국외여행인솔자는 언제든지 출장을 보낼 수 있는 장점이 있기 때문에 대체로 패키지 투어를 전문으로 하는 대형 여행사들이 많이 확보하고 있다.

(3) 프리랜서 국외여행인솔자

특정 여행사에 소속되지 않고, 여행단체가 형성되어 국외여행인솔자 의뢰요청이 있을 때 이를 받아들여 해외출장을 나가는 형태다. 전속 국외여행인솔자는 한 여행사에 소속되어 있지만, 이 유형은 특정여행사에 소속되지 않고 여러 여행사와 관계를 맺고 있다. 장점으로는 행동이 자유롭다는 것이고, 단점으로는 직업의 안정성이 부족하다는 것이다.

(4) 용역회사소속의 국외여행인솔자

풍부한 국외여행인솔 경험과 역량을 갖춘 국외여행인솔자를 확보하여 각 여행사에 알선하는 용역회사에 소속되어 있는 유형이다.

3. 국외여행인솔자의 자격요건

국외여행인솔자의 자격요건은 법적 자격요건과 서비스제공자로서의 자격요건으로 구분하였다. 법적 자격요건 외에 서비스제공자로서 자격요건을 추가한 것은 법적 자격요건과 더불어 서비스제공자로서의 자격을 반드시 갖추어야 하기 때문이다.

1) 법적 자격요건

1989년 국외여행자유화 이후 해외여행객이 급증하면서 국외여행인솔자에 대한 수요가 급증하였다. 이 과정에서 전문적인 교육을 받지 않은 무자격 국외여행인솔자들이 단체여행을 인솔하면서 많은 문제점이 도출되었고, 이에 전문성을 갖춘 국외여행인솔자의 필요성이 절실해졌다.

이러한 필요성에 따라 관광진흥법에 국외여행인솔자에 대한 자격요건을 지정하게 되었다. 즉 관광진흥법 제13조에 의하면, "여행업자가 내국인의 국외여행을 실시할 경우 여행자의 안전 및 편의제공을 위하여 그 여행을 인솔하는 자를 둘 때에는 문화체육관광부령이 정하는 요건에 맞는 자를 두어야 한다"고 명시하고 있다.

그리고 문화체육관광부령이 정하는 요건에 적합한 국외여행인솔자의 자격요건은 관광진흥법 시행규칙 제22조에 다음과 같이 명시되어 있다.

(1) 관광통역안내사 자격을 취득할 것

(2) 여행업체에서 6개월 이상 근무하고 국외여행경험이 있는 자로서 문화체육관광부장관이 정하는 소양교육을 이수할 것

(3) 문화체육관광부장관이 지정하는 교육기관에서 국외여행인솔에 필요한 양성교육을 이수할 것

위 조항에 의하면 현재 법적으로 국외여행인솔자가 되기 위해서는 관광통역안내사 자격증을 취득하거나, 문화체육관광부장관이 정하는 소양교육이나 양성교육과정을 이수하여 국외여행인솔자 자격인정증을 취득해야 한다.

(1) 관광통역안내사 자격증 취득

① 시험실시 및 공고 : 시험은 매년 1회 이상 실시하며, 시험실시기관이 시험시행일 60일 전에 일간신문에 공고

② 시험실시기관 : 문화체육관광부장관의 위탁을 받아 한국산업인력공단이 실시(한국산업인력공단은 시험응시자격, 시험과목, 일시, 장소, 응시절차, 그 밖에 시험에 필요한 사항을 시험시행일 60일 전에 일간신문에 공고)

③ 응시자격 : 제한 없음. 단, 다음 각 호의 어느 하나에 해당하는 자는 관광통역안내사가 될 수 없음.

㉠ 금치산자, 한정치산자

㉡ 파산자로서 복권되지 아니한 자

㉢ 관광진흥법에 의하여 등록 또는 사업계획의 승인이 취소되거나, 제36조 1항에 따라 영업소가 폐쇄된 후 2년이 경과되지 아니한 자

㉣ 관광진흥법을 위반하여 징역 이상의 실형을 선고받고 그 집행이 끝나거나 집행을 받지 아니하기로 확정된 후 2년이 경과되지 아니한 자 또는 형의 집행유예기간 중에 있는 자

④ 시험실시방법 : 1차는 외국어 듣기시험과 면접시험, 2차는 필기시험

㉠ 필기시험 : 국사(40%), 자원해설(20%), 관광법규(20%), 관광학개론(20%)

㉡ 외국어시험 : 공인어학시험으로 대체

ⓒ 면접시험 : 관광실무상식과목으로 해당 외국어로 시행

⑤ 자격시험 외국어 : 영어, 일본어, 중국어, 불어, 독일어, 스페인어, 러시아어, 이탈리아어, 태국어, 베트남어, 말레이 · 인도네시아어, 아랍어 중 1과목

(2) 소양교육을 통한 국외여행인솔자 자격인정증 취득

소양교육을 통하여 국외여행인솔자 자격인정증을 취득하고자 하는 자는 관광진흥법 시행규칙 제22조 2항의 규정이 정하는 바에 의하여 교육을 이수해야 한다.

① 교육대상 : 국내 소재의 국외여행업 또는 일반여행업으로 등록된 여행업에서 6개월 이상 근무하고 해외여행경험이 있는 자로서 국외여행인솔자격을 인정받고자 하는 자

② 교육시간 : 15시간 이상

(3) 양성교육을 통한 국외여행인솔자 자격인정증 취득

양성교육을 통해 국외여행인솔자 자격인정증을 취득하고자 하는 자는 관광진흥법 시행규칙 제22조 2항의 규정이 정하는 바에 의하여 사내교육기관이나 전문교육기관에서 교육을 이수해야 한다.

① 사내교육기관(관광사업자단체 또는 관광사업자가 운영하는 교육시설)

관광진흥법 제4조의 규정에 의하여 등록한 여행업자가 국외여행인솔자의 양성과 자질향상을 목적으로 설립한 교육기관을 말한다.

ⓐ 교육대상자 요건 : 사내연수기관 운영업체 소속직원

ⓑ 교육시간 : 연 96시간 이상

ⓒ 출석관리 : 출석률 80% 미달자에 대한 교육취소 등 제재조치

ⓓ 평가관리 : 월 1회

ⓔ 기타

ⓐ 교육수강료 수수금지

ⓑ 해외현장교육실시(1회 이상)

② 전문교육기관

㉠ 입학요건

ⓐ 전문대학 이상의 학교에서 관광분야의 학과를 이수하고 졸업한 자 또는 졸업예정자

ⓑ 관광관련 실업계 고등학교를 졸업한 자

ⓒ 여행업체에서 6개월 이상 근무경력이 있는 자

㉡ 교육시간 : 연 100시간 이상

㉢ 출석관리 : 출석률 80% 미달자에 대한 교육취소 등 제재조치

㉣ 평가관리 : 3회 이상

2) 서비스제공자로서의 자격요건

국외여행인솔업무를 수행하기 위해서는 여러 가지의 자격이 필요하다. 예를 들어, 상황대처능력, 리더십, 융화력, 외국어능력, 국제 감각, 해박한 업무지식, 지도력, 원만한 인간성, 유연한 업무순발력, 건강한 신체, 국제적 예의범절, 전문가정신 등을 갖추어야만 한다.

이상의 내용을 참고로 하여 여기에서는 서비스제공자로서의 국외여행인솔자의 자격요건을 다음의 일곱 가지로 분류했다.

(1) 풍부한 업무지식과 해박한 상식

단체여행객들은 국외여행인솔자를 현지의 모든 것을 알고 있는 만물박사로 생각하므로 여러 가지 궁금한 사항들에 대해 질문하게 된다. 그러므로 국외여행인솔자는 여행객이 어떤 질문을 하더라도 답변할 수 있도록 다방면에 걸쳐 풍부한 지식과 상식을 쌓아야 한다. 예를 들어 출입국수속 · 호텔 · 항공 등 업무관련지식과 방문국의 기후 · 종교 · 풍습 · 음식 · 역사 · 문화 등과 같은 관광정보에 대한 것이다.

간혹 관광안내는 현지가이드의 업무라면서 학습을 소홀히 하는 경우가 있으나, 관광객이 기내에서 혹은 여행 중에 개인적으로 질문을 하는 경우가 많으므로 평소에 외국역사와 문화에 대한 공부를 꾸준히 해야 한다. 여행객의 입장에서도 풍부한 업무지식과 해박한 상식을 소유한 국외여행인솔자를 신뢰하게 마련이다.

(2) 어학능력

국외여행인솔자의 어학능력은 가장 기본적이고 필수적인 조건이다. 특히 영어는 일상회화 이상의 실력을 갖춰야 한다. 관광업에 종사하는 사람들 대부분이 영어를 구사하며, 거의 모든 국가에서 영어가 통용되기 때문이다.

국외여행인솔자의 어학실력이 빈약하면 예기치 못한 곤란한 상황에 부딪혔을 때 대처능력이 떨어지게 된다. 특히 교통기관과 숙박업소의 파업(strike)이나 오버부킹(over booking) 등의 상황에 처했을 경우에는 국외여행인솔자의 어학실력이 무엇보다도 위력을 발휘한다. 어학실력이 부족하면 정보수집이나 교섭이 불가능하므로 투어진행이나 여행객의 안전에 중대한 지장을 초래하게 됨은 자명하다. 그러므로 평소에 어학실력을 향상시키기 위한 노력을 게을리하지 말아야 한다.

또한 방문국의 언어로 기본적인 회화들을 공부하여 단체여행객에게 알려주는 것도 권장할 만하다. 우리나라를 관광하는 외국인에게서 서툰 발음이지만, "안녕하세요?"나 "감사합니다"를 들었을 때 갖게 되는 흐뭇함을 생각하면 될 것이다.

(3) 건강한 체력

현지가이드는 관광안내를 마치면 업무에서 해방되지만, 국외여행인솔자는 호텔투숙 후에도 고객들의 불편사항과 고충을 처리해야 하므로 하루 24시간을 근무한다고 해도 과언이 아니다. 특히 10일 이상 장기투어를 진행하다보면 육체적인 피로가 쌓이게 마련이다. 게다가 유난히 까다로운 고객과의 갈등이나 마찰은 정신적인 스트레스까지 가중되게 한다.

이처럼 과중한 업무에 시달리고 있는 국외여행인솔자는 건강상태를 잘 유지 · 관리해야 한다. 그러므로 현지투어 중에는 지나친 과음은 삼가고, 하루의 여정이 끝난 후에는 충분한 휴식을 취하여 항상 건강한 모습으로 서비스할 수 있도록 한다.

국외여행인솔자의 건강에 문제가 생겨 주어진 여행일정을 제대로 소화하지 못한다면 여행객에게 올바른 서비스를 제공할 수 없음은 물론이고, 소속여행사에도 막대한 손실을 입히게 된다는 점을 명심하고 평소에 건강관리를 한다.

(4) 투철한 서비스정신

국외여행인솔자에게 있어서 가장 중요한 것 가운데 하나가 바로 서비스정신이다. 관광객은 여행과 관련된 제반 서비스를 제공받기 위하여 그에 상응하는 비용을 지불한 것이기 때문이다. 여행상품은 본래 무형이므로 관광객들은 무형의 상품, 즉 서비스를 제공받기 위해 비용을 지불한 것이다.

그러므로 여행사는 단체여행객들로부터 받은 여행경비의 대가로서 여행객에게 여행에 관련된 여러 가지의 서비스 예를 들어, 여권과 비자수속대행, 여행상담, 국외여행인솔 등을 제공하는 것이다. 이러한 서비스 가운데 가장 큰 비중을 차지하고 있는 것이 바로 국외여행인솔이라고 해도 과언이 아니다. 실제로 고객과 가장 많은 시간을 보내게 됨은 물론이고, 여행의 최종마무리까지 담당하기 때문이다. 그러므로 국외여행인솔자는 단체여행객들의 만족도 증진을 위해 고객지향적인 서비스정신으로 철저하게 무장해야 한다.

(5) 리더십과 판단력

유능한 국외여행인솔자는 단체여행객들을 잘 리드(lead)하고 통제할 수 있는 지도력과 판단력을 갖추어야 한다. 단체행사를 진행하도 보면 항공기의 연 · 발착과 수하물분실 · 도난, 환자발생, 교통기관파업, 관광객들간의 갈등 등 예기치 못한 상황에 직면하게 된다. 이처럼 예기치 못한 사고가 발생할 경우에 여행객이 동요하는 것은 지극히 당연하므로 리더십을 발휘해 여행객을 통제해야 한다.

또한 국외여행인솔자의 잘못된 판단은 여행을 그르치거나 사태를 악화시킬 수도 있으므로, 올바른 판단을 할 수 있도록 평소에 필요한 업무지식을 쌓아야 한다. 리더십과 판단력 증진을 위해 투어진행과 관련된 주변의 경험담이나 조언 등을 귀담아 듣는 것도 좋은 방법이다.

(6) 책임감

단체를 인솔하는 과정에서 여행일정 · 호텔 · 식사 · 투어버스 등에 대해 여행객의 불만이 발생할 수도 있다. 이러한 불만의 대부분이 국외여행인솔자의 실수에서 기인된 것이라기보다는 TC가 소속된 여행사나 지상수배업자(local land operator)의 실수로 인한 문제들이다. 하지만 설령 회사의 수배담당자나 지상수배업자의 실수로 발생한 문제라고 하더라도 책임을 전가하거나 회피하는 대신에 적극적인 자세로 대처해야 한다.

단체여행객들도 그러한 문제들이 국외여행인솔자 개인의 잘못에서 비롯된 것이 아님을 알고 있기 때문에 국외여행인솔자가 이를 열심히 해결하려는 모습을 보인다면 납득하고 이해하게 마련이다. 무책임과 회피로만 일관하려고 한다면 오히려 사태를 악화시키고 단체여행객들의 반감을 사게 되므로, 국외여행인솔자는 현지에서 발생한 문제들에 대해 책임감 있게 대처할 필요가 있다.

(7) 프로직업의식

국외여행인솔자라는 직업이 인기직종의 반열에 오른지는 이미 오래 전이고, 실제로 이들의 역할에 따라 여행자의 만족도가 결정되므로 그 역할이 매우 중요하다. 그러므로 국외여행인솔자는 자신의 직업에 대해 긍지를 가지고 자신에게 부여된 임무를 성실하게 수행해야 한다.

그러나 일부 국외여행인솔자는 마치 자신이 해외여행을 온 것처럼 본분을 망각하는 행동을 일삼는 경우가 있는데, 당연히 지양해야 할 태도이다. 어느 직장에서나 프로직업의식을 갖는 것만이 자신의 입지를 확고히 다질 수 있는 길임을 기억해야 할 것이다.

4. 국외여행인솔자의 역할

여행상품 자체가 무형이므로 서비스의 중요성을 아무리 강조한다고 해도 지나침이 없을 것이다. 특히, 외국여행인솔업무는 서비스가 차지하는 비중이 전부라고 해도 과언이 아니다. 여기에서는 서비스제공자로서의 국외여행인솔자의 역할을 다음과 같이 여섯 가지로 분류하였다.

1) 즐거운 여행의 연출자

국외여행인솔자는 투어에 참여한 관광객이 즐거운 여행을 할 수 있도록 연출자의 역할을 수행해야 한다. 물론 국외여행인솔자도 인간이므로 항상 즐거울 수는 없다. 그리고 동일지역을 여러 차례 인솔하다 보니 식상함이나 매너리즘에 빠지기도 한다.

그러나 대부분의 관광객들은 동일한 지역을 한 번 이상 방문하는 경우가 극히 드물다. 어느 관광지든지 일생에 단 한번 관광하게 되는 것이다. 그러므로 자신이 서비스업의 종사자임을 명심하고 관광객에게 즐거운 여행을 추억으로 간직할 수 있도록 연출해야 한다.

2) 회사의 대표자

일단 한국을 떠나면 여행객에게 회사측의 직원은 국외여행인솔자 한 사람이다. 국외여행인솔자는 회사 대표자의 입장에서 여행과 관련한 전반적인 부분에 대하여 책임을 진다고 할 수 있다.

그러므로 여행 중에 비상사태나 문제점이 발생할 경우에는 회피하는 대신에, 항상 회사를 대표하고 있다는 마음가짐으로 해결방법을 모색해야 한다. 여행 중에 발생한 문제들을 순조롭게 잘 해결한다면 관광객과 회사로부터 능력을 인정받게 됨은 물론이고, 국외여행인솔자 자신도 업무성취감을 맛보게 될 것이다.

3) 여행일정관리자

국외여행인솔자는 일정표대로 여행일정이 진행되는지를 점검해야 하는 여행일정의 관리자이다. 예정된 일정을 계획대로 실행하기 위해서는 숙식조건, 운송기관의 이용과 계약조건, 현지여행사(local land operator)와의 계약내용 등 투어진행과 관련된 내용을 최종수배확인서(final confirm sheet)를 통해 반드시 숙지해야 한다.

이러한 내용에 관해 정확하게 파악하지 못한다면 수송 · 숙박 · 식사 등의 서비스가 계약대로 제공되는지의 여부를 확인할 수 없다. 그러므로 고객과 회사의 이익보호를 위해서 이러한 사항들에 관해 구체적이고 정확한 업무지식을 가지고 있어야 한다.

그리고 만약 현지여행사가 최종일정표대로 단체행사를 진행하지 않을 경우에는 이를 제대로 진행하기 위한 노력을 기울여야 한다. 또한 불가피한 일정변경은 반드시 관광객 전원의 동의를 얻어야 함을 잊지 말아야 한다.

4) 재구매유도자

앞서 언급한 대로 여행일정이 진행되는 동안에 여행객과 숙식을 함께 하는 국외여행인솔자야말로 여행상품에 대한 만족도를 결정짓는 중요요인이다. 단체여행에 참가한 관광객을 만족시켜서 그들이 자사의 충성도(loyalty)가 높은 고객이 되도록 하는 데 가장 큰 역할을 수행하는 것이 바로 국외여행인솔자인 것이다.

어느 기업이든지 신규고객의 창출보다는 기존고객을 충성도가 높은 고객으로 만드는 것이 마케팅측면에서 5배가 더 든다고 한다. 그러므로 TC가 현지에서 여행객에게 제공하는 서비스는 재구매를 유도하는 판매촉진활동이며, 결국 국외여행인솔자의 가장 중요한 역할이라고 할 수 있다.

5) 인관관계 조율자

일반적으로 패키지투어에는 전국에서 각양각색의 남녀노소가 모이므로 연령 · 성별 · 직업 · 교육수준이 다르며, 관심사 · 참가목적 · 생활환경도 다르다. 이렇게 모든 면이 다른 사람들이 모여 장기간 함께 행동하다 보면 사소한 문제로도 관광객 상호간에 갈등이 유발된다. 그리고 쇼핑이나 선택관광과 관련하여 단체관광객과 현지가이드와의 갈등도 발생한다.

국외여행인솔자는 각자의 이익이 서로 상충되는 이들을 어떻게 하면 잘 화합하여 단체행사를 진행할 것인가에 대해서도 관심을 기울여야 한다.

6) 올바른 여행문화의 전달자

1989년 전국민의 국외여행자유화 이후, 2007년에는 1,300만 명 이상이 출국한 것으로 나타났다. 이러한 통계수치는 양적인 측면에서 본다면 비약적인 성장이지만, 질적인 측면에서는 성숙된 여행문화가 아직 정착되지 못하고 있는 실정이다. 실제로 지정학적인 위치상 외국과의 교류가 활발치 못했던 우리로서는 외국의 사정에 대해 잘 모르는 것이 당연하다. 그러다 보니 공공질서의식 결여와 타문화에 대한 몰이해 등으로 무례한 국민으로 오해를 받는 일이 종종 발생된다.

물론 이런 일들은 악의적인 마음에서 비롯된 행동이라기보다는 국제적인 에티켓에 익숙하지 않아서 발생하는 경우가 대부분이다. 그러므로 국외여행인솔자는 단체여행에 참가한 일행에게 기본적인 국제매너 등을 알려서 잘못된 여행문화를 개선하고 올바른 여행문화가 정착되도록 해야 한다.

5. 국외여행인솔자와 여행객간 바람직한 관계설정

1) 국외여행인솔자와 여행객간 관계유지의 핵심

국외여행인솔자가 여행객과 좋은 인간관계를 유지하는 것은 투어의 성공여부를 결정짓는 중요한 요인이다. 카네기연구소와 하버드대학의 공동조사에 따르면, 어떤 직업에 서건 전문지식과 기술이 성공에 미치는 영향은 15%에 불과하며, 나머지 85%는 인간관계능력에 달려 있다고 한다. 즉 어느 사회에서나 인간관계는 성공적인 삶의 중요한 핵심이며, 이는 단체여행인솔에서도 크게 다르지 않다.

국외여행인솔자가 단체여행객들과 바람직한 인간관계를 형성하게 되면, 업무수행이 한결 수월해진다는 것에는 두 말할 여지가 없을 것이다. 물론 인솔하고 있는 단체여행객의 마음을 사로잡기 위한 나름대로의 여러 가지 노하우가 있을 것이다.

다음은 관계유지의 주요한 요건이다.

(1) 순수한 관심을 기울여라.

(2) 미소를 지어라.

(3) 이름을 기억하라.

(4) 경청하라.

(5) 성실한 태도로 임하라.

2) 국외여행인솔자의 이행사항

국외여행인솔자의 이행사항으로는 친절하고 적극적일 것, 현지 사정에 대한 정보를 수집할 것, 고객에 대한 연구를 게을리 하지 말 것 등을, 고객과의 약속을 철저히 이행할 것을, 국외여행인솔자에 걸맞는 복장을 할 것을, 고객을 인간적으로 만족케 하며, 고객을 귀중하게 생각해야 하는 자세와 마인드가 필요하다.

이러한 내용을 토대로 하여 서비스제공자로서의 국외여행인솔자의 이행사항을 다음과 같이 설명하고자 한다.

(1) 단체여행객에게 항상 공평하게 대하라.

(2) 관광목적국의 현지법규 등 현지사정을 사전에 정확하게 파악하라.

(3) 단체여행객에게 따뜻하고 진실한 마음, 부드럽고 밝은 표정으로 대하라.

(4) 현지에서 행한 단체여행객과의 약속은 반드시 지켜라.

(5) 국외여행인솔자의 직분에 걸맞는 단정한 복장을 착용하는 등 용모를 단정하게 하라.

(6) 단체여행객의 질문에 성의있게 답변하라.

(7) 단체여행객의 이름을 외워라.

(8) 친절하고 예의바르게 행동해라.

(9) 항상 미소지어라.

(10) 성실한 태도로 업무를 수행해라.

3) 국외여행인솔자의 금기사항

국외여행인솔자는 해야 할 일과 해서는 안될 일을 정확히 파악해야 한다.

국외여행인솔자의 금기사항을 요약하면 다음과 같다.

(1) 국위 및 회사의 명예를 손상하는 행위

(2) 준법정신에 어긋나는 행동(외환관리법, 관세법 등)

(3) 여행객과 언쟁하거나 흉보는 행동

(4) 여행객과 금전적인 문제로 마찰을 일으키지 않는다.

(5) 너무 잘난 체를 하거나 아는 체를 하지 않는다.

(6) 불성실한 업무 태도

(7) 단체여행객에게 쇼핑이나 선택관광을 강요, 그리고 퇴폐행위의 관람 · 알선을 유도

(8) 특정 관광객과의 친분관계 유지

(9) 어떠한 경우라도 절대 늦지 않는다.

(10) 과음을 삼간다.

(11) 이성 관광객에 대한 지나친 관심

(12) 국외여행인솔자에게 적절치 않은 복장

제2절 출장준비

회사측으로부터 출장통보를 받으면 본격적으로 출장준비를 해야 한다. 어떤 경우이든지 TC는 업무수행에 필요한 준비물을 제대로 점검해야 현지에서 당황하는 일이 발생하지 않는다.

1. 개인준비물 점검

여행가방은 가벼울수록 좋으므로 꼭 필요한 물품만 가져가도록 한다. TC가 국외여행 출장에 앞서 준비해야 할 복장 및 휴대품은 다음과 같다.

1) 복장

(1) 옷차림

여행객을 처음 대면하게 되는 인천국제공항 집결시에는 가급적 단정한 옷차림을 한다. 그리고 복장은 활동적이고 편안한 것으로 준비하되, 고급 레스토랑이나 대형 쇼(show) 관람 및 음악회 등에서는 정장을 입는 경우가 있으므로 한 벌 정도 준비한다. 상식에 벗어나는 옷차림, 즉 지나치게 화려하거나 노출이 심한 의복은 삼가는 것이 좋다.

(2) 신발

신발은 굽이 낮고 걷기 편한 단화로 준비한다. 지나치게 높은 굽의 신발은 쉽게 피로를 느끼게 하므로 피하는 것이 좋다. 항공기 및 호텔의 객실에서 사용할 수 있는 슬리퍼(slipper)도 준비하면 요긴하게 이용할 수 있다.

2) 휴대품

(1) 가방

TC는 큰 가방과 어깨에 맬 수 있는 작은 손가방 한 개씩 준비한다. 큰 가방은 의류나 세면도구 등 개인용품을 넣는데 사용하며, 열쇠가 부착된 것이 좋다. 큰 가방은 장거리 출장용과 단거리 출장용(기내 반입 사이즈) 등 두 가지로 준비해 두면 출장일수에 맞게 이용할 수 있으므로 편리하다.

(2) 세면도구

호텔객실에는 수건 · 샴푸 · 비누 · 샤워젤(shower gel) · 사워캡(shower cap) 등만 비치되어 있으므로 치약 · 칫솔 · 면도기 · 린스 · 빗 등의 세면도구를 준비한다.

(3) 비상약

우리나라와 마찬가지로 외국에서도 의사의 처방전이 있어야만 의약품구입이 가능하다. 그러므로 감기약 · 지사제 · 소화제 · 해열제 · 진통제 · 멀미약과 일회용 반창고 및 각종 연고 등을 비상약(emergency medicine)으로 준비한다. 캠핑투어인 경우에는 모기약과 벌레물린 데 바르는 약도 빠뜨리지 않는다.

(4) 명함

명함(name card)은 여행객이나 현지가이드 및 지상수배업체 직원 등과의 인사시에 필요하다. 한글과 영문이 함께 인쇄된 것을 이용하며, 항상 넉넉하게 준비한다.

(5) 카메라

카메라는 여행객의 사진촬영과 투어관련 자료수집 등의 용도로 이용된다. 충전기 혹은 여분의 배터리(battery)도 준비한다.

(6) 계산기

계산기는 휴대하기 간편한 것으로 준비한다. 쇼핑시에 현지가격으로 표시되어 있는 물품가격을 미국달러(USD) 혹은 한화로 환산할 때 사용된다.

(7) 테이프

음악 테이프(tape)와 비디오 테이프는 관련된 지역을 관광할 때 요긴하게 이용된다. 음악 테이프는 방문국의 특색이 잘 반영된 민속음악이나 가곡 혹은 여행국 출신 음악인의 것으로 준비한다. 그리고 비디오 테이프는 방문관광지를 배경으로 한 것을 선택하는 것이 좋다.

2. 현지정보수집

TC가 단체여행객들로부터 신뢰를 얻기 위해서는 무엇보다도 현지정보에 능통해야 한다. 실제로 단체행사를 진행하다 보면 여행객들로부터 다양한 질문을 받게 되는데, 이때 적절한 응답을 못할 경우에는 업무적으로 신뢰감을 상실할 수도 있다.

여행객들의 질문에 정확한 답변을 위한 목적뿐만 아니라, 원활한 업무수행을 위해서 출장 전에 다음과 같은 현지정보들을 필수적으로 수집한다.

1) 방문국의 일반적 정보

(1) 역사

방문국의 역사에 대한 이해는 현지 관광자원과 여행일정에 대한 관심을 증진시킬 수 있다. 즉 방문국을 이해하는 데 도움을 줄 뿐만 아니라, 현지에서의 관광활동에 대해 흥미를 유발할 수 있게 한다.

일반적으로 방문국이나 방문지의 역사에 대한 설명은 현지가이드(local guide)가 담당하게 된다. 하지만 단체여행객들은 현지가이드뿐만 아니라, TC에게도 여러 가지의 질문을 하게 마련이다. 이러한 경우를 대비해 방문국에 대한 대략적인 역사는 학습해 둔다.

(2) 정치 · 경제 · 사회 · 문화

방문국의 정치 · 경제 · 사회 · 문화 등은 우리나라와 비교하여 알아두는 것이 좋다. 특히 방문국의 정치체제나 우리나라와의 외교관계, 물가수준 등과 같은 내용은 여행객의 관심을 불러일으키는 흥미로운 정보이다. 그러므로 방문국의 1인당 GNP나 한국과의 무역거래상황, 주요 거래품목, 현지통화(local currency), 환율(exchange rate) 등을 간략하게 요약해 둘 필요가 있다. 환율은 현지통화와 원화의 비율로 비교해 둔다. 그 외에도 현지음식, 독특한 문화, 주의해야 할 법규 등도 익혀 두도록 한다.

(3) 기후 · 지리

현지기후는 우선적으로 파악해야 할 중요한 사항이다. 현지기후에 따라 적절한 복장과 휴대품을 준비하기 때문이다. 특히 일교차가 심한 지역이나 우기가 시작되는 시기, 우리나라와 정반대의 기후지역 등에 대한 정보습득이 필요하다.

(4) 시차

시차(time difference)는 항공이동 소요시간을 계산하거나 현지에서 한국으로 전화할 때 요긴하게 이용된다. 그러므로 출장 전에 세계시차표(world time zone)를 토대로 한국과 방문국과의 시차를 확인해 둔다. 국토가 넓은 미국이나 캐나다 등은 여러 개의 시간대가 있으므로 시차계산시에 주의한다.

혹시 여행 중에 서머타임(summer time)이 시작되거나 종료되는지도 점검해야 한다. 단체일정을 진행하는 도중에 서머타임이 시작되는 경우라든지 종료되는 경우에는 항공스케줄의 출발 · 도착시간을 주의깊게 확인해야 하기 때문이다.

2) 현지관광 정보

(1) 방문관광지 정보

일정표 상의 방문관광지에 대해서는 구체적으로 알고 있어야 한다. 방문관광지에 대한 정보는 각종 관광관련 가이드북(guidebook)과 한국주재 관광청 및 인터넷 등을 적극 활용한다.

(2) 숙소

투숙하게 될 숙소의 위치와 등급 등에 대해서도 파악한다. 특히 숙소의 위치는 도심의 외곽지역, 시내 중심가, 공항근처 하는 식으로 구분해 두는 것이 편리하다.

그리고 숙소의 등급은 여행상품 판매시에 여행객에게 제시한 여행조건에 맞는지를 확인한다.

(3) 식사

여행객들에게 배포된 일정표에는 식사메뉴가 '조건은 호텔식, 중식은 현지식, 석식은 한식'하는 식으로 간단하게 표시되어 있으므로 식사메뉴가 무엇인지 구체적으로 확인한다. 그리고 여행객들의 입장에서는 언제 한식을 먹게 되는지도 궁금한 사항 가운데 하나이므로 미리 확인할 필요가 있다. 참고로 방문지에 한국식당이 있는 경우에는 일반적으로 하루 중 한 끼 정도는 한식으로 배정되어 있다.

현지식도 먹는 방법이 독특한 경우가 있으므로 이러한 내용을 익혀 두면 현지에서 당황하는 일이 줄어들 것이다. 식사 메뉴를 한국에서 확인하기 어려운 경우라면 현지가이드에게 문의한다.

(4) 자유시간 활용방안

공식적인 여행일정이 끝난 뒤 선택관광뿐만 아니라, 고객이 직접 자유시간을 활용할 수 있는 방안 등을 몇 가지를 준비해 두면 여행객의 요청에 쉽게 부응할 수 있다.

(5) 쇼핑

국외여행표준약관 제4조 2항에 따라 여행객에게 제공하는 여행일정표에 쇼핑횟수를 명시해야 한다. 그러므로 일정표를 참고로 하여 지역별로 쇼핑횟수를 정해두고, 여행객에게 추천할 만한 방문지의 유명 특산품목과 가격 등을 미리 파악해 둔다.

(6) 교통관련사항

목적지까지 이동시에 탑승할 항공사명, 도중경유(transit)나 갈아타기(transfer) 유무, 비행소요시간(actual flying time), 현지도착시간(actual arrival time) 등에 관한 내용을 파악하여 일정표에 메모해 둔다.

현지에서는 선박이나 철도 및 버스로 이동하는 경우도 있다. 이러한 경우에도 최종목적지까지의 소요시간, 출발 · 도착시각 등 항공과 동일하게 그 내용을 확인한다.

(7) 출입국수속 · 세관

출입국수속과 관련한 주요사항과 공항구조 · 출입국심사 · 세관 · 검역 등에 대해서도 미리 정리해 둔다. 예를 들어 영국이나 괌에 입국하려는 여행객은 입국심사시에 반드시 귀국편의 항공권을 제시해야 한다. 그리고 호주나 뉴질랜드 같은 경우 반입제한 품목을 확인하며 세관검사에 문제가 발생하지 않도록 한다.

이처럼 출입국수속이나 세관 · 검역 등이 특별히 까다롭게 진행되는 국가에 대한 정보를 사전에 파악하여 미리 여행객에게 설명해 주는 것이 좋다. 출입국이나 세관수속을 까다롭게 진행할 수밖에 없는 현지사정을 듣고 나면, 이러한 복잡한 수속과정에 대한 이해도가 높아지게 되고, 결국 불만이나 불평이 감소하게 된다.

(8) 치안

싱가포르처럼 치안이 잘 되어 있어 야간에 개인행동을 해도 괜찮은 지역이 있는 반면, 인도나 중국 등과 같이 불안전한 치안 때문에 개인행동을 삼가야 하는 곳도 있다. 그러므로 만약에 발생할지도 모르는 불의의 사고를 미연에 방지하기 위해서라도 방문지의 치안상태가 어느 정도인지를 파악해 두어야 할 것이다.

3. 단체여행객과의 접촉

TC가 여행출발 전에 단체여행객과 접촉할 기회는 출발 전에 개최하는 설명회와 개별 전화연락을 통해 이루어진다.

TC는 설명회나 전화를 통해 현지의 정보와 여행경비의 포함내역, 공동경비의 필요성, 팁의 내용 그리고 여행시 발생될 수 있는 모든 사항을 고객에게 전달하고, 출발 하루 전에는 다시 한 번 단체여행객과 연락하여 다음의 사항을 확인하고, 전달하여야 한다.

① 설명회에 참석하지 않은 여행객에게는 여행준비물이나 환전, 주의사항 등 여행객이 궁금해 하는 사항을 알려 준다.
② 인천공항에서의 집결장소와 시간 등을 재확인한다. 여행객이 집결장소와 시간을 잘못 알고 있어 공항에서 미팅미스(meeting miss)가 발생하지 않도록 한다.
③ 여권과 비자(필요한 경우)의 소지여부와 유효기간을 확인한다. 만약 여행객의 여권을 여행사에서 보관한 경우에는 담당자로부터 수령하는 것을 잊지 않는다.
④ 현지에서의 특별요청이나 주문사항 유무를 확인한다. 예를 들어, 현지체류연장이나 호텔객실의 독실(single room) 사용, 기내특별식 등이다. 이러한 특별요청이나

주문사항이 있는 경우에는 해당사항에 대한 예약상태를 점검해야 한다.

⑤ 설명회 당시와 변경된 사항이 있다면 알린다. 일정이나 호텔 등에 변경이 있는 경우에는 현지에서 불평이 나오지 않도록 출발 전에 변경사유를 설명하고 양해를 구해야 한다.

⑥ 병무신고 해당자는 국외여행허가증명서의 준비여부를 확인한다.

4. 업무인수

1) 판매담당자로부터의 업무인수

판매담당자는 상담 등을 통해 이미 여행객과 여러 차례 접촉했으므로 그들에 대한 정보를 많이 가지고 있다. 그러므로 판매담당자를 통해 다음 사항을 확인한다.

① 까다롭거나, 주의가 요구되거나, 또는 특별한 요구사항이 있는 여행객, 병무신고해당자 등의 내용에 대해 확인한다.

② 최종일정표에 대해 협의한다. 그리고 일정표상에 철도나 선박으로 이동하는 구간이 있다면 해당구간의 철도승차권이나 선박승선권을 인수받는다.

③ 해외여행자보험에 대한 내용을 확인한다. 국외여행표준약관 제19조(보험가입 등)에 여행업자의 보험가입이 의무화되어 있으므로 보험가입액 등의 내용을 파악해 둔다.

④ 지상경비의 지불상황을 확인한다. 서울 연락사무소(land operator)나 온라인을 통한 송금인지 TC가 현지에 직접 지불을 해야 하는 지를 확인한다.

2) 발권담당자로부터의 업무인수

TC는 발권담당자를 통해 항공관련 서류를 건네받도록 한다. 물론 요즘은 전자티켓(e-ticket) 사용이 보편화되고 있으므로 간편하지만 다음 사항은 확인하는 것이 바람직하다.

① 항공권을 인수하면 여행자성명 · 탑승일자 · 항공편명 · 탑승구간 · 좌석예약상태

(reservation status) 등을 확인한다.

② 기내에서 특별 서비스대상자가 있는지 확인한다. 예를 들어 여행객 가운데 신혼여행객이나 환갑을 맞은 여행객이 있다면 발권담당자에게 의뢰하여 기내에서 케이크나 샴페인 · 기념품 등의 특별 서비스를 받을 수 있도록 요청한다.

5. 업무관련 준비물

1) 항공권과 PNR

① 발권담당자로부터 전자항공권을 인수하는 즉시 여행자성명 · 여정 · 탑승일자 · 예약상태 등을 확인한다.

② 여정과 탑승일자도 일정표와 비교한다. 한 도시에 두 개 이상의 공항이 있는 경우에는 도착공항뿐만 아니라 출발공항도 확인해야 한다.

2) 지상비

지상비(land fee)는 글자 그대로 여행목적지의 지상에서 소요되는 제반경비로 숙박비 · 식사비 · 차량비 · 가이드 안내비 · 관광지입장료 등이 포함된다. 일반적으로 여행사는 은행을 통하여 현지 지상수배업자에게 송금하는 방식을 채택하고 있지만, 간혹 TC편에 지상비를 보내는 경우도 있다.

3) 여권 · 비자

여권(passport)은 외국을 여행하고자 하는 국민에게 정부가 여행자의 국적과 신분 등을 증명하고 상대국에게 자국민의 편리도모와 보호를 의뢰하는 증명서이다. 여행객 본인이 소지하고 있는 경우 성명, 생년월일, 유효기간, 여권의 종류 등을 확인해야만 한다.

그리고 비자가 필요한 지역으로의 여행인 경우에는 비자도 인수한다. 개인비자를 신청한 경우에는 개별적으로 비자 유무를 확인하고, 단체비자인 경우에는 담당자로부터 단체비자를 수령하여 여행자이름 · 여권번호 등의 인적사항을 확인한다.

4) 단체여행객명단

단체여행객명단(passenger list)은 단체여행에 참가한 여행자성명(국문과 영문 모두 기록된 것), 주소, 연락처, 여권번호, 여권발급일, 여권유효기간, 주민등록번호, 비자관련내용 등 인솔단체의 인적사항이 기록되어 있는 서류이다.

단체여행객명단은 현지 출입국신고서(E/D card), 세관, 검역신고서 등 여행관련서류 작성 또는 호텔 체크인(중국 · 이태리 등은 단체여행객명단 요구) 등에 유용하게 이용된다. 단체여행객명단을 인수하면 다음과 같은 내용을 확인해야 한다.

(1) 패키지여행(package tour)인지 혹은 포상여행(incentive tour)인지 해당단체의 성격을 확인한다.

(2) 개별 행동자(deviator)[1]의 유 · 무 및 내용을 명확하게 파악한다.

(3) 호텔객실의 독실(single room) 사용이나 기내특별식 요청 등 특별요청 및 주문사항이 있는지 확인한다.

(4) 단체여행객의 신변에 대한 내용도 확인한다. 즉, 인솔한 단체여행객 중에 심신허약자 및 지체부자유자, 어린이 및 고령자, 지병이 있는 자 등을 미리 파악해 둔다. 그리고 외국시민권 또는 영주권 소지자 등도 파악하여 출입국수속에 따른 문제점은 없는지 점검한다.

5) 수배확정서

최종 수배확정서(final confirm sheet)는 해당투어에 대해 의뢰받은 대로 단체행사를 진행하겠다는 여행사와 지상수배업자간의 계약서이다. 여행사의 수배담당자는 지상수배업자(local land operator)에게 각각의 여행요소에 대해 수배를 의뢰하고, 지상수배업자는 요청받은 각 여행요소에 대하여 이용예약을 한 뒤에 이를 서면으로 작성하여 여행사의 수배담당자에게 송부한 것이 바로 최종수배확정서이다.

6) 최종 여행일정표

최종 여행일정표는 진행되는 단체행사에 대한 구체적인 내용이다. 그러므로 공항집결

1) 여행 도중에 개별적으로 행동하거나 또는 현지에서 단체와 합류하는 사람 등을 지칭한다.

시간 및 장소, 항공기 출발 · 도착시간, 투숙호텔의 등급, 호텔명, 제공되는 식사횟수와 메뉴 등의 사항에 대해 항목별로 상세히 검토한다.

7) 수하물표

수하물표는 여행사마다 디자인과 칼라가 상이하므로 이것만 보아도 어느 여행사의 고객인지 한눈에 알 수 있다. 수하물 꼬리표에는 여행사 로고, 전화번호, 주소 등이 인쇄되어 있다.

TC는 수하물꼬리표에 여행자의 고유번호, 여행자성명, 주소 등을 영문으로 기재하여 준비한다.

8) 객실배정표

객실배정표(rooming list)는 단체여행객의 이름이 기재되어 있는 명단으로 숙박시설 투숙시에 각 여행객에게 배정된 객실번호를 기재하기 위한 용도로 이용한다. 일반적으로 영문 및 한글이름, 객실배정번호, 비고 등으로 구성되어 있다.

아울러 객실배정표 하단에 국제전화 거는 방법, 기상 · 식사 · 출발시간 등의 내용을 기록해 두면 현지에서 편리하게 이용할 수 있다.

9) 여행사 안내판

여행사 안내판(signboard)이나 피켓(picket)은 인천국제공항에서 집결시에 유용하게 이용된다. 여행사 안내판은 여행사 로고와 여행사명이 인쇄된 것으로 준비하며, 여행상품명과 여행기간을 구체적으로 명시하는 것이 좋다. 예를 들어 '유럽 7박 8일, 2011년 10월 11일~10월 18일'식이다.

10) 단체행사일지

단체행사일지는 행사진행에 대해 기록하고 평가하는 자료로 여행종류 후에 소속여행사에 보고하는 서식의 일종이다. 여행사마다 자체적으로 만들어 사용하고 있으므로, 양식이나 기록내용 등은 약간씩 상이하다.

11) 비상연락망

비상연락망(emergency network)은 현지행사진행과 관련하여 예기치 못한 상황이 발생할 경우에 연락할 수 있는 연락처를 말한다. 비상연락망에는 한국뿐만 아니라 현지연락처까지 포함되어야 한다.

여행객 명단

번호	성명	영문성명	여권번호	유효기간	비자유효	생년월일	연락처
1	나기자	NA/KI JA	SC0000000	2015.01.01	2012.09.09	1985.01.16	010-4545-7575
2							
3							
4							
5							
6							
7							
8							
9							
10							
11							
12							
13							
14							
15							
16							
17							
18							
19							
20	박성실	PARK/SUNG SIL	SC0000000	2015.01.02	2012.12.12	1980.04.20	T/C

그림 5-1 NAME LIST

ROOMING LIST (OAKWOOD)

NO	ROOM NO.	KOR.NAME	ENG.NAME	REMARK
1		이행복	LEE HAENG BOK	
2				
3				
4				
5				
6				
7				
8				
9				
10				
11				
12				
13				
14				
15				
16				
17				
18				
19				
20				
21		구동회	KOO DONG-HWI	T/C
모닝콜			객실간전화	
아침식사			한국으로전화	
출발시간			가이드연락처	

그림 5-2 ROOMING LIST

12) 철도, 선박티켓

여행일정 중에 철도나 선박으로 이동하는 구간이 있다면 해당구간의 철도승차권이나 선박승선권을 인수받는다. 철도승차권이나 선박승선권을 현지에서 전달받아야 한다면 전달자와 전달시기 · 전달장소 · 요금지불방법 등을 점검한다.

제3절 출 국

1. 인천국제공항 집결

인천국제공항 집결에서는 여행객 도착 전과 여행객 도착 후에 수행해야 할 업무로 나누어지게 된다.

1) 여행객 도착 전 업무

인천국제공항 3층 출국장 여행사 카운터에서 단체가 집합하게 된다. TC는 여행객과의 미팅장소에 도착한 후에 다음 순서로 업무를 진행한다.

(1) 여행사안내판 걸어두기

TC는 공항에 도착한 즉시 고객이 쉽게 집결장소를 확인할 수 있도록 여행사안내판(signboard)이나 피켓(picket)을 걸어 두도록 한다.

(2) 좌석 재배정

일반적으로 단체석은 항공사가 블록배정(block assignment)하며, 주로 항공기의 뒷좌석으로 배정된다. 그러므로 여행객들이 선호하는 좌석만을 배정받기는 어렵다. 이처럼 단체여행객 좌석의 블록배정으로 인해 부부 · 친척 · 친구 · 가족 등 동반자들이 기내에서 서로 떨어져 앉게 되는 경우가 발생한다. 여행객들의 편의를 위해 항공사에서 배정받은 좌석을 재배정해야 할 필요가 있는 것이다.

TOUR NO. SS 0518

싱가폴, 태국 4박6일

인솔자 전미경

2012.5.18-5.23

OO생명 연수단

영국, 프랑스 7박8일

인솔자 김성실

2012.6.4-6.11

그림 5-3 여행사 안내판

(3) 공항 내 이용시설 위치확인

공항종합안내소, 유아휴게실, 약국, 환전소, 화장실, 인터넷 라운지, 휴대폰 대여 · 로밍, 환전소, 은행영업점 등 공항 내 이용시설물의 위치를 확인해 둔다.

(4) 짐수레 준비 및 대기

집결장소로 돌아 온 다음에는 수하물운반을 위한 짐수레(cart)를 준비해 둔다. 그리고 짐수레 위에 여행사 사인보드(signboard)나 피켓(picket)을 올려놓으면 여행객이 찾기가 훨씬 수월하다.

2) 여행객 도착 후 업무

대부분 출국당일에 처음으로 인솔자와 단체여행객이 대면하게 된다. 그러므로 여행객에게 인솔자가 친절하고 업무를 잘 처리하는 믿음직한 사람이라는 인상을 심어주는 것이 필요하다. TC는 여행객이 도착하면 명쾌한 말투와 당당한 태도로 인사를 건넨다.

(1) 여권회수 및 위탁수하물 확인

TC는 여행객이 도착하면 성명을 확인하여 고객명단과 대조하고, 여권을 회수한다. 이때 여권의 영문성명과 유효기간을 다시 한 번 확인한다.

여권회수와 더불어 위탁수하물(checked baggage)도 확인한다. 이때 여행사의 수하물 꼬리표(baggage tag)를 배포하여 자신의 위탁수하물에 부착하도록 요청한다.

(2) 마일리지제도 안내

마일리지제도(mileage system)에 대해 고객들에게 안내하고 마일리지가 입력이 안된 경우는 탑승수속시 입력하며, 마일리지회원이 아닌 경우 즉시 회원카드를 발급하도록 안내한다.

(3) 병무신고

병역의무자가 국외를 여행하고자 할 때는 병무청에서 국외여행허가를 받아야 한다. 그리고 출국심사에서 여권과 국외여행허가증명서를 함께 제출하여야 한다.

2. 탑승수속

모든 여행객의 집결이 완료되면 TC는 탑승수속을 위해 위탁수하물의 총개수를 확인하고 해당항공사의 탑승수속 카운터로 옮긴다.

1) 탑승권 인수

단체여행의 경우에는 일반적으로 일반석을 이용하므로 일반석 카운터에서 탑승수속을 진행한다. 물론 단체전용 카운터(group check-in counter)를 별도로 운영하는 항공사라면 이 카운터를 이용한다.

2) 수하물 위탁

항공사직원이 위탁수하물에 항공편명과 목적지가 표시된 항공사 수하물꼬리표(airline baggage tag)를 부착하면, TC는 위탁수하물에 부착된 수하물꼬리표에 표기되어 있는 항공편명과 목적지가 맞는지를 확인한다. 그리고 모든 수하물에 항공사 수하물꼬리표가 제대로 부착되었는지 확인한다.

최종목적지까지 직항이 아니라 중간에 항공기를 갈아타야 하는 경우(transfer)에는 반드시 수하물을 최종목적지까지 보내는 연결수속(through check in)을 한다.

3) 출국수속에 필요한 서류

탑승권 인수와 수하물 위탁 등의 탑승수속이 끝나면 각 여행객의 여권 속에 탑승권 등 출국수속에 필요한 서류를 준비한다. 이때 여권과 탑승권은 여행객 성명과 일치하는지 확인한다.

4) 출국 전 안내

탑승수속이 끝난 뒤 여권과 탑승권을 교부하면서 여권과 탑승권의 용도와 출국장 상황, 탑승 전 만나는 시간과 탑승구에 대해 간단하게 설명한다.

5) 노쇼 처리

노쇼(no-show)란 예약을 해 놓고 출국당일 공항에 나타나지 않는 것을 말한다. 교통체증으로 인해 도착이 늦거나 집결장소를 찾지 못했거나, 급한 일이 생겼다거나 갑자기 몸이 아프게 되었다는 사유가 대부분이다. 이런 경우 TC는 본사에 상황을 보고하고 사후처리를 할 수 있도록 조치한다.

3. 출국절차

1) 세관신고

입국시 재반입할 고가품이나 미화 1만 달러 이상 등을 소지하고 출국하는 경우에는 '여행자 휴대물품반출신고(확인)서'에 품목 · 물품고유번호 · 모델 등을 기재한 후 반출 · 휴대해야 한다(① 해외여행시에 사용하고 귀국시에 재반입할 고가품(통상적으로 미화 400달러 이상)을 초과하는 캠코더, 노트북, 보석류, 시계 등 ② 미화 1만 달러 상당액을 초과하는 해외여행경비(우리나라 화폐 포함)).

2) 보안검색

세관에 신고할 내역이 없는 여행객 또는 세관신고가 끝난 여행객은 검색요원의 안내에 따라 보안검색대에서 보안검색을 받는다. 보안검색은 각종 범죄로부터 여행객의 안전을 도모하기 위해 실시한다.

3) 출국심사

TC는 단체여행객의 선두에서 출국심사를 받는다. 출국심사는 출국심사관이 출국자들을 대상으로 이들이 제출한 서류를 검토하여 출국에 대한 신분확인 및 자격심사를 하는 것이다. 출국심사의 내용으로는 여권소지자의 본인여부 확인, 여권유효기간, 비자확인(비자가 필요한 국가로의 여행인 경우에만 해당), 범죄자명단(black list)의 대조확인 등이다.

4) 출국 라운지 대기

'CIQ'에 대한 수속이 끝나고 출국심사대를 통과하면 면세점(duty free shop)과 탑승구(boarding gate)가 위치하고 있는 출국 라운지(departure lounge)가 나타난다. 이곳을 보세구역(bonded area)이라 한다.

(1) 면세물품의 인도

시내면세점에서 구입한 면세물품을 인도받아야 하는 여행객이 있다면 보세구역의 면세품인도장의 위치를 알려 준다.

(2) 면세물품의 구입

자유시간에 면세구역에서 필요한 면세품을 구입할 수 있도록 안내하며 이때 방문국의 기준을 초과하는 과도한 쇼핑은 자제하도록 권유한다.

5) 탑승

탑승(boarding)은 승객이 항공기에 타는 것을 말한다. 간혹 공항사정으로 탑승구가 변경되는 경우도 있기 때문에 TC는 미리 해당탑승구에 도착하여 전광판을 통해 항공편명과 목적지 등을 확인한다. 탑승구가 변경된 경우에는 안내방송과 TV 모니터로 변경사항을 공지하므로 변경된 탑승구로 이동하여 대기한다.

항공기 탑승순서는 다음과 같다.

① 중환자승객 : 의사 또는 간호사가 동행해야 함(단, 진단서를 첨부한 경우에는 성인 보호자 동행조건으로 탑승가능).
② 휠체어 승객이나 보호자 없는 유 · 소아
③ 노약자 · 장애인 · 유아 및 어린이 동반승객
④ VIP · 일등석(first class) · 비즈니스석(business class) 승객
⑤ 일반석(economy class) 승객 : 일반적으로 뒷좌석번호 소지자부터 탑승

TC는 인솔할 단체여행객이 전부 탑승했는지 확인한다. 만약 미탑승자가 있는 경우에

는 항공사직원에게 통보하고, 공항 내 안내방송을 요청한다.

제4절 기내시설과 업무

기내는 항공사 승무원의 서비스영역이므로 이들이 서비스하도록 한다. 기내에서 TC가 지나치게 나서는 것은 그다지 바람직하지 않다.

1. 기내 편의시설

기내 편의시설은 여객의 편의를 위해 이용할 수 있는 것이다. 이 부분은 좌석, 좌석에 부착된 기내 편의시설 조절장치, 기내에서 사용가능한 물품, 기내 화장실 등으로 구분된다.

1) 좌석

기내에 입장하면 먼저 본인의 좌석을 찾아 착석한다. 좌석번호는 보통 1부터 70사이의 숫자와 A부터 K까지의 영문 알파벳 대문자로 구성된다. 예를 들어 좌석번호가 34K라면 34열의 K석을 찾아서 착석한다.

기내 선반 안에는 담요와 베개 등이 비치되어 있으므로 필요한 경우에 사용한다. 착석 후에는 이륙을 위해 안전벨트(safety belt)를 착용한다.

2) 좌석 내 편의시설 장치

좌석의 팔걸이 옆 부분에는 기내편의시설 조절장치(passenger control unit)가 있다. 항공기종별로 다소 차이가 있으나 대체적인 공통사항은 다음과 같다.

(1) 승무원 호출 버튼(cabin attendant call button) : 누르면 머리 위의 선반에 램프가 켜지면서 승무원을 호출하게 된다.

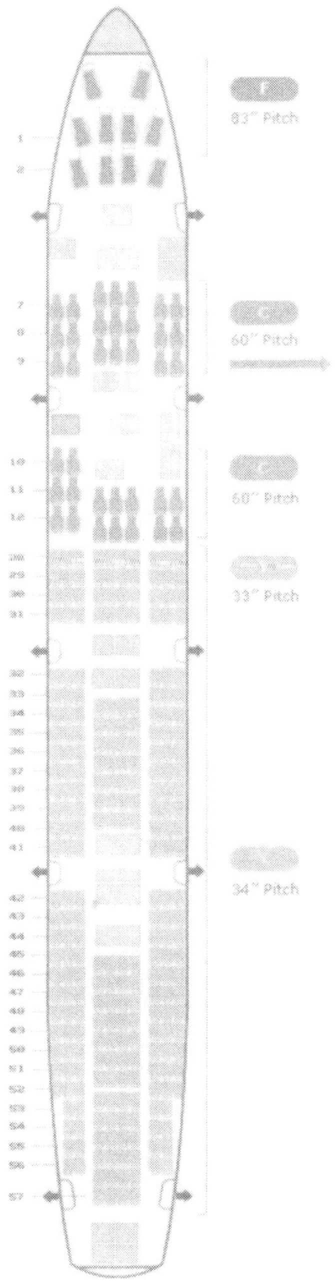

클래스	좌석수
Kosmo Sleeper Seat (일등석)	10
Prestige Plus Seat (프레스티지석)	61
일반석	262
합계	333
갤러리	
화장실	
비상구	

2층

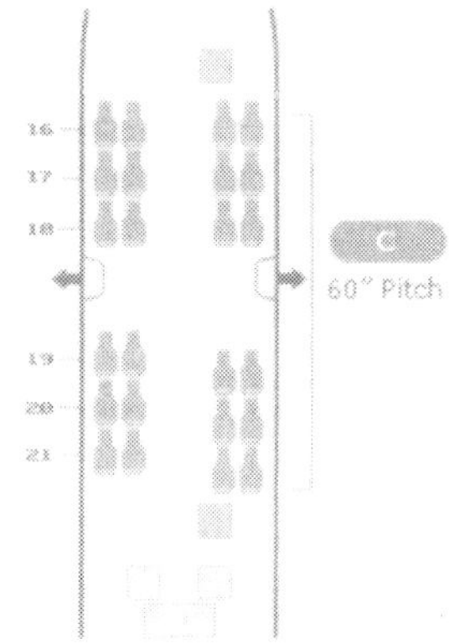

http://kr.koreanair.com

그림 5-6 기내 좌석배치도(B747-400)

(2) 음량조절 버튼(volume control button) : 기내 방송, 각종 음악방송, 영화방송의 음량을 조절할 수 있는 버튼이다.
(3) 채널조절 버튼(channel control button) : 기내 방송, 각종 음악방송, 영화방송의 채널을 조절할 수 있는 버튼이다.
(4) 독서등 버튼(reading light button) : 기내 전등은 이륙 후에 영화가 시작되거나 승객의 편안한 휴식을 위해 꺼두게 되는데, 독서나 기타 개인적인 일을 위해 독서등은 켤 수 있는 버튼이다.
(5) 헤드셋 잭(headset jack) : 헤드폰을 꼽을 수 있는 곳이다.

3) 기내 화장실

기내 화장실(lavatories)은 남녀공용으로 이용한다. 그러므로 이용시에 승객 개개인의 주의가 필요하다. 화장실 사용시에는 다음과 같은 점에 주의한다.

(1) 화장실 문은 반드시 잠그도록 한다.
(2) 기내 화장실 내에서의 흡연은 절대금지이다.
(3) 청결하게 사용하여야 한다.

2. 기내 서비스

기내 서비스(in-flight service)는 비행 중 승객에게 항공사에서 제공하는 각종 편의 서비스이다.

일반적으로 장거리노선에서는 '헤드셋(headset) 지급 → 물수건 → 간단한 안주 및 음료 서비스 → 식사 서비스 → 면세품 판매 → 영화상영'의 순서로 제공된다.

1) 식사 서비스

기내 식사 서비스는 다양한 메뉴를 즐길 수 있는 여행의 또 다른 즐거움이고 경험이다.

식사가 제공되는 시간에는 본인의 좌석을 앞으로 당겨 뒷사람에게 편함을 주지 않는 등 매너를 지켜야 한다는 것과 종교 및 건강에 따른 특별식도 출발 2일 전까지 주문할 수 있다는 정보도 제공하여야 한다.

2) 음료 서비스

기내에서 제공하는 음료는 무알코올 음료나 알코올 음료 모두 무료로 제공된다는 것을 여행객들에게 알려주고 알코올 음료같은 경우 기내에서 과음을 하면 안되는 이유도 설명하여야 한다.

3) 기타 서비스

기내에서 제공되는 영화감상, 음악감상, 에어쇼, 기내도서관, 면세품판매 등 다양한 서비스에 대해서도 여행객들에게 정보를 제공하는 것이 바람직하다.

그림 5-4 기내서비스 순서

3. 기내 업무

1) 여행객과 관계 형성

기내업무 가운데 하나는 여행객과의 친밀감 형성이라고 할 수 있다. 그러므로 앞으로 여행하게 될 관광지정보와 고객질문에 대한 응대 등을 통해 유대감과 친분을 쌓아 놓는 것이 좋다.

자신의 이름을 기억해 주면 누구나 좋아하므로, TC는 고객명단에 적혀 있는 좌석배치도를 참고하여 단체여행객의 이름을 외우도록 한다. 여행객의 성명과 간단한 인적사항을 알아두면 향후 단체행사를 보다 즐겁게 진행할 수 있는 바탕이 된다.

2) 입국서류작성

입국수속에 필요한 서류는 여권 및 비자(해당국가), 귀국항공권(캐나다 · 괌 · 사이판 · 영국 등 일부국가), 검역신고서(해당국가), 도착국 출입국신고서, 세관신고서 등이다. 입국수속에 필요한 서류를 작성한 다음에는 이를 여행객에게 배포하여 여권 속에 끼워 놓도록 한다. 특히 입국시에 귀국항공권을 제시해야 하는 국가인 경우에는 여권, 입국신고서, 세관신고서와 함께 항공권(전자항공권)을 교부하고, 입국심사가 끝난 후 곧바로 수거하도록 한다.

제5절 현지입국

현지입국업무는 경유지나 최종목적지냐에 따라 달라진다. 즉 최종목적지인 경우에는 입국수속만 하지만, 경유지인 경우에는 일단 항공기에서 내려 다른 항공편 탑승수속을 하고 도착지에서 입국수속을 해야 하는 등 업무가 많아 TC의 주의가 요구된다.

1. 경유의 종류

최종목적지까지 직항이 아닌 항공편을 이용할 경우에는 흔히 말하는 환승절차를 거치게 된다. 통틀어 표현해 환승이라고 한다.

1) Transit

급유, 승객의 탑승과 하기, 항공기 점검, 승무원 교체 등의 목적으로 최종목적지 이외의 장소에서 잠시 착륙하는 것을 경유(transit)라고 한다. 경유는 출발지에서 탑승했던 동일한 항공기에 재탑승하게 되며, 대부분 동일한 좌석에 앉는다.

2) Transfer

경유는 출발지에서와 동일한 항공기에 재탑승하는 것이지만, 갈아타기(transfer)는 경유지에서 아예 다른 항공기로 바꿔 타는 것이다.

TC는 항공기가 경유지에 도착하면 항공기출구에 일행보다 미리 나와서 일행을 집결시킨다. 이때 선반 안이나 의자 아래에 보관한 휴대수하물을 모두 가지고 내렸는지 확인한다. 항공기 밖으로 나갈 때는 'Transfer'라고 적혀진 출구로 나가야 하며, 'Arrival' 방향으로 나가지 않도록 주의한다.

3) Stopover

경유지에서 환승(transfer)하는 시간이 길어 한 도시에서 24시간을 넘기는 경우를 스톱오버(stopover)라고 한다. 이러한 경우에 일반적으로 여행객은 항공사로부터 STPC (Stopover On Company's Account) 서비스를 제공받는다. 즉 승객이 동일 항공사의 항공편을 이용하여 어느 지점을 경유함에 있어서 당일로 항공편이 연결되지 않을 경우, 연결편 항공기에 탑승할 때까지 숙식과 교통편 등 제반 편의를 해당항공사로부터 무상으로 제공받는 제도이다.

STPC로 여행하는 경우에는 여행 출발 전에 담당자로부터 해당항공사에서 지원받는 서비스내용을 정확하게 파악해 두고, 서비스내용에 대한 바우처(voucher)를 소지해야 한다. PNR에 이러한 서비스내용이 기재되므로, 미리 확인한다.

4) 무사증 통과상륙

무사증 통과상륙은 경유국가로부터 정식 비자를 발급받지 않더라도 규정에 맞는 조건을 갖추고 있으면 입국하여 단기체류할 수 있는 제도이다. 즉 경유지를 거쳐 제3국으로 여행하는 승객에게 제한적으로 허가되며, 이를 TWOV(Transfer With Out Visa)라고 부른다. TWOV가 허용되는 조건은 다음과 같다.

(1) 제3국으로 계속 여행할 수 있는 예약이 확약된 항공권을 소지해야 한다. 이때 이용되는 항공권은 환불 · 체류기간 · 체류자격변경을 할 수 없도록 되어 있다.
(2) 제3국으로 계속 여행할 수 있는 유효한 여행서류를 구비해야 한다.
(3) 입국목적이 단순통과 또는 관광이어야 한다.
(4) 우리나라와 외교관계가 수립되어 있어야 한다.

2. 목적지 도착

목적지에 도착하면 TC는 여행객들이 편안하고 안전하게 입국수속부터 가이드 미팅까지 할 수 있도록 최선을 다해야 한다.

1) 공항도착

(1) 항공기출구 앞 집결

항공기가 최종목적지에 도착하면 TC는 항공기출구 앞에서 여행객을 집결시킨다. 그리고 면세점에서 구입한 물건이나 휴대수하물 등 기내에 빠뜨리고 온 물건이 있는지 확인한다.

(2) 입국절차 설명

여행객이 모두 집결하게 되면 간단하게 입국절차를 설명한다. 입국수속은 '검역(quarantine) → 입국심사(immigration) → 위탁수하물 수취(baggage collection) → 세관통관(customs)'의 순서로 진행되는 것이 일반적이다.

2) 입국절차

(1) 검역

입국안내표시를 따라가면 제일 먼저 검역신고대가 나온다. 검역은 필요한 예방접종증명서나 검역신고서를 제출하는 극히 간단한 절차이다.

(2) 입국심사

입국심사는 입국자가 제출하는 서류를 통해 그들의 신분확인 및 자격심사가 이루어진다. 입국심사는 어느 공항이나 대개 자국민과 외국인심사대가 따로 마련되어 있으므로 외국인심사대에서 심사를 받는다. 입국심사에는 시간이 많이 소요되므로 순서를 기다리는 동안 TC는 여행객의 여권, 귀국항공권(필요한 경우), 입국신고서, 세관신고서 등을 다시 한 번 확인한다.

3) 수하물 수취

입국심사를 마치면 인천국제공항 출국시 항공사에 위탁한 수하물을 수취해야 한다. 입국심사 후에 'Baggage Claim'이라고 써진 안내표지를 따라가면 수하물수취장이 나온다. 국제공항에서는 수하물회수대가 여럿 있으므로 모니터에서 항공편명과 컨베이어벨트(conveyor belt) 번호를 확인해야 한다. 컨베이어벨트 번호확인 후에 해당번호로 이동하여 수하물을 수취한다.

위탁수하물을 수취한 다음에는 여행객을 한 곳에 집결하도록 하고, 이때 분실이나 파손된 수하물이 있는지 확인한다. 분실이나 파손이 있는 경우에는 유실물 신고소(lost & found baggage center)에 신고한다.

4) 세관통관

(1) 세관검사

일행 모두가 위탁수하물을 수취한 것을 확인한 다음에는 세관검사대로 행한다. TC는 가장 선두에서 통관절차를 밟는다. 일반적으로 단체관광은 세관통관에 대한 수속이 매우 간단한 편이다.

(2) 세관예치

세관예치(bond)란 여행자가 입국시에 휴대반입한 물품이지만 통관할 의사가 없는 물품으로, 세관에 신고하고 일시적으로 보관하였다가 출국할 때 찾아가는 제도이다. 그러므로 면세허용한도를 넘는 물건, 현지체류 중 불필요한 물건, 반입금지품 등은 세관예치(bond)제도를 이용하면 편리하다.

5) 현지가이드 미팅

(1) 현지가이드와 현지여행업자 미팅

세관통관을 마치면 입국장출구로 이동한다. 이때 단체여행객 출구와 개인여행객출구로 구분되어 있는 국가가 있으므로 이러한 경우에는 반드시 단체여행객 출구로 나가도록 한다. 단체여행객 출구는 'Group'으로 표시되어 있다.

입국장출구를 나오면 입국대기구역(arrival waiting area)이다. 여기에서 보통 현지가이드가 여행사이름이 적힌 안내판(signboard)을 들고 대기하고 있으므로 쉽게 찾을 수 있다.

(2) 수하물탑재

일행이 집결하면 승차할 버스로 이동한다. 그리고 수하물을 버스의 수하물 칸에 탑재한다. 그러나 여권이나 지갑 등 귀중품이 들어 있는 손가방은 항상 본인이 휴대하는 것이 안전하다는 것을 안내해야 한다.

(3) 현지가이드 및 버스기사 소개

여행객 전원이 버스에 승차했는지 인원점검을 하고 그리고 마이크를 들고 인사를 한다. 버스에 승차한 다음에 아무 말 없이 현지가이드에게 행사진행 전부를 맡기고 맨 뒷좌석에 앉아 있는 TC가 있는데, 이는 결코 바람직하지 않다. TC가 먼저 마이크를 잡고 여권 · 귀중품 보관요령 및 간단한 전달사항 등을 이야기한 다음에 현지가이드와 버스기사를 정식으로 소개하고, 마이크를 넘기는 것이 바람직하다.

제6절 호텔투숙

호텔에 도착하면 다음날 동일한 버스를 이용하여 투어를 하더라도 일단 모든 소지품을 가지고 하차하도록 한다. 그리고 TC는 좌석 밑이나 선반 등을 확인하면서 혹시 빠뜨린 짐이 있는지 점검한다.

버스에서 하차한 다음에는 벨 캡틴(bell captain)이나 벨맨(bellman)을 불러 수하물의 운반을 의뢰한다. 그러나 벨맨이 없는 호텔은 버스기사의 도움을 받아 여행객 각자가 자신의 수하물을 운반해야 한다.

1. 체크인(check-in)

1) 프런트 데스크 업무

(1) 객실배정

단체여행객은 로비(lobby)로 인도하여 대기하도록 하고, TC는 프런트 데스크에 투어번호나 바우처(voucher) 등을 제시하여 객실을 배정받는다.

객실배정 원칙은 다음과 같다.

① 객실배정은 항공기에서의 좌석배정과 마찬가지로 공평하게 한다.
② 단체는 같은 층에 투숙하는 것이 바람직하다.
③ 호텔측으로부터 배정받은 객실 타입을 파악하여 여행객의 구성에 맞게 배정한다.
④ 간혹 호텔측에서 TC에게 여행객보다 좋은 객실을 제공하는 경우 노부부, 신혼부부 등에게 양보한다.

객실배정 후 프런트 직원에게 기상전화(wake-up call)를 예약하고 일정동안 제공되는 아침식사를 예약하며 식당위치를 파악한다.

객실배정, 기상시간, 식사시간을 포함한 수하물수거(baggage down), 호텔출발시간(departure time), 국제전화(international call)와 시내통화(local call) 방법, 객실간 전화(room to room)거는 법, 이용가능한 부대시설, 유료방송(pay-TV) 등에 관한 안내와 정보도 객실배정표에 기재하여 여행객들에게 배부하는 것이 바람직하다. 그리고 프런트 직원에게 수령한 객실열쇠도 배부하며 열쇠의 사용방법 등을 상세히 설명하여 여행객이 불편함이 없도록 해야 한다.

그 외에서 호텔에서의 팁이나 미니바 사용, 유료방송채널의 사용 등에 대해 안내하여 여행객들의 불이익을 최소화 하는 것이 좋다.

이런 과정에서 TC는 고객들에게 공손한 자세로 안내해야 한다. 요즘은 여행경험이 많은 고객이 대부분이므로 지나친 안내는 도리어 고객에게 불쾌감을 줄 수도 있다.

2) 수하물 전달확인 및 객실점검

(1) 수하물 전달확인

TC는 객실배정표 한 부를 벨맨(bellman)에게 주고 수하물배달을 요청한다. 이때 포터에게 수하물꼬리표에 적혀진 여행객 고유번호(객실배정표의 일련번호)와 객실배정표를 대조하면서 식별요령을 알려 주면 수하물을 보다 신속하게 배달할 수 있다.

일행 가운데 본인이 수하물을 가지고 올라가기를 희망하는 여행객은 직접 운반하도록 한다. 또한 수하물배달에 많은 시간이 소요되거나 분실우려가 있는 경우에는 다소 불편하더라도 여행객이 본인의 수하물을 운반하도록 당부한다.

(2) 객실점검

수하물 도착확인과 함께 객실상태도 점검한다. 전화를 이용해 확인하는 것도 가능하지만, 직접 객실을 돌며 확인하는 것이 바람직하다.

3) 현지가이드와 업무협의

객실점검과 수하물 배달확인이 끝나면 현지가이드와 다음 내용을 협의한다.

(1) 지상비 전달

TC가 지상비(land fee)를 직접 수령해 온 경우에는 지상비를 전달하고 반드시 영수증을 받는다. 영수증에는 금액, 수령일자, 수령인 등이 제대로 명시되어 있는지 확인한다.

(2) 필요서류 수령

현지가이드나 지상수배업자로부터 인수해야 될 열차승차권이나 선박승선권, 국내선 항공권, 관광지 입장권 등이 있는 경우에는 출발지 · 목적지 · 날짜 · 시간 · 매수 등을 확인한 후에 수령한다.

(3) 일정에 관한 협의

① 구체적인 시내관광일정을 협의

② 식사메뉴 협의 : 식사메뉴는 최종확정서에 명시되어 있으므로 TC에게 선택권이 없는 경우가 대부분이다. 그러나 이때도 최종확정서에는 한식 · 현지식 · 중국식 정도로만 언급이 되므로, 구체적인 메뉴를 미리 알아 둘 필요가 있다.

③ 선택관광(optional tour)과 쇼핑에 대해 협의 : 선택관광은 종류, 1인당 요금, 알선수수료, 최저행사인원, 실시시간 등을 알아둔다. 과다한 쇼핑의 요구나 고객에게 무리한 선택관광 진행이 되지 않도록 협의해야 한다.

2. 체크아웃

체크아웃(check-out)은 객실열쇠의 반납과 함께 제반 사용경비의 지불을 의미한다. 여기에서 말하는 제반 사용경비란 미니바 · 유료TV 시청료, 룸 서비스를 포함한 부대시설의 이용료 등을 의미하며, 일반적으로 객실료는 지상수배업자가 지불하게 된다.

1) 수하물 수거

수하물 수거(baggage down)는 벨맨을 이용하는 방법과 여행객 본인이 직접 운반하는 두 가지의 방법이 있다. 벨맨을 이용할 경우에는 원활한 수하물 수거를 위해서 체크아웃 전날 프런트 데스크에 수거시간을 알려 주도록 한다.

2) 체크아웃

TC는 체크아웃 담당직원에게 객실열쇠(room key)와 객실배정표(rooming list)를 제시하고, 단체로 체크아웃을 한다. 일행 가운데 룸 서비스와 유료TV 및 전화료 등 지불내

용이 있다면 청구서를 받아서 당사자에게 확인시키고 지불하는 것을 돕는다.

3) 체크아웃 후의 점검사항

TC는 배정받은 전체객실에 대한 체크아웃이 종료되었는지를 확인한 후에 다음 사항을 점검한다.

① 여행객에게 본인의 수하물이 버스에 탑재되었는가를 확인한 후에 승차하도록 하고, TC는 수하물의 총개수를 다시 한 번 확인한다. 이때 수하물꼬리표가 없는 수하물이 있다면 여분의 수하물꼬리표를 다시 부착하도록 한다.
② 객실에 두고 온 물건이 없는지 확인한다. 여행객 가운데 안전금고에 귀중품을 보관한 채 깜빡 잊어버리거나, 베개 밑에 지갑이나 귀중품을 두고 오는 경우도 있기 때문이다.
③ 객실열쇠를 프런트 데스크에 모두 반납했는지 확인한다. 전자식 카드로 된 객실열쇠는 기념으로 가져가도 무방하지만, 일부 호텔에서는 회수를 요청하기도 한다.
④ 본인의 여권을 잘 소지하고 있는지 확인한다.

제7절 현지관광업무

전체일정 가운데 TC의 역할이 가장 큰 비중을 차지하는 것이 바로 현지관광이다. 현지관광을 어떻게 진행하느냐에 따라 단체여행객의 만족도가 결정되기 때문이다.

1. 정규관광

1) 시내관광

시내관광을 위해 버스에 승차한 후에는 먼저 버스 앞쪽과 뒤쪽에 여행사안내판(signboard)을 붙여놓는다. 이렇게 해두면 비슷비슷한 차량들 속에서 단체여행객이 탑승할 차량의 식별이 용이하다.

(1) 현지관광과 관련된 정보제공

TC는 방문하는 장소와 목적에 따라 필요한 준비물과 복장 등에 관한 정보를 제공해야 한다. 예를 들어 종교적인 이유로 짧은 반바지, 민소매, 슬리퍼 착용자에 대한 입장제한이 있는 지역을 방문하는 경우에는 사전에 이러한 복장을 하지 않도록 안내한다. 그리고 걷는 코스가 많은 날에는 발에 무리가 없도록 운동화나 편한 신발을 신도록 한다.

(2) 인원점검

TC는 인원점검을 게을리 해서는 안된다. 버스에서 하차하여 이동시에는 현지가이드가 앞장서게 하고, TC는 맨 뒤에서 인원파악 및 통제를 하도록 한다. 상황에 따라서 대열의 앞뒤로 이동하면서 선두와 맨 마지막 여행객이 서로 분리되지 않고 보조를 맞추도록 해야 한다. 특히 혼잡한 박물관이나 길거리를 이동시에는 일행에서 이탈하거나 뒤처지는 사람이 있으므로 각별히 주의해서 살핀다.

(3) 일정관리

시내관광은 교통혼잡 등으로 예상보다 더 많은 시간이 소요되게 마련이다. 게다가 일행 중 한 사람이 늦기라도 하면 전체일ㅈ어에 차질이 생기게 마련이므로 해산 전에 반드시 집결장소와 시간을 주지시키고, 일행에게 시간엄수의 중요성을 인식시킨다. 그리고 항상 약속된 시각보다 늦는 지각생은 다른 여행객에게 피해를 끼치게 되므로 당사자의 기분이 상하지 않는 범위 내에서 주의를 주도록 한다.

그리고 현지일정 진행시에 일정표에 명시된 관광지는 반드시 방문하도록 한다.

(4) 사진촬영

여행객은 기념촬영을 많이 하므로 사진촬영에 충분한 시간을 할애하도록 한다. 관광지에 대한 현지가이드의 설명이 끝나면, TC는 사진촬영하기에 좋은 장소를 추천하거나, 일행의 기념촬영을 도와주는 것이 좋다.

(5) 공평한 좌석관리

일반적으로 버스를 타고 시내관광을 하므로 버스 내에서의 좌석배치에도 관심을 기울여야 한다. 특정여행객만 앞좌석을 차지하는 경우에는 다른 여행객들이 불평을 제기할 수가 있다.

(6) 다음날의 일정점검

하루의 일정이 끝나면 호텔로 돌아와 다음날의 일정을 점검한다. 즉 호텔측에는 기상 전화나 조식시간 등을 확인하고, 현지가이드와는 다음날의 일정에 대해 의논한다.

(7) 단체행사일지 작성

그날의 일정 · 식사 · 버스 · 호텔 등에 대한 평가와 더불어 현지가이드와 버스기사의 서비스 정도를 평가하여 단체행사일지를 작성한다. 이때 일정진행상 문제점이나 개선사항이 있으면 기록해 둔다.

2) 코치 투어

코치 투어(coach tour)는 장거리 버스여행을 말한다. 코치 투어는 따분하고 지루하다고 생각할 수도 있지만, 차창 밖으로 펼쳐지는 풍경을 통해 그 지방의 정취를 느낄 수 있는 좋은 장점이 있다. 코치 투어는 현지가이드가 동행하는 경우와 동행하지 않는 두 가지 유형이 있다. 현지가이드가 동행하는 경우는 대부분 현지가이드가 업무를 진행하므로 별다른 어려움은 없다.

하지만 현지가이드가 동행하지 않는 경우는 TC가 현지가이드의 역할을 하여 관광지에 관한 설명은 물론 여행 중 여행객들에게 해외여행에 관한 지식 등도 전달하며 일정이 지루하지 않도록 연출하는 것이 중요하다.

또한 코치 투어인 경우 국경통과의 경우가 있으므로 TC가 직접 이 부분의 업무도 수행하여야 한다.

TC는 이런 업무를 수행함으로써 고객들에게 능력을 인정받고 신뢰받는 절호의 기회가 될 수 있다.

3) 철도관광

패키지 투어에서 철도로 이동하는 일정은 영국↔프랑스 구간의 유로스타(Euro-star),

프랑스의 떼제베(TGV : Train Grande Vitesse), 스페인의 아베(AVE : Alta Velocidad Espanola), 독일의 이체(ICE : Inter City Express) 등을 이용한다. 간혹 중국관광시에 일부 구간에서도 이용하지만, 주로 유럽에서 이용하므로 TC는 유럽 기차여행에 대해 숙지해야 한다.

4) Cruise 관광

선박여행은 국가간 이동(영국↔유럽대륙, 이탈리아↔그리스, 핀란드↔스웨덴, 싱가포르↔인도네시아, 홍콩↔마카오, 한국↔일본)과 국내이동(독일의 라인강, 스위스의 호수 증기선, 프랑스 파리의 세느강, 중국 항주나 계림의 유람선 등)으로 구분할 수 있다. 국내이동은 업무진행에 별다른 어려움이 없으므로 국가간 이동이 중요하다.

2. 선택관광과 쇼핑

1) 선택관광 권유시 주의사항

현지관광 중에 일행이 즐길 만한 적절한 선택관광을 권유하는 것도 TC의 임무이다. 그러나 선택관광 권유시에는 다음과 같은 사항에 주의해야 한다.

(1) 선택관광을 너무 강요하는 인상을 주지 않아야 한다.

(2) 선택관광은 주로 야간에 이루어지므로 다음날의 일정에 지장이 없도록 한다.

(3) 현지에는 여러 가지 종류의 선택관광이 있는데, 기급적 일행이 동일한 선택관광에 참여하도록 한다.

(4) 선택관광은 그 지역의 특색을 나타내는 것을 권유한다. 예를 들어 파리의 리도쇼(Lido Show)나 물랑루즈(Moulin Rouge)쇼, 스페인의 플라멩고(Flamingo), 태국 파타야의 알카자쇼(Alcazar Show), 뉴욕의 뮤지컬(musical) 등이다.

(5) 선택관광에 소요되는 비용은 개인이 부담하는 것이 원칙이므로 세심하고 면밀한 서비스가 이루어지도록 한다. 그리고 선택관광요금에는 관광 자체의 비용 이외에 TC · 현지가이드 · 운전기사의 시간외 근무수당과 비용 등이 포함된다는 것을 솔직하게 말해주는 것이 낫다.

3. 쇼 핑

1) 쇼핑안내시 주의사항

(1) 쇼핑안내 원칙

TC는 다음과 같은 사항에 유의하여 쇼핑을 안내하도록 한다.

① 그 지역의 특산품이나 해외여행을 기념할 만한 물품 또는 우리나라와 가격차이가 현저한 상품 등을 소개하여 여행객이 즐거운 마음으로 구입하도록 한다.

② 현지에서의 쇼핑횟수, 장소, 시간, 쇼핑품목 등에 대해 미리 현지가이드와 상의하여 결정한다. 쇼핑횟수는 하루 한 번이 적당하며, 최대 두 번 이상은 삼간다.

(2) 물품 구입시 주의사항

여행객에게는 쇼핑과 관련하여 다음과 같은 정보를 주는 것이 좋다.

① 노상이나 호텔 주위에서 호객행위를 하는 상인들이 판매하는 물품은 가급적 구입을 삼가도록 한다.

② 물품 구입시에 값을 반드시 원화로 환산해 보도록 한다.

③ 물품구매영수증을 잘 보관하도록 한다. 영수증은 구입한 물품에 하자가 발생했을 경우에 증거서류로 이용되기 때문이다.

④ 과다한 쇼핑을 자제하도록 한다.

4. 식 사

1) 좌석확인

호텔에서 아침식사를 하는 경우에 TC는 예약시간보다 조금 일찍 식당에 도착하도록 한다. 그리고 지배인에게 예약시간, 인원, 테이블, 메뉴 등을 확인한다.

중식이나 석식인 경우에는 현지가이드가 동행하므로 일임하는 것이 좋다.

2) 메뉴 파악

식사메뉴는 일정표에 '조식은 호텔식, 중식은 현지식, 석식은 한식'하는 식으로 명시되어 있다. 그러나 이보다는 상세하게 파악해 두는 것이 좋다. 즉 호텔식으로 명시된 조식이 대륙식 조식(continental breakfast)인지, 미국식 뷔페(american breakfast)인지 확인하도록 한다.

일반적으로 중식은 현지식(local meal)이며, 석식은 한식을 준비하는 것이 효과적이다.

3) 음료주문

여행경비에는 식사만 포함되고, 음료는 불포함이므로 음료는 개인적으로 주문하도록 한다. 그리고 미주와 아시아 등 대부분의 국가에서는 식사에 물이 무료로 제공되지만, 유럽 등지에서는 생수가 유료이므로 별도로 주문해야 한다. 이러한 경우에는 단체로 일괄해서 주문하는 것이 좋다.

제8절 귀국업무

1. 현지 출국 전 점검사항

1) 귀국항공편 재확인

현지에서의 체재가 72시간 이상인 경우에는 항공편 예약재확인(reconfirmation)을 한다. 이때 항공사의 수신자부담전화(toll free phone number)를 이용하면 편리하다. 언어소통에 자신이 없는 경우에는 현지가이드나 지상수배업자의 도움을 받도록 한다. 그러나 항공편 예약재확인은 현지가이드나 지상수배업자에게 미루지 말고 가급적 TC가 직접하는 것이 바람직하다.

2) 수하물정리

귀국 전날에는 여행객에게 수하물을 잘 정리하도록 하고, 특히 부가가치세 환급(VAT refund)수속을 해야 하는 경우에는 세관원에게 해당물품을 전부 보여줘야 하므로 해당

물품을 꺼내기 쉬운 곳에 정리해 두도록 한다.

3) 기타

(1) 귀국 전날모임

귀국 전날에는 모든 일행이 함께 모일 기회를 만들도록 한다. 여행객 상호간의 친목도모는 물론이고, 여행사의 입장에서도 고객관리차원에서 바람직하다. 별도의 시간을 마련하기 어려운 상황이라면 귀국 전날 저녁시간을 이용하는 것이 좋다.

(2) 현지체류자 확인

TC는 현지체류자에게 귀국편 항공권을 전달하고, 귀국일자 등을 다시 한 번 점검해서 현지체류자들의 귀국에 지장이 없도록 한다.

2. 현지공항 출국

1) 탑승수속

공항에 도착한 다음에는 탑승항공사의 카운터로 수하물을 옮기도록 한다. 위탁할 수하물은 두 줄로 정렬시키는 것이 편리하다. 탑승수속은 한국에서의 출국수속과 거의 유사하다.

(1) 수하물위탁

항공사직원이 위탁수하물에 항공사 수하물꼬리표(airline baggage tag)를 부착하면, TC는 수하물꼬리표에 표기되어 있는 항공편명과 목적지가 맞는지 다시 한 번 확인한다. 깨지기 쉬운 물품이 들어 있는 경우에는 취급주의(fragile) 꼬리표를 함께 부착하도록 요청한다.

(2) 출국수속에 필요한 서류준비

탑승권인수와 수하물위탁 등 탑승수속이 끝나면 각 여행객의 여권 속에 탑승권, 출국신고서, 출국공항세(있는 경우) 등 출국수속에 필요한 서류를 일괄적으로 끼워놓는다.

출국신고서가 없는 여행객은 다시 작성한다.

(3) 출국 전 안내

여권 · 출국신고서 · 탑승권 · 출국공항세(있는 경우) 등 출국에 필요한 서류를 배포하고, 여행객 본인이 직접 확인하게 한다. 그리고 탑승권을 보며 탑승구번호(gate number), 탑승시간(boarding time), 출발시간(departure time), 좌석번호(seat number) 등을 설명하고, 좌석을 재배정한 경우에는 모든 여행객이 재배정한 좌석에 앉도록 한다. 출국수속에 필요한 이상의 서류에 대해 간략하게 설명한 후에는 이 서류들을 여권 속에 보관하도록 한다.

2) 출국수속

(1) 검역 · 세관통과 · 출국심사

출국절차는 어느 나라에서나 유사하게 진행되며, 입국수속보다 훨씬 간소하다. TC는 단체여행객의 선두에서 출국수속을 받도록 한다. 출국 케이트(departure gate)에서 공항세를 납부하고, 공항세를 별도로 납부하지 않는 국가에서는 곧바로 검역 · 세관신고 · 출국심사를 한다. 그러나 공항에서의 출입국수속의 간소화되는 것이 국제적인 추세이다 보니 검역과 세관신고도 점차 생략되고, 곧바로 출국심사로 이어지는 경우가 대부분이다.

출국심사에서는 여권과 출국신고서 및 탑승권을 제시한다. 출국심사관이 해당서류를 검토한 뒤에 출국신고서는 회수하고 여권에 출국심사필의 확인도장을 찍은 뒤에 탑승권과 함께 돌려 준다.

(2) 보세구역에서의 자유시간

탑승까지 시간적 여유가 있다면 보세구역에서 자유시간을 갖고, 정해진 시간에 탑승구에서 집결하도록 한다. 한국 입국시에 적용되는 면세기준을 알려 주고, 면세점에서 면세기준을 초과하는 과도한 쇼핑은 자제하도록 권고한다.

(3) 탑승

TC는 탑승시작 전에 탑승구 앞에서 대기하다가 일행이 도착하면 고객명단에 도착자를 체크한다. 그리고 탑승시각이 되면 항공사직원의 지시에 따라 기내에 입장한다. 미탑승자가 있는 경우에는 항공사직원에게 이러한 사실을 통보하고, 공항 내 안내방송을 요청한다. TC는 단체여행객 전원의 탑승을 확인한 후에 탑승한다.

3. 기 내

1) 입국서류작성, 전달

기내에서는 검역질문서(health questionnaire), 여행자휴대품신고서(customs declaration) 등의 입국서류를 준비한다. 검역질문서는 콜레라 · 황열 · 페스트 등 오염지역(동남아시아 · 중동 · 아프리카 · 남아메리카)으로부터 입국하는 경우에 여행객 1인당 1매씩 작성한다.

여행자휴대품신고서는 모든 여행객이 작성대상자이다. 개인당 한 장씩, 가족이 함께 여행하는 경우에는 가족당 한 장만 작성한다. 신고물품이 없는 여행객도 반드시 작성하여야 한다.

4. 국내입국

항공기가 인천국제공항에 도착 후에는 '도착' 또는 '입국심사' 표시를 따라 입국장으로 간다. 국내입국은 '검역(quarantine) → 입국심사(immigration) → 위탁수하물 수취(baggage collection) → 세관(customs)'의 순서로 진행된다.

1) 검역

오염국가에서 입국하는 모든 여행객은 1인당 한 장씩 검역질문서를 제출하여야 하며, 여행 중에 설사 · 복통 · 구토 · 발열 등의 증세가 있었다면 검역질문서에 해당사항을 신고하여야 한다. 귀가 후에 이러한 증세가 있을 경우에도 검역소나 보건소에 신고하도록 한다.

2) 입국심사

여행객은 출국심사대 앞의 노란색 대기선에서 대기하다가 자신의 차례가 오면 여권을 심사관에게 제시한다. 입국심사관은 여행객이 제출한 서류의 이상 여부를 확인하고, 이상이 없는 것으로 확인되면 여권에 입국심사필의 확인도장(stamp)을 찍어 준다.

3) 수하물 수취

보안검색이 끝나면 전면에 설치된 수하물도착안내 전광판에서 위탁수하물을 수취할 컨베이어벨트 번호를 확인한 후에 1층으로 이동한다. 그리고 지정된 수취대에서 항공사에 위탁한 수하물을 수취한다.

4) 세관검사

수하물 수취 후, 세관검사상으로 이동한다. 세관신고와 관련하여 우리나라는 이원통관제도(dual channel system)인 자진신고제도를 채택하고 있다. 즉 입국자 스스로 세관통로(세관검사, 면세)를 선택할 수 있으므로 신고할 물품을 소지한 여행자는 휴대품신고서를 작성하여 세관에 신고하면 신속통관, 신고가격 인정, 세금사후납부 등 각종 편의를 제공받을 수 있는 제도이다.

여행자휴대품 반입시에 납부하여야 할 세액(금)은 어떻게 계산하는가?

세액(금)=과세가격×세율(간이세율)

- 과세가격 : 외국에서 물품구입시 실제 지불한 가격(영수증에 표시된 가격)
- 세율 : 주요수입품에 대한 간이세율표상의 세율

5. 귀국 후 업무

국외여행표준약관 제17조(여행의 시작과 종료)에 의하면 여행종료는 여행자가 입국장 보세구역을 벗어나는 시점으로 되어 있다. 그러므로 세관통과가 끝나면 여행객과 계약한 여행이 종료되었다고 할 수 있다.

그러나 TC는 귀국보고, 고객관리, 여행자료 정리 및 기록 등의 업무까지 마쳐야만 해당여행이 완전히 종료되었다고 할 수 있다.

1) 귀국보고

(1) 전화보고

전화보고는 인천국제공항에서 단체여행객과 해산한 뒤에 실시하는 구두보고이다. 즉 담당자에게 전화로 해당 투어가 무사히 종료되었음을 알리는 약식보고이다. 이때 해당 투어진행과 관련된 사고나 문제점 등이 있었다면 담당자에게 이에 관한 정확한 내용을 알린다.

(2) 서면보고

① 출장보고서

출장보고서는 단체행사일지로 대체된다. 단체행사일지는 행사진행을 기록하여 평가하는 자료로 여행종료 후에 소속여행사에 보고하는 서식의 일종이다. 그러므로 매일 행사내용을 상세하게 평가하고 기록해야 한다. 간혹 단체행사일지를 매일 작성하지 않고 귀국 후에 한꺼번에 작성하는 경우가 있는데, 이는 결코 바람직하지 않다.

출장보고는 다음과 같은 내용을 중심으로 작성되어야 한다.

㉠ 여행일정과 진행내용

㉡ 사고나 고객불편사항 유무확인

㉢ 지상수배업자의 현지 계약사항 이행과 서비스 수준 평가

㉣ 회사의 업무자료

② 정산서

정산서는 지상비, 쇼핑, 선택관광에 대한 내용이다. TC가 현지에서 지상비를 결재했을 경우에는 지상비의 정산영수증과 쇼핑 · 선택관광 알선수수료에 대한 정산서를 함께 제출한다. 그러나 지상비를 서울사무소에 결재했을 경우에는 쇼핑 · 선택관광에 대한 알선수수료 정산서만 제출한다.

그리고 투어진행과 관련하여 예기치 않은 지출이 있을 경우에는 증빙서류를 첨부하여 제출한다.

2) 고객관리

귀국 후 TC는 여행참가자 전원에게 안부전화나 간단한 편지 등을 전하는 기회를 가지므로 고객들과 친밀도를 높이고, 그 고객들이 다시 재창출될 수 있는 기회를 만들 수 있으며 TC 개인적으로는 물론 회사의 이미지를 높이는데도 크게 기여할 수 있다.

모든 고객의 인적사항과 특징과 선호도 등을 기록하여 데이터 하는 것도 필수조건이라 할 수 있다.

chapter 6

항공 서비스업무

제1절 항공예약 서비스

1. 항공사의 예약업무

1) 항공예약의 정의 및 기능

(1) 예약의 정의

항공사의 업무는 크게 예약업무, 발권업무, 공항업무, 항공화물 · 부정기항공업무, 운항 · 정비업무, 객실업무 등으로 분류할 수 있다. 이러한 업무 중 항공사에서 여객에게 처음으로 서비스하게 되는 업무가 예약업무이다.

예약은 생산될 상품의 판매를 촉진하고 소요량을 예측하여 생산의 규모를 계획하고 예약이 확정된 발권을 통하여 수입을 확정하며 운송의 준비를 하게 하는 역할을 하고 있다. 따라서 상품이 생산되는 순간에 최대한 소비될 수 있도록 사전에 좌석의 판매가 예약의 형태로 이루어지도록 유도하면 공급되는 상품의 원가를 낮추게 하고 값싼 상품을 제공하게 되므로 회사의 이익과 여객의 이익이 일치하게 된다.

(2) 예약의 기능

① 항공여정의 작성과 좌석예약기능

고객이 원하는 여정대로, 원하는 시간, 원하는 날짜에 원하는 목적지까지 여행할 수 있도록 해주는 기능이다.

② 여행정보 제공기능

항공요금, 여행지의 안내, 출입국정보, 기후 등 여행관련정보를 고객에게 제공하는 기능이다.

③ 부대 서비스 예약기능

항공여정 이외에 필요한 제반 서비스, 호텔 등 숙박관련예약, 렌터카, 유람선 등의 여행예약의 대행기능을 말한다.

④ 수요와 공급의 조정기능

성수기에 집중된 항공수요의 좌석공급을 조정하면서 판매업무와 협조하여 수요와 공급의 균형을 이루는 기능이다.

⑤ 고객의 특수사항 배려기능

항공여행시 고객의 특별한 주문에 응하는 기능이다. 종교식 · 건강식 등 특별한 기내식 요청이 여기에 속한다.

2) 항공예약의 목적

예약은 항공좌석의 정확한 운용관리 및 효율적인 판매와 이용률의 극대화를 통한 항공사의 수입제고를 하는 데 목적이 있다.

2. 항공예약의 과정

1) 항공예약의 경로 및 방법

항공예약의 방법에는 승객이 해당항공사의 지점이나 전화 · Fax · PC통신 및 항공사의 인터넷 홈페이지 등 통신매체를 이용한 직접방법과 여행대리점 그리고 타항공사를 이용한 간접방법 등으로 예약이 가능하다.

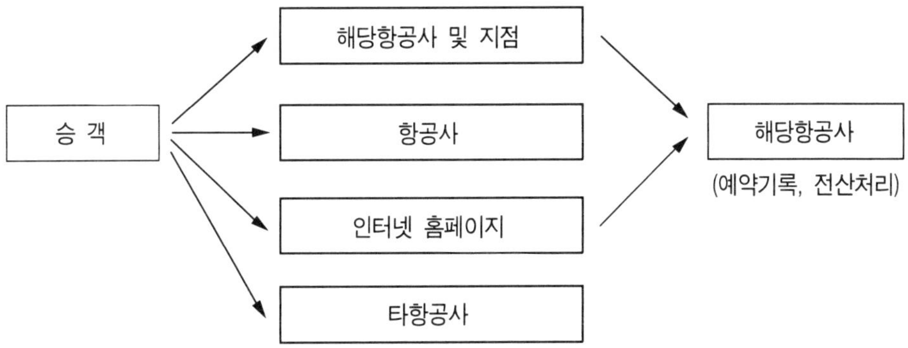

그림 6-1 항공예약의 경로

2) 항공예약시 필요사항

(1) 항공사에서 필요로 한 사항

① 성명 : 승객의 여권상의 영문이름, 실제 여행할 전승객의 이름 필요

② 항공여정 : 여행구간, 출발 및 도착날짜, 항공편명, 항공좌석등급 필요

③ 연락처 : 스케줄 변동이나 예약 재확인시 연락가능한 전화번호 필요

(2) 승객이 필요로 한 요구사항

① 선호좌석 : 흡연석 및 금연석, 창가 또는 통로좌석, 유아좌석, 칸막이좌석, 이층좌석 등

② 특별음식 : 정상적인 기내식을 취식하지 않는 승객의 경우 건강식 · 유아식 · 아동식 · 종교식 등 특별음식 요구

③ 기타사항 : 휠체어 요청, 유아 등 공항에서의 안내요청, Family Care SVC

3. 항공예약기록 및 예약코드

1) 예약기록의 정의 및 구성요소

(1) PNR의 정의

PNR은 Passenger Name Record의 약자로 여행하려는 승객의 최소한의 정보(승객성명, 여정, 전화번호 등)를 CRS의 형식에 맞도록 예약전산 시스템에 기록하는 것, 즉 예약기

록을 PNR이라 한다.

(2) PNR의 구성요소

PNR은 이름(name section), 여정부분(itinerary section), 여객자료부문(passenger data section), History Section(중요내용 기록부문)으로 구성되어 있다. 이 구성요소 중 개인승객 예약시는 이름 · 여정 · 전화번호가 반드시 입력되어야 하고, 10명 이상의 단체승객 예약시는 추가로 그룹요금을 지불한다는 단체할인요금 기호인 Fact Field를 작성해야 하며, 동시에 단체성격을 나타내는 Fact Field의 지시어로 구성된다.

2) 예약코드의 정의 및 종류

(1) 예약코드의 정의

좌석을 예약하기 위해서 컴퓨터 예약 시스템에 유지되고 있는 Inventory(좌석재고)를 일련의 Code를 통해 요청하고(action code), 그에 대한 응답을 받아(advice code) CRT 화면에 상태를 유지하는(status code) 형태의 과정으로 이루어지는 것을 예약코드라 한다.

(2) 예약코드의 종류

① 요청코드(Action code) : 여행사 → 항공사

항공좌석 예약을 요청할 때 사용되는 코드로 대부분 최초의 예약시에 이용된다.

표 6-1 요청코드

코드명	내 용
NN	Need, Reply Required Indicating Action Take Using Appropriate Code 좌석의 요청 또는 SSR(Special Service Request) 요청시 사용되는 코드
LL	List(add to waiting list) 대기자로 예약할 때 사용되는 코드
SS	Sold Sell & Report가 체결되어 있는 항공사의 비행편이 좌석에 대해 승객에게 Confirm 예약을 해 주었음을 통보하는 Code

② 응답코드(Advice Code) : 항공사 → 여행사

좌석예약을 요청하였을 때 이에 대한 응답으로 사용하는 코드이다.

표 6-2 응답코드

코드명	내 용
KK	Confirming 요청된 내용(항공편, 기타 요청사항)이 OK되었음을 통보함.
UU	Unable-Have Waitlisted 요청된 내용이 현재는 불가하며, 대기자명단에 있음을 통보함.
UC	Waitlised Closed. Unable To Accept, Request, Waitlist or Sale 요청된 내용의 OK도 불가하며, 대기자도 불가함을 통보함.
KL	Confirming From Waiting List 대기자명단에 있던 승객이 대기자로부터 좌석이 OK되었음을 통보함.

③ 상태코드(Status Code)

요청 또는 확보되어 있는 현재의 예약상태를 알려주기 위해 사용하는 코드이다.

표 6-3 상태코드

코드명	내 용
HS	Havc Sold 좌석이 확보되어 예약이 잘 되어 있는 상태
HK	Holds Confirmed 예약이 확약되어 있는 상태
HL	Have Waitlisted 예약이 대기자명단에 올려 있는 상태
RR	Reconfirmed 예약이 확약된 이후 예약재확인이 된 상태

④ 기타 코드

NON-IATA 코드로 KE만 사용하는 코드이다.

표 6-4 기타 코드

코드명	내 용
PN	Pending For Reply KE 이외의 항공사좌석을 NN으로 요청하고 응답이 오기까지 유지되는 코드
WK	KE FLT의 변경 전 스케줄을 표시하는 코드
SC	KE FLT의 변경 후 스케줄을 표시하는 코드
PA	Priority Waiting List 우선 대기자로 예약시에 사용되는 코드

4. CRS

1) CRS의 정의

항공사가 사용하는 예약전선 시스템을 말한다. 전산단말기를 통해 항공편의 예약, 발권은 물론 항공운임 및 기타 여행에 관한 종합적인 서비스를 제공하는 시스템이다. 항공업무의 효율성을 높이기 위해 컴퓨터를 이용한 공항예약업무의 전산화 시스템이라 할 수 있다.

증가하는 항공편수와 고객의 편의를 위한 시스템이며, 나아가 생산성 제고와 항공업계의 경쟁력을 높이기 위한 시스템이다. 이전에 일일이 수작업으로 이루어지던 복잡한 예약 · 발권업무를 CRS(Computer Reservation System)가 대체하면서 여행사직원들은 보다 편리하고 정확하게 업무를 수행할 수 있게 되었으며, 이후 CRS는 여행사 · 항공사 · 고객을 연결하는 정보유통수산으로서 그 중요성을 더해 가고 있다.

2) CRS의 역할

항공좌석의 예약을 기본으로 하여 항공권의 지동운임계산 및 발권, 출입국관계 안내, 호텔 및 렌터카 예약 서비스, 기타 여행정보 제공 등의 부대 서비스를 제공하는 시스템으로서 역할하고 있다. CRS는 전세계 공항편의 예약접수 · 응답, PNR의 작성, 예약취소 및 변경 등의 업무처리를 가능케 하며, 좌석상태도 파악할 수 있다. 아울러 전세계 항공기의 이 · 착륙시간 검색 등이 가능하다. CRS 시스템은 항공사의 입장에서, 특히 항공사 최대의 고객인 여행사에 대한 마케팅기능에 최적이라 할 수 있다. 이는 각종 사무업무를 예약관리용 단말기를 통해 지원할 수 있기 때문이다. 이울러 수익제고의 수단으로 각 Class별 · 지역별 · 시즌별로 좌석관리에 예약관리 · 통제를 통해 효과적인 수입극대화 할 수 있는 기능역할을 다 한다고 할 수 있다.

또한 항공노선과 형태에 따라 그 종류가 다양해지고 복잡해진 항공노선과 운임체계는 고객의 요구에 맞게 적절히 제시될 필요가 대두되었다. 이러한 빈번한 변경발생에 신속히 대처하기 위해서는 컴퓨터에 의한 예약 시스템, 즉 CRS가 절대적으로 필요하고, 다양한 정보제공에 따른 고객확보로 미래 여행시장의 범위를 확대시키며 큰 변화를 가져올 것으로 예상된다 하겠다.

3) 한국의 CRS

한국의 여행사들은 CRS이용률은 2008년을 기준을 볼 때 98%의 이용률을 보이고 있다. 이는 미국의 이용률 96%, 호주 95%, 프랑스 · 이태리 · 일본 95%로 상대적으로 한국여행사들의 전산화가 앞서가고 있는 상황이다.

(1) TOPAS

국내에 처음으로 CRS가 등장한 것은 1975년 대한항공이 사내업무 전산화를 위해 KALCOS를 개발하면서부터이다. 이후 성능이 개선된 KALCOS-II가 개발(1979년)되었으며, 1984년에는 최초로 여행사에도 보급되기 시작하였다. 1980년대 중반에 들어서면서부터 한국항공시장의 확대에 따라 미국은 한국의 항공시장 및 CRS 시장개방을 강력하게 요구하기 시작하였으며, 이에 효과적으로 대응하기 위하여 1987년 정부와 대한항공의 합작으로 항공예약 등 부가통신사업 전문회사인 한국여행정보(KOTIS, 한진정보통신의 전신)를 설립하였다. 1989년 KOTIS는 대한항공의 KALCOS 및 11개 항공사가 연결된 MARS (Multi Access Reservation System)를 개발 · 운영하며, 외국 CRS의 국내진출을 저지해 왔으나 중립 CRS의 필요성을 절감하여 1989년 새로운 Software를 도입하게 된다. 이후 1년 6개월간의 보강작업을 거쳐 여행사중심의 TOPAS(Total Passenger Service System)라는 경쟁력있는 진정한 의미의 중립 CRS를 1990년 10월에 성공적으로 구축하여 보급함으로써 우리나라의 CRS산업의 신기원을 이룩하게 되며 현재까지 지속적인 개발과 발전을 하고 있다.

(2) ABACUS

1988년 설립된 ABACUS는 아시아 · 태평양지역의 관광시장의 요구에 부응하여 설립된 CRS로서 싱가포르에 본사를 두고 있다. ABACUS 설립에 참여하나 항공사의 국가에 NMC(National Marketing Company)를 설립하여 해당지역 내에 지원체제를 구축하고, 각국의 NMC에서는 대리점교육과 현장지원 및 각종 문제점을 해결하고 있다. ABACUS는 아시아지역의 주요항공사인 NH, CX, MH, PR, KA(드레곤항공), SQ, BI(브르나이항공), MI(실크항공) 및 미국의 WORLD SPAN(NW, DL, TW)이 연합하여 설립한 CRS이다. ABACUS는 전세계 50여개의 항공사의 예약을 할 수 있으며, 주요항공사 155개사의 잔여좌석조회 서비스를 제공하고 있다.

4) 미국의 CRS 시스템

미국여행사의 CRS 이용률은 1981년도 69%를 시작을 1985년도 90%, 1991년도 96%(Forster, 1994: 228～229)이며 미국여행사의 95%가 적어도 1개 이상의 CRS에 연결되어 있고, 항공티켓의 88%가 CRS를 통하여 발견되고 있다.

미국의 대형 CRS 산업은 그 기능 및 역할이 증대되어 타항공사의 예약 및 발권, 호텔 · 렌터카 · 레스토랑 · 공연 등의 예약과 제반여행정보의 제공으로 항공권 판매 이외의 기타 고부가가치소득을 창출하고 있다.

미국의 여행단말기 보급점유율에서 가장 우위를 지키고 있는 것은 아메리칸항공의 세이버로, 실질적인 여행사업무에도 도움이 되는 프로그램을 개발하여 보급하였으며, 일반인을 위한 CRS 개발 등의 활동도 벌이고 있다. 2위는 유나이티드항공의 아폴로이고, 3위는 월드스팬으로 기존의 예약기능이 단말기 화면을 통한 수만 종의 영상을 나타나게 하였으며, 세계시장 진출을 적극적으로 도모하고 있다.

5) GDS(Global Distribution System)

세계 각국에서 사용되고 있는 네트워크의 제공상품과 기능의 유통을 위한 한 개 이상의 CRS체제를 말한다. 항공관련상품 외에도 숙박이나 렌터카, 크루즈 또는 도매업자의 상품 등도 포함된다.

GDS는 가장 강력한 CRS로 시스템의 통합을 통해 달성되었다. 그 결과로 GDS는 세계적으로 주요숙박, 관광상품의 유통로를 제공할 수 있었다. 이러한 관점에서 GDS는 여행유통 슈퍼마켓으로 특징지워질 수 있다(Pelletier, 1993). GDS 경쟁은 세 개의 GDS 네트워크인 사브레(Sabre), 아마데우스/월드스팬(Amadeus/Worldspam), 갈릴레오(Galileo)의 기술과 통합으로 추진되어 왔다(Collier, 1993)고 하겠다.

5. 항공예약발권 업무

1) 항공권의 정의

항공권이란 "여행항공권과 수하물(passenger ticket and baggage check)이라 표시하며, 항공여행을 하려는 고객과 항공운송을 담당하는 항공사간의 계약서로 사용되는 운송증표"라고 할 수 있다. 다시 말하면 항공권이란 "운송의뢰인 여행자와 항공사간에 성립된 계약내용을 표기하고, 항공사의 운송약관 및 기타 약정에 의하여 여객운송이 이루어짐을 표시하는 증서"라고 정의할 수 있다.

2) 항공권의 종류

항공권에는 크게 2가지의 형태가 있는데, 하나는 종이항공권(paper ticket)으로 여객의 항공권을 종이항공권의 형태로 발급해 사용하는 것과 컴퓨터에 자료를 저장해서 온라인으로 작업해 실물없이 사용하는 전자항공권(e-ticket)으로 구분한다. 기존에 사용되던 종이항공권은 분실 염려와 지정된 장소에서만 판매하기 때문에 이용객에게 불편한 점이 많았다. 또한 공항, 항공사, 여행사 등으로 티켓을 운반해야 하는 비용이 지출되기 때문에 발급 비용이 상대적으로 비쌌다. 반면에 전자항공권은 승객들이 온라인을 통해 예약한 항공권을 출력해 간편하게 사용할 수 있고 발급과정에 약 1달러가 소요돼 종이항공권 발급 비용보다 10분의 1밖에 지출되지 않는다.

이런 이유로 2008년 6월 이후 전 항공사에서는 전자항공권사용을 결정하였으며 현재 종이항공권은 항공산업이 낙후된 지역의 항공사에서 일부 사용하고 있다.

(1) 종이식 항공권

기존의 종이식 항공권은 현재의 전자항공권과 달리 한 장으로 되어 있지 않고 얇은 팸플릿처럼 여러 장으로 구성되어 있다. 그 중에서 핑크와 파란 바탕색에 붉은 색 글씨가 있는 2장만이 사용가능한 항공권이다.

① 수기항공권(Manually Issued Ticket : MIT)

비행기표 기재내용을 직접 손으로 기입하여 발행하는 항공권으로 항공사의 수기항공권과 BSP 수기항공권의 두 가지가 있으며, Flight Coupon이 2매인 항공권과 4매인 항공권으로 구분된다.

② 전산항공권(Transitional Automated Ticket : TAT)

전산 시스템을 이용하여 승객의 예약기록에 반영된 예약 및 발권 Data를 이용하여 발행되는 항공권으로, 항공사의 전산항공권(TAT)과 BSP(OPIAT)의 두 가지가 있으며, 일체의 수기가 불필요한 항공권이다. 발생시에는 매표보고서가 자동출력이 되며, 전면 하단부에 부착된 Bar Code에 발권정보가 기록된다.

③ 탑승권 겸용 항공권(Automated Ticket and Boarding Pass : ATB)

항공권 자체에 탑승권이 함께 부착된 형태로, 뒷면에 Magnetic Stripe가 부착되어 발권 및 탑승정보가 수록되어 있다. 주로 국내선의 경우에 사용되며, 고객이 직접 항공사에 가서 항공권을 구입하게 되면 국내선도 ATB 항공권으로 발권되고 있다.

④ BSP 항공권(Bank Settlement Plan Ticket)

은행결재항공권, 즉 BSP제도에 가입한 대리점용 항공권이다. 항공사명 및 항공사번호가 사전에 인쇄되어 있지 않은 항공권으로, 항공권 발행시점에 발행항공사명 및 번호를 항공권에 기입한다. BSP제도란 항공사와 여객대리점간의 업무간편화를 위해 다수의 항공사와 다수의 대리점 사이에 은행이 개재하여 중립적인 항공권 양식을 배포하고 판매대금 및 판매수수료 결재 등의 업무를 담당하는 방식을 말한다.

(2) E-티켓(전자항공권, Electronic ticket)

① E-티켓의 개념과 유래

21세기 들어서 인터넷과 컴퓨터산업의 발달은 항공업무의 형태에도 큰 변화를 가져왔다. 그러한 대표적인 변화의 하나가 E-티켓(전자항공권)이다. E-티켓은 전자로 발권되는 항공티켓으로, 항공권을 소지하지 않고 간단한 신분 확인만으로도 항공기 탑승이 가능하도록 한 항공운송서비스이다.

E-티켓이 사용되기 전에는 국제항공운송협회(IATA)에서 인증된 종이항공권(paper Ticket)이 사용되어 왔으며 이에는 각 항공권의 고유번호가 기재되어 있었다. 이러한 종이항공권은 승객이 항공편을 예약 후 일정기한 내에 항공사나 여행사를 방문하여 항공권을 구매하여야 했으며 그러하지 않을 경우 예약이 취소되었다.

그러나 E-티켓이 도입된 이후에는 전화나 인터넷상으로 항공권 예약을 할 수 있게 되었으며 대금결제를 마치면 승객이 해당 인터넷 홈페이지에서 항공사나 여행사로부터 E-티켓(전자항공권발행확인서, E-Ticket itinerary & Receipt)을 다운받아 직접 인쇄하고 출발 당일에도 공항에서 신분증과 예약번호만 제시하면 공항에서 탑승권(Boarding Pass)을 받을 수 있게 되었다.

Excellence in Flight
KOREAN AIR

1439 / 24JUL12

인쇄하기

e-티켓 확인증 / e-Ticket Itinerary & Receipt

승객성명	Passenger Name	**KIM/SUNGGUNMR** (KE BK114****)
예약번호	Booking Reference	4265445
항공권번호	Ticket Number	1802308778314

여정 Itinerary

편명 Flight **KE 653** Operated by **KE (KOREAN AIR)**

출발 Departure	서울 **(ICN) Seoul/Incheon**	**08AUG12**	**18:40** Local Time	Terminal No. : -
도착 Arrival	방콕 (BKK) Bangkok	08AUG12	22:10 Local Time	Terminal No. : -

예상비행시간	Flight Duration	05H 30M	SKYPASS 마일리지	SKYPASS Miles	2,281
예약등급	Class	K (일반석)	항공권 유효기간	Not Valid Before	-
예약상태	Status	OK (확약)		Not Valid After	08NOV12
운임	Fare Basis	MHEEKR/AP14	수하물	Baggage	1 Pieces
기종	Aircraft Type	BOEING 777-300 SLEEPER			

편명 Flight **KE 652** Operated by **KE (KOREAN AIR)**

출발 Departure	방콕 **(BKK) Bangkok**	**16AUG12**	**22:40** Local Time	Terminal No. : -
도착 Arrival	서울 (ICN) Seoul/Incheon	17AUG12	06:00 Local Time	Terminal No. : -

예상비행시간	Flight Duration	05H 20M	SKYPASS 마일리지	SKYPASS Miles	2,281
예약등급	Class	K (일반석)	항공권 유효기간	Not Valid Before	-
예약상태	Status	OK (확약)		Not Valid After	08NOV12
운임	Fare Basis	MHEEKR/AP14	수하물	Baggage	1 Pieces
기종	Aircraft Type	BOEING 777-300 SLEEPER			

* 스케줄 및 기종은 부득이한 사유로 사전 예고없이 변경될 수 있습니다.

항공권 운임정보 Ticket/Fare Information

Restriction	NON ENDORSABLE. REBOOKING ONLY FOR INBOUND. NON REFUNDABLE AFTER DEPARTURE. REFUND PENALTY BEFORE DEPARTURE-KRW70000. REISSUE ONLY FOR INBOUND-KRW50000. NO EXTENSION. NO MILE UPGRADE.
Conj.Ticket No.	-
Fare Calculation	K*SEL KE BKK Q50.00 400.02KE SEL Q50.00 400.02 NUC900.04END R OE1175.686000
Fare Amount	KRW 1058200 (Paid Amount KRW677600)
Equiv. Fare Paid	-
Tax/Fee/Charge	KRW 28000BP 25600TS (Paid Amount KRW53600) * YR/YQ 는 항공사의 Fuel/Insurance Surcharge 입니다.
Total Amount	KRW 1111800
Total Paid Amount	KRW 731200
Form of Payment	2SDQNIEOUS CC AX***********9858/****/A00
Ticket Issue Date/Place	24JUL12 / 17393036 / KAL SELRS SEOUL

* 지불금액은 (Total Paid Amount)에 표기된 금액을 확인하시기 바랍니다.

- 본 e-티켓 확인증과 함께 제공된 법적 고지문을 반드시 참고하여 주시기 바랍니다.
- e-티켓 확인증은 탑승수속시, 입출국/세관 통과시 제시하도록 요구될 수 있으므로 반드시 전 여행 기간 동안 소지하시기 바랍니다. e-티켓 확인증의 이름과 여권상의 이름은 반드시 일치해야 합니다.
- 대부분의 공항에서 **탑승수속 마감시간은 해당 항공편 출발 40**분 전(미주, 유럽 출발편은 1시간 전)으로 되어있으니, 해당 출발 예정시각 최소 2시간 전에는 공항에 도착하시기 바랍니다.
- 일부 공동 운항편의 경우 운항 항공사 규정에 따라 탑승수속 마감시간이 다를 수 있으니 반드시 확인 바랍니다.
- 사전에 좌석을 배정받으신 고객께서는 항공기 출발 1시간 30분 전까지 (일등석 및 프레스티지석 이용 고객께서는 1시간 전까지) 탑승권을 발급 받으시기 바랍니다. 해당 시각까지 탑승권으로 교환하지 못하신 고객은 사전 배정된 좌석 번호가 본인에게 배정되지 않을 수도 있습니다.

그림 6-2 E-Ticket

이렇듯 편리한 전자항공권(E-티켓)은 항공사에서 탑승객의 정보를 전산화하여 데이터베이스로 보관하고 있는 점에 착안되어서 만들어졌는데 1994년 유나이티드에어라인(UA)이 미국~영국 노선에 처음 도입한 이후, 2006년부터 대중화 되었고 2008년 6월을 기점으로 100% 전자항공권 시대가 열렸다.

② 전자항공권의 장점과 주의할 점

전자항공권의 장점은 여행사의 입장에서는 티켓 인쇄비 및 유지·보수비용이 절감되며, 종이항공권 발급에 따른 관리 및 분실에 대한 염려가 없다. 여행자 입장에서는 항공권 분실걱정이 없으며, 인터넷 예약과 체크인이 가능하다. 항공사의 입장에서는 전세계 항공업계에서 연간 약 30억 달러가 절감된다. 비용측면에서 볼 때 종이티켓은 1장당 10달러이지만, 전자항공권은 1장당 1달러가 소요되기 때문이다.

전자항공권 사용시에 주의할 점은 첫째, 발권 후에 이메일로 송부하는 여정과 운임영수증(itinerary & receipt)을 인쇄해 귀국 때까지 반드시 소지한다. 출입국심사와 세관수속에 필요하기 때문이다. 둘째, 한 명이 대표로 여러 명을 예약하여 구매한 경우라도 여정과 운임영수증(itinerary & receipt)은 여행객 개별적으로 소지해야 한다.

6. 항공사코드 및 도시코드

1) 항공사코드(Airline Code)

국제항공규정에 의하여 항공사를 Two Code(영문숫자조합의 2자릿수)로 표시하는데 이는 항공예약시나 항공권의 비행기편명을 표시할 때 주로 많이 사용된다. 국제항공운송협회(IATA)에서는 2자리 코드를, 국제민간항공기구(ICAO)에서는 3자리 코드를 부여하고 있는데 대부분 2자리 코드를 사용하고 있다.

2) 공항코드(Airport Code)/도시코드(City Code)

공항코드와 도시코드는 3문자의 코드(3 Letter Code)를 부여하고 있다. 한 도시에 공항이 하나만 있는 경우는 도시코드와 공항코드가 동일하지만 그 도시권 내에 2개 이상의 공항이 있을 경우에는 공항코드와 도시코드가 별도로 구별하고 있다.

표 6-5 세계 주요항공사코드

항공사	코드	항공사	코드	항공사	코드
전일본공수	NH(ANA)	필리핀항공	PR	러시아항공	SU
일본항공	JL(JAL)	가루다항공	GA	블라디보스톡항공	XF
재팬 에어 시스템	JD(JAS)	말레이지아항공	MH	퀀타스항공	QF
중국국제항공	CA	베트남항공	VN	에어뉴질랜드항공	NZ
중국동방항공	MU	우즈베키스탄항공	HY	유나이티드항공	UA
중국북방항공	CJ	몽고항공	OM	노스웨스트항공	NW
중국남방항공	CZ	영국항공	BA	에어캐나다	AC
타이항공	TG	에어프랑스	AF	바스피브라질항공	VP
싱가포르항공	SQ	독일항공	LH	대한항공	KE
케세이퍼식픽항공	CX	알리탈리아항공	AZ	아시아나항공	OZ

표 6-6 세계 주요도시코드

• 일본지역

도시명	코드	도시명	코드	도시명	코드
도쿄	NRT	센다이	SDJ	히로시마	HIJ
오사카	KIX	삿포로	SPK	오키나와	OKA
나고야	NGO	후쿠오카	FUK	오이타	OIT
가고시마	KOJ	아오모리	AOJ	오카야마	OKJ

• 중국지역

도시명	코드	도시명	코드	도시명	코드
북경	REK	장춘	CGQ	광주	CAN
심양	SHE	하얼빈	HRB	서안	SIA
천진	TSN	청도	TAO	연대	YNT
상해	SHA	대련	DLC	계림	KWL

• 아시아지역

도시명	코드	도시명	코드	도시명	코드
대만	TPE	쿠알라룸푸르	KUL	뉴델리	DEL
홍콩	HKG	마닐라	MNL	올란바토르	ULN
방콕	BKK	호치민	SGN	봄베이	BOM
싱가포르	SIN	코다키나바루	BKI	푸켓	HKT

• 미주지역

도시명	코드	도시명	코드	도시명	코드
호놀룰루	HNL	라스베가스	LAS	앵커리지	ANC
로스엔젤리스	LAX	시카고	CHI	올랜도	ORL
샌프란시스코	SFO	뉴욕	JFK	아틀랜타	ATL
시애틀	SEA	보스턴	BOS	토론토	YYZ

• 대양주지역

도시명	코드	도시명	코드	도시명	코드
시드니	SYD	오클랜드	AKL	괌	GUM
브리스베인	BNE	크라이스처치	CHC	사이판	SPN

• 유럽지역

도시명	코드	도시명	코드	도시명	코드
런던	LHR	취리히	ZRH	코펜하겐	CPH
파리	CDG	브뤼셀	BRU	마드리드	MAD
암스테르담	AMS	오슬로	OSL	모스크바	MOW
프랑크푸르트	FRA	헬싱키	HEL	성페테르부르그	LED

제2절 항공요금의 기초

1. 항공권의 유효기간

통상 운임으로 발행된 항공권의 유효기간은 운송 개시일로부터 1년 또는 일부도 사용되지 아니한 경우에는 항공권의 발행일로부터 1년이다. 상기 유효기간 미만의 유효기간이 적용되는 운임에 따라 발행된 항공권 또는 그러한 운임을 포함하는 항공권의 경우 당해 단기 유효기간은 당해 운임이 적용되는 운송에 한하여 적용된다.

유효기간의 계산은 다음과 같이 구한다.

① 유효기간이 '일'(day)로 규정된 경우 기준일 다음 날부터 계산한다.

예 17일 유효기간 : 2FEB-19FEB

② 유효기간이 월(month)로 규정된 경우 기준일로부터 유효기간 만료월의 동일 일자까지 유효하다.

예 3개월 유효기간 : 15FEB-15MAY

2. 항공권의 양도

항공권은 어떠한 경우에도 한번 발행된 항공권은 타인에게 양도가 불가하며, 항공권에 관한 모든 권한은 "NAME OF PASSENGER"란에 명시된 승객에게만 주어져 사용할 수 있다.

3. 적용운임 및 통화

모든 항공운임은 운임산출규정이 정하는 바에 따라 여행의 최초 국제선 출발국 통화로 계산되며, 한국 출발여정의 경우에는 KRW를 출발지국 통화로 사용한다. 또한 항공권 판매시 적용운임은 발권일 당시의 유효운임이 아닌 최초 국제선 여행개시일에 유효한 운임을 적용하여 계산한다.

4. 국제선 항공운임

국제선 항공운임은 여행객의 연령 · 직업 · 신분 · 여행기간 · 여행조건 등에 따라서 정상운임(normal fare), 특별운임(special fare) 또는 판촉운임(promotional fare), 할인운임(discount fare)의 3가지로 구분된다.

1) 정상운임

정상운임은 첫 구간은 발행일로부터 1년 안에 사용하여야 하며, 나머지 구간은 여행개시일로부터 1년이다. 도중체류횟수의 제한이 없으며, 예약변경 · 여정변경 · 항공사변경 등에 원칙적으로 제약이 없다.

2) 특별운임

특별운임은 승객의 다양한 여행형태에 부합하여 개발된 운임이며, 승객의 여행기간 · 여행조건 · 도중체류횟수 · 경유지횟수 · 여행형태 등에 일정한 제한을 가하여 개발한 각종 요금을 말한다.

여러 종류의 특별요금이 각 구간별로 공시되어 있으며, 판매되는 대부분의 항공권에 특별요금이 적용되고 있다. 정상요금의 항공권에 비해 여행기간 · 여행조건 등에 일정한 제한이 많은 대신에 가격은 가장 저렴하다.

특별요금은 Economy Class에만 적용되며, 주로 항공사가 지정한 여행사 · 호텔매표소 및 항공사 홈페이지 등을 통해 판매되고 있다.

특별요금 항공권은 다음과 같다.

① 여행기간에 대한 제한(최소체류의무기간(minimum stay)과 최대체류허용기간(maximum stay))의 제약조건을 갖게 된다.

② 여행조건에 대한 제한(구입조건, 요금반환과 환불, 분실시 재발급, 사고보상금 한도, 귀국편 예약 및 중간체류 등)이 제한되어지며, 여러 가지 제약조건이 덧붙여져 까다로워지므로 구입 전에 반드시 제한사항을 체크해 여행일정과 조건에 맞는지 확인해야 한다.

3) 할인운임

할인운임은 승객의 나이나 신분에 따라 할인이 제공되는 운임으로, 승객의 여행조건에 따라 그 기준운임은 정상운임 또는 특별운임이 될 수 있다. 특별한 규정이 없는 한 유효기간 · 도중체류횟수 등은 기준운임의 규정에 따라 적용된다.

(1) 유아요금

유아에게 적용되는 요금으로, 유아란 할인목적을 위한 최초여행일을 기준으로 만 14일 이상 만 2세 미만의 사람을 말한다. 성인동반자 1명에 유아 1명만 할인 가능하며, 유아가 2명 이상인 경우에 나머지는 1명의 유아에게 Child요금을 적용한다. 적용요금은 성인요금의 10%이며, Ticket상에 생년월일과 동반보호자의 항공권번호를 기재하여야 한다.

(2) 소아요금

어린이에게 적용되는 요금으로, 소아란 할인목적을 위한 최초여행일을 기준으로 만 2세 이상 만 12세 미만의 사람을 말한다. 적용요금은 지역별로 약간의 차이가 있으나, 대체로 성인운임의 75% 수준이며, Ticket상에 생년월일과 동반보호자의 항공권번호를 기재하여야 한다.

(3) 학생요금

적용대상은 최초여행일을 기준으로 만 12세 이상 만 25세 이하로 정규교육기관의 6개월 이상 교육과정에 등록된 학생으로, 적용요금은 성인정상요금의 75%이다. 도중체류는 불가능하며, 학생요금을 적용받기 위해서는 입학허가서 사본, 재학증명서, 학생증 사본 등이 필요하다.

(4) 비동반소아요금

성인을 동반하지 않은 소아에게 적용되는 항공요금으로 최초여행일을 기준으로 만 3개월 이상 만 12세 미만의 승객이다. 적용요금은 만 3개월 이상 만 8세 미만의 경우에는 성인요금의 100%를 지불해야 하고, 만 8세 이상 만 12세 미만의 경우에는 Child요금을 적용하며, Ticket상에 나이와 생년월일을 기재하여야 한다. 또한 출발공항과 도착공항의 보호자 및 보호자 현지연락처가 반드시 필요하다.

기타 할인요금의 종류는 표 6-7과 같다.

표 6-7 할인요금의 종류와 적용기준

종 류	적용대상	운임수준
유아(N : Infant)	만 14일 이상 만 2세 미만의 좌석을 점유하지 않는 사람	성인요금의 10% 적용
소아(CH : Child)	만 2세 이상 만 12세 미만의 사람	성인요금의 67~75% 적용
비동반소아(UM : Unaccompanied Minor)	보호자 없이 혼자 여행하는 만 3개월 이상 만 12세 미만의 사람	· 3개월~만 5세 : 성인요금 10% · 만 5세 이상 만 12세 미만 : 동반소아 운임 67%
학생운임(SD : Student)	만 12세 이상 만 25세 이하의 학생	성인정상운임의 75%
선원요금(SC : Ship's Crew)	조업과 관련하여 여행하는 선원	성인정상운임의 75%
단체인솔자(CG : Tour Conductor)	10명 이상의 단체여행객을 인솔하는 자	· 10명당 1명 50% 할인 · 15명당 1명 100% 할인 · 30명당 2명 100% 할인

종 류	적용대상	운임수준
대리점직원(AD : Agent Discount)	항공사와 대리점 계약을 체결한 대리점직원 및 그 배우자	· 본인 : 정상운임의 25% · 배우자 : 정상운임의 50%
항공사직원(ID : Air Industry Discount)	항공사직원 및 그 가족	각 항공사간의 상호계약에 의해 결정(유효기간 : 3개월) · 직원 : 100% 할인율 · 가족 : 50% 할인율
군인(YM : Military Personnel)	미군 및 군속의 자비지불 여행객에게 적용	Y Class요금의 50%
이민자(EM : Emigrant)	이민비자를 소지하고 AREA 3에서 미국 및 캐나다로 가는 항공편을 이용하는 여행객	Y Class요금의 25%

(5) 단체인솔자 할인(Tour Conductor : CG)

적용대상은 10명 이상의 단체승객을 인솔하는 승객, 즉 해외여행인솔자이다. 할인수혜인원 및 할인율은 출발하는 단체구성원수에 의해 결정된다. 단체인원수가 10~14명이면 1명의 할인수혜와 50%의 할인이 적용된다. 15~24명이면 1명의 할인수혜와 100%의 할인이 적용된다. 단체인솔자 할인요금이 적용될 때 단체구성원 중에 소아(Child) 2명을 1명의 인원으로 간주한다.

(6) 선원요금(Chip's Crew Discount Fare : SC)

개인선원요금과 단체선원요금으로 나뉘진다. 개인선원요금은 조업과 관련하여 여행하는 선원의 일반석 편도여정이 적용대상이 된다. 요금수준은 성인정상요금의 75% 수준이다. 도중체류가 불가하며 무료수하물은 일등석에 준한다. 선원증명서, 선원수첩, 선원고용계약서의 구비서류가 필요하다.

(7) 대리점직원 할인요금(Agent Discount : AD)

항공사와 대리점 계약을 맺은 직원 및 그 배우자가 적용대상이 된다. 항공사의 승인이 필요한 요금이다. 운임은 성인정상요금의 25%, 배우자는 50% 수준이다. 유효기간은 항공권 발행일로부터 3개월이다. 대리점의 신청서, 항공사의 승인서, 타항공사 개입시 해당항공사의 동의서가 구비서류로 제출되어야 한다.

(8) 항공사직원 할인운임(Industry Discount : ID)

① 적용대상 : 항공사 및 관련업체에 근무하는 직원 및 가족이 해당된다.

② 운임수준 : 항공사 내부규정 및 항공사 상호계약에 의해 결정된다.

5. 항공권의 기재사항

(1) NAME OF PASSENGER

승객의 여권상의 영문이름과 같이 성과 이름순서로 기재한다.

(2) 승객의 여정

출발도시와 도착도시를 FULL SPELLING 대문자로 기재한다.

(3) 예약기록

CARRIER(항공사), FLIGHT(예약비행편), CLASS(예약등급), DATE / TIME(일자와 출발시간), STATUS(예약상태) 등을 표시

(4) FARE BASIC

항공권에 적용된 운임의 종류

(5) ALLOW

예약된 항공편 이용시 무료수하물 허용량

(6) TOUR CODE

단체여행(GROUP INCLUSIVE TOUR)운임적용시 부여되는 승인번호

(7) NOT VALID BEFORE / NOT VALID AFTER

항공권의 사용의 유효기간에 대한 날짜 표시

(8) FARE

운임기록란

(9) FORM OF PAYMENT

운임의 지불수단 즉 현금, 여행자수표, 신용카드 등

(10) RESTRICTIONS / ENDORSEMENTS

해당항공권사용의 제한사항이나 주의사항

(11) ORIGIN / DESTINATION

최초출발도시, 최종목적도시를 CITY CODE로 기제

(12) BOOKING REFERENCE

승객의 예약기록인 PNR ADDRESS 기록

(13) ISSUED IN EXCHANGE FOR / ORIGINAL ISSUE

PTA 항공권 발행이나 REROUTING의 이유로 항공권을 재발행하는 경우

(14) DATE AND PLACE OF ISSUE

항공권발행일자 및 장소

(15) FARE CALCULATION

항공권운임계산내역을 기재하는 공간

부 록

여행, 항공, 호텔 관련 용어

Abacus 국내 여행사에서 예약 및 발권을 행하는 아시아나항공의 온라인 자동예약 · 발권 단말기를 말한다.

Accommodation 단기간이나 장기간에 상관없이 관광객이 여행을 하면서 체류하게 될 호텔이나 모텔 등의 숙박시설 · 숙박설비를 총칭한다.

Accompanied Baggage 휴대수하물이다. 탑승하는 항공기와 함께 운송되는 여객의 수하물을 말한다. 통상적으로 일반석은 20kg, 일등석은 30kg까지 무료이다.

Additional Charge 관공서에 공식적으로 신고된 호텔객실의 정상요금에 투숙고객의 인원수가 추가되거나 침대가 추가로 투입되어 지불하게 되는 요금을 의미한다.

Address 항공예약코드를 말한다. 주로 5자리나 6자리로 구성되며, 숫자 또는 영문, 혹은 숫자와 영문이 병합되어 표기되기도 한다.

Add-on Fare '부가운임'이라는 뜻으로, 항공사에 운항하는 세계의 수많은 도시의 두 도시간 운임을 일일이 설정한다는 것은 현실적으로 어려움이 있을뿐더러, 설령 설정한다 해도 그 분량이 너무 방대해져 관리에 비효율적으로 되기 싶다. 따라서 여기서 고안된 것이 줄기에 해당하는 운임과 가지에 해당하는 운임을 설정하는 방법이다. 또한 직행운임(直行運賃, direct fare)을 구하기 위해 사용할 목적으로 설정된 가산용 운임(加算用 運賃)을 말한다.

AD(Agent Discounted Fare) '여행대리점 할인요금'이란 의미로 IATA 대리점의 임직원 할인운임을 뜻한다. 여행대리점의 직원이 연수목적으로 항공여행을 하고자 할 때 각 항공사가 인가대리점의 한 점포에 대하여 연간 2인에 걸쳐 통상운임의 75%가 할인된 항공권을 발행해 주고 있으며, 대개 발행된 항공권의 유효기간은 3개월간이다. 해당 여행사에 1년 이상 근무한 IATA(국제항공운송협회) 대리점 임직원에게 적용되는 요금으로 성인정상요금의 25%를 적용하는데, 동반배우자는 50%가 적용된다.

Agent '대리인' · '대리점'이란 뜻으로 여행사의 대리점을 칭하며, 전국 주요도시에서의 관광객을 모집하는 업무를 한다. 여행업계에서는 일반적으로 여행업자(travel agent) 또는 IATA(국제항공운송협회) 공인대리점(approval agent)의 의미로 사용되고 있다.

Airline code 항공사를 나타내는 문자표기를 말한다(예 아시아나항공은 OZ, 대한항공은 KE, 싱가포르항공은 SQ, 일본항공은 JL).

Airport Hotel 공항과 인접한 호텔을 말하며, 항공기로 예약하는 여행객의 편의를 위한 공항 터미널이나 그 가까운 주변에 위치하고 있는 호텔 및 숙박시설을 총칭하는 말로써 1984년 미국 마이애미 국제공항으로부터 비롯되었다. 이런 종류의 호텔은 현재 세계 각국의 유행처럼 되어 항공산업의 발전과 함께 세계적인 경쟁산업의 하나로 확대일로에 있다. 우리나라도 현재 영종도 인천신국제공항에 대형 호텔들이 프로젝트되고 있다.

Airport Tax 공항세금(空港稅金)이란 의미로서 국가에 따라서는 'Airport Embarkation TaX', 'Airport Service Charge'라고 호칭하는 경우도 있다. 공항시설의 개선과 보수 및 유지를 위해 징수하는 목적세(目的稅)의 성격을 가지고 경영에 따라서는 단지 세수(稅收)를 올리고, 때로는 자국민의 해외여행 세한을 위한 한 빙편으로 고객의 세금을 징수하는 국가도 있을 수 있다.

All Inclusive Tour '포괄여행'이라는 뜻으로 교통비 · 숙박비 · 식사비 · 관람비 · 안내료 등 여행시에 필요한 제반 경비가 전부 포함된다.

Allowance 항공사에서 인정하는 무료수화물 취급허용량(free baggage allowance)이라든가, 또는 여행객의 허용보유외화 할당금액(旅行用 外貨割當金額)을 나타낸다.

American Breakfast 미국인이나 유럽인들, 혹은 관광객들인 통상적으로 이용하는 아침식사, 유럽식 아침식사인 Continental Breakfast에 계란요리가 곁들인 조식으로 '미국식 아침식사'란 의미로 널리 사용되고 있다.

American Plan 고객이 지불하는 요금제도의 일환으로서 호텔 객실요금에 3식(조식 · 중식 · 석식)이 포함된 요금제도를 아메리칸 플랜(American plan), 혹은 Full Pension이라고 한다.

Arrival, Departure & Change Sheet(list) 호텔을 이용하는 모든 고객의 체크인(入宿) · 체크아웃(出宿) 상황 및 객실변경 등을 기록하는 양식이다(호텔에서는 3가지 내용을 각각 분리하여 작성하기도 한다).

Arrival Time 당일 투숙하는 호텔고객에 대한 도착시간을 구체적으로 기록하는 것이다.

Assistant Manager 호텔 프런트 데스크에서 책임자인 지배인 다음에 있는 중간간부를 말하며, 프런트 부지배인이라고 일컫는다.

Available Room 호텔고객에게 상품으로써 판매가 가능한 호텔객실을 말하며, 판매할 수 있는 호텔의 제반 객실수를 일컫기도 하고, 호텔의 객실수 또는 일정한 날짜에 아직 점유되지 않은 객실을 의미한다.

여행, 항공, 호텔 관련 용어

B

Baggage (Claim) Tag 수탁수하물표를 말한다. 수탁수하물의 식별을 용이하게 하고자 항공사가 발행하는 증표를 말한다. 수하물꼬리표라고도 한다.

Block 호텔의 객실, 항공기의 좌석 등을 어느 정도 묶어서 한꺼번에 예약하는 일을 블록예약이라 한다.

Boarding Pass 탑승권 · 공항에서 탑승수속시 항공권과 교환하여 고객에게 주는 탑승표로서 비행기 편명, 고객성명, 좌석번호, 목적지, 탑승시간, 탑승 게이트 등이 기록되어 있다.

Book(Booking) '지정판매예약', 호텔객실에 있어 Block을 요하는 단체 또는 개인에게 호텔 객실 및 좌석을 판매하는 것을 의미한다.

Brochure 호텔의 객실 및 각종 부대시설의 정보나 그 외에 각종 서비스내용을 고객들에게 안내하기 위해 컬러로 잘 짜인 인쇄물이다.

BSP(Bank Settlement Plan) BSP는 항공권의 재고관리와 배포 · 발매보고(Sales Report)의 작성, 항공사로부터 대리점의 청구와 운임 및 과부족의 조정과 환불 등 정산에 이르는 발권에 수반된 여러 업무를 결제은행을 정해 그 은행의 컴퓨터 시스템이나 여러 기능을 통해 집중적으로 관리하는 방식이다.

Business Class 항공기 내의 서비스 클래스 중에는 퍼스트 클래스와 이코노미 클래스의 중간 클래스로서 클래스 코드는 'C 혹은 J'가 대부분이다.

Business Service 호텔에서 투숙고객의 비즈니스 업무활동을 돕기 위해 호텔 내의 Business Center에서 제공하는 인터넷 서비스, 카피 서비스, 번역 서비스 등 호텔

직원이나 시설 등의 서비스상품을 일컫는다.

여행, 항공, 호텔 관련 용어

C

Cancellation 예약취소(CNXL)를 가리키는데, Cancellation Charge는 예약한 객실 혹은 항공권 및 여행상품 등을 취소하는 데 다른 예약취소료를 말한다. 일방적으로 고객이 취소를 요청하는 경우가 많은데, 이는 통상 회사내규의 규정에 따른다.

Cancellation Charge '취소료'라는 의미로서 항공사에 예약된 좌석을 이용하지 않거나 또는 호텔에 예약된 객실을 예정대로 고객이 사용하지 않거나 여행사에 예약한 여행상품을 이용하지 않는 것에 대하여 부과하는 요금을 말한다.

Carrier 본래는 운수기관의 의미이지만, 여행업계에서는 대개 항공회사를 가리키는 용어이다.

Catering 항공기에 기내식 및 각종 식음료품류를 조달과 탑재운송 및 서비스 하는 것을 일컫는다.

Certificate 증명서로서 'Heath Certificate'는 건강증명서이고, 'Vaccination Certificate'는 예방접종증명서를 말한다.

Chart Flight 전세항공기편을 말한다. Charter Flight에는 여객 · 화물 · 우편 대상이 있다.

Check-in 호텔에서 객실을 배정받는 숙박시의 수속과 여행객이 공항의 항공사 카운터에서 항공권 · 여권 및 수하물에 대한 수속을 하고 좌석이 지정된 탑승권을 받는 수속과정을 말한다.

Child Fare '소아운임'이라는 의미로 만 2세 이상 12세 미만의 여행객에게 적용되는 항공요금으로 성인요금(成人料金)의 75% 수준을 징수한다.

CIQ 공항에서 여행객에 대한 '출입국수속'은 여러 국가의 국익의 보호와 위험방지를 위해 정해진 공항 및 국경 등에서 행해지는 세관(C : Customs), 출입국관리(I : Immigration), 검역(Q : Quarantine)의 제반 수속으로 업무상 이를 'CIQ'라고 일컫고 있으며, 일반적으로 공항 통관수속이라고 칭한다. 출입국수속의 내용과 순서는 국가에 따라 또는 출·입국별 경로에 따라 약간의 차이가 있으나 출국시에는 Q→C→I 순서로, 입국시에는 Q→I→C 순으로 진행된다. 출입국수속을 할 때는 출입국카드(E/D card)와 세관신고서(customs declarations) 및 국제공인 예방접종증명서(yellow card) 등을 구비하고 있어야 한다.

City Excursion(City Tour) '시내 관광'이라는 뜻으로, 여행사가 시내 교통기관과 먼저 협약한 다음 관광객을 관광시키는 것으로 City Sightseeing, Night Sightseeing이라고도 한다.

City Terminal 시내 터미널을 말한다. 시내에서 체크인과 수하물수속을 할 수 있게끔 준비해 놓은 시설로서 서울 삼성동 무역회관에 위치한 공항터미널이 대표적이다.

Coach 대형버스 또는 철도의 객차를 의미한다. 여행업계에서 '코치 투어'라고 할 때는 장거리 버스투어를 지칭하는 것이다.

Commission 여행업자가 계약에 의거하여 운수·교통·숙박기관·관광시설로부터 받는 송객(送客)에 대한 수수료를 말한다. 이른바 대매(발매대행·대리발매)는 영업의 주요 업무이며, 그 수수료는 수배영업의 주된 수입원(收入源)이 되는 것이다.

Complaints 호텔 서비스나 상품에 대한 고객의 불만족스런 다양한 불평등을 말한다.

Complimentary '무료의', '우대의' 뜻으로 무료요금으로 단체고객을 인솔하는 안내인, 혹은 초대고객에게 베푸는 무료요금을 말하며, 이런 경우 흔히 프리(Free)라고 표현한다. 컴프리멘터리도 객실료만 무료인 경우와 식대까지 포함하여 무료인 두 가지가 있다. 전자를 Complimentary Room이라 하고, 후자의 경우를 단순히 Complimentary라고 한다. 보통 그룹고객 15인당 한 사람을 컨덕터 프리라 하여 객실을 무료로 제공하고 있다.

Confirm(Confirmation) '확인하다'(확인)란 뜻으로 호텔의 예약실에서 만약의 실수를 없애기 위해 고객예약에 대한 확인을 하는 것을 의미한다.

Conjunction Ticket '결합', '연결 티켓'이란 의미로써 한 권의 항공권에 기입가능한 구간은 4개 구간이므로 그 이상의 구간을 관광할 때에는 한 권 이상의 항공권으로 분할하여 기입하게 된다. 이들은 일련의 항공권을 말하며, 각각의 항공권면상에 타의 번호를 기입한다. 또한 여정에 따라서는 2매 이상의 항공권을 사용해서 발권을 해야 하는 경우가 있다. 이 경우 2매 항공권의 서로 다른 관련항공권의 당해항공권 번호를 포함해 번호가 기입되어야 한다. 운임의 적용규칙상 일정자격을 갖춘 동반자를 의무화할 경우에는 동반자의 항공권번호도 항공권의 Conjunction Ticket란에 기입하게 된다.

Connection Room 호텔객실의 한 종류로써 객실과 객실 사이의 벽통로가 바로 연결되어 있는 객실을 일컫는다. 주로 가족여행의 경우나 인원이 많은 회사업무상 편리하다.

Connection Time 연결접속시간이란 의미로서 여행객이 연결항공편으로 갈아타는 필요한 시간, 즉 어떠한 지점에 도착한 항공기에서 연결항공편(connecting flight)을 갈아타는 데 필요한 시간을 일컫는다.

Continental Breakfast 대륙식 아침을 의미하며, 대체로 바쁜 비즈니스고객을 위한 가벼운 아침식사로 메뉴에 계란요리를 곁들이지 않는 것으로 브레드류(butter 또는 jam) · 주스 · 커피 등이 제공된다.

Continental Plan 대륙식 요금제도를 말한다. 호텔객실료에 대륙식 아침식사(continental breakfast)를 포함한 요금제도이다. 대륙식 아침식사는 주스, 롤빵이나 Tost에 버터와 잼, 리고 커피나 홍차 · 우유가 제공된다. 이것은 유럽대륙에서 이용되고 있으며, 이른 아침에 Check-out하는 호텔고객들에게 객실로 제공되기도 한다.

Convention 호텔에서 행해지는 대형 국제회의 등을 말하며, 협의회 · 대회 · 국제학술회 등이 있다.

Convention Tour 국제회의여행으로 국제회의 · 미팅 · 산업전과 같은 국제적 규모의 회의에 참가하는 협회나 단체에게 판매하기 위해 상품을 패키지화한 여행을 일컫는다.

CRS Computer Reservation System의 약어로서 각 여행사를 항공사의 중앙 컴퓨터와 연결시켜 항공좌석의 예약 · 발권 · 운임계산 등의 업무, 호텔과 렌터카 및 기타 서비스의 조회, 문의, 예약이 가능한 컴퓨터예약 시스템을 말한다.

Cruise Tour 유람선(cruise)을 이용하여 투어하는 여행을 일컫는다.

Customs 세관을 말한다. 각 나라는 입국하는 사람들에게 소지품에 대한 신고서를 제출하도록 하고 있다. 각 나라가 허가하는 면세품(술 · 담배 · 향수 등)의 반입수량을 파악하여 입국에 문제가 없도록 해야 한다.

Deluxe(DLX) Room(Hotel) 특급규모의 호텔로 응접실, 개별 욕실, 각종 다양한 서비스를 제공하는 최상급 호화객실을 의미한다.

Deposit 호텔투숙객 혹은 여행관광객이 최종정산 전에 상품사용대가에 대한 미리 대금으로 예치하는 선수금액을 말한다.

Destination 관광여행의 최종목적지 또는 관광여행의 완료지점을 일컫는다.

Direct Flight 직항편이라는 뜻으로 목적지까지 도중경유가 있더라도 동일기로 운송하는 항공편을 일컫는다.

Discounted Fare 할인운임을 말한다. 보통운임을 기준으로 해서 신분이나 연령 · 조건 등에 따라 할인되는 운임이다.

DM(Direct Mail) 호텔 판촉부서나 예약상 담당직원이 고객을 유치하기 위해 호텔의 Incentives(고객에게 자극이나 동기를 줄 수 있는 특성)를 살려 고객 데이터베이스를 활용하여 다양한 형식의 우편물을 고객의 집이나 거래처 · 회사 · 여행사 및 각종 사회단체 등에 발송하는 마케팅수단을 일컫는다.

Domestic Airline 국내항공사를 말한다. 국내에서 운송 서비스를 제공하는 항공회사이다.

Domestic Travel 국내여행이라는 의미로 출발지 · 도착지 · 경유지가 모두 국내에 한하는 여행을 말한다.

Double Booking '이중계약'이라는 뜻으로 동일한 여행객이 동일노선 1회의 여행에 대하여 두 번 이상 중복하여 예약을 하거나, 또는 동일한 투숙객이 객실을 2회 이상 동일한 호텔에 대하여 예약을 하는 경우에 해당되는 예약상의 용어로 흔히 이를 'Duplicated Reservation'이라고도 부른다.

Double(DBL) Occupancy Rate(Double Room : TWN) 호텔에서 고객에게 판매한 하나의 객실 중 2인이 투숙한 객실점유의 객실료를 의미한다.

Duty-free Shop (호텔과 연결되어 있는) 쇼핑센터로 외국인관광객을 위한 면세물품 판매점을 일컫는다.

여행, 항공, 호텔 관련 용어 **E**

Economy Class 이것은 항공기의 기내 서비스 중에서 First Class 또는 Business Class 그 다음 가장 낮은 등급인 클래스를 가리킨다. 클래스 코드는 약어로 'Y'로 표기되고, 기내의 뒷부분에 배치하게 된다.

Embarkation/Disembarkation(E/D) Card 출 · 입국기록카드(출입국자신고서)로서, 국제선으로 여행하는 내 · 외국인은 출입국관리규정에 따라 출 · 입국카드를 작성해 신고해야 한다. 이것을 보통 ED카드라고 부른다.

Endorsement 항공회사간에 항공권의 권리를 양도하기 위한 것으로서 예성항공사가 운항에 관한 조건의 변경 유무를 행하는 것이다. 항공권의 지정된 탑승구간은 다른 항공사로 옮기는 것으로서 항공권의 'Endorsement'란에 어떤 탑승예정구간에 대해 항공권상의 예정항공편을 여행객 본인의 의사나 해당항공사의 사정에 의해 타항공편으로 변경하고자 할 때, 그 예정항공사가 행사하는 배서(背書)를 말한다. 이 배서는 여행대리점에서는 할 수가 없고, 반드시 발권항공사에 의해서만 행할 수 있는 것이다.

ETA Estimated Time of Arrival의 약자이다. 항공기의 도착예정시간을 말한다.

Entry Requirements 입국시에 필요한 서류를 말한다. 여권이나 비자 또는 예방접종 서류 등이다.

ETD Estimated Time of Departure의 약자이다. 타임 테이블에 표시되어 있는 출발시각은 모두 ETD에 의해 기록된다. 또한 타임 테이블의 도착시간은 ETA에 의한다. 실제 출발은 ATD(Actual Time of Arrival)라고 하며, 실제 도착시간은 ATA(Actual Time of Arrival)라고 한다.

European Plan 호텔에서 European Plan이라는 제도는 호텔객실료와 식사대가 별도로 계산되는 호텔요금 제도를 칭한다. 오늘날 대부분의 국가들이 이 유럽피안 플

랜에 매력을 느껴 이를 도입하고 있다. 물론 우리나라의 호텔요금제도도 이에 해당된다고 할 수 있다.

EXcess Baggage 초과수하물(超過手荷物)로 이것은 항공기를 이용하는 개별승객의 무료수하물 허용량(free baggage allowance)을 초과하는 수하물을 요청할 때 사용되며, 초과된 양(개수)에 대해 여객이 운송기관에 지불하는 경우를 초과수하물운임(excess baggage charge)이라 한다.

EXcursion Fare 항공권의 유효기간을 단기간으로 제한하고 일정구간의 여정에 한정하는 대신에 대폭으로 저렴한 운임으로 한 특별운임이다. 여행사 패키지상품에서 많이 쓰인다.

EXecutive Floor 호텔 내의 호텔로 통칭하며, 비즈니스맨을 위한 귀빈층이라고 해석하면 된다. 세계 각국의 전문 비즈니스고객을 대상으로 각종 서비스를 신속히 제공할 수 있도록 최신식의 설비와 컴퓨터 및 인터넷망 등 업무보조기기를 갖추고 세계적 수준의 최고의 서비스를 제공하는 객실 층을 말한다. EXecutive Floor는 전용 EXecutive Floor Lounge를 운영하고 있으며, 간단한 식사나 음료 등의 각종 부가서비스와 익스프레스 체크인과 체크아웃, 공항 리무진 서비스, 회의를 위한 별실 미팅 룸도 사용할 수 있다.

EXpire 항공권 · 여권 · 신용카드 등의 유효기간이 만료되어 효력정지가 된 것을 말한다.

EXtra Charge 호텔에서 지정된 정규요금 외에 부과되는 요금으로 고객수가 늘어남에 따라 서비스 기물과 설비가 추가로 투입되어 정해진 요금 외에 지불하는 추가요금을 일컫는다. 주로 객실 내에 Extra Bed가 추가로 투입되거나 식사시 추가주문되는 경우가 있을 것이다.

여행, 항공, 호텔 관련 용어 F

Familization Tour 시찰초청여행이라는 뜻으로 통상 팸투어라고 부르며, 이것은 많은 고객을 유치하기 위한 일종의 마케팅전략적 차원에서 관광기관 · 항공사 등이 여행업자와 보조기관 등의 관계자들을 초대하여 여행경로 · 관광지 · 관광시설 · 관광대상 등의 코스나 상품 등을 미리 시찰하는 여행을 일컫는다.

Fare 호텔객실의 공식 지정요금이다.

First Class 항공기 1등석으로 항공기 내에서 가장 높은 등급으로서 코드는 'F'로 표기된다. 좌석의 형태 · 식사내용 등의 서비스수준이 높다. 그러나 최근에는 단거리 노선 · 관광노선에는 폐지되는 경향을 보이고 있다.

First Class Hotel 서비스 수준 및 시설 등이 고급인 일류 호텔을 뜻하며, 호텔의 등급(classification)을 매기는 나라에서는 통상적으로 시설기준이나 서비스기준을 정하고 있으며, 그 상급으로서 Deluxe Class급의 호텔이 있는 것이 보통이다.

First Class Lounge 탑승하기 전의 항공사 1등석 승객을 위한 전용 대합실을 일컫는다.

FIT(Foreign Individual Traveler) 여행 시작부터 완료까지 Tour Conductor 없이 여행자가 개인적으론 자유롭게 여행하는 형태를 말한다.

Franchise 외국의 유명 체인 호텔기업 모회사의 서비스와 호텔상품을 판매할 수 있는 일종의 상품권이나 특허를 일컫는다.

Free Baggage Allowance 무료수하물 허용량으로 관광객이 기본요금의 지불에 대해 그 이상의 지불을 받지 않고 운송되는 일정량의 수하물을 일컫는다. 일반적으로 F/C요금 지불관광객은 30kg, E/Y요금 지불관광객은 20kg, 태평양노선은 2개의 짐을 무료로 운송할 수 있도록 되어 있다.

Free Ticket(FOC : Free Of Charge) 무료 Ticket을 일컫는다(FOC란 대부분 그룹 안에 1명 이상 모든 것을 무료로 제공할 때 쓰임).

Front Desk Front Office라고도 칭하며, 고객이 호텔에 투숙하기 위하여 등록하고 객실열쇠나 우편물을 보관한다. 또한 고객에게 각종 호텔 내 · 외의 정보를 제공하고, 외국화폐를 교환해 주며, 호텔 퇴실시 정산 등의 업무를 수행하는 호텔로비에 설치된 데스크를 말한다.

Full Pension 호텔요금제도의 일부로 American Plan과 동일한 유럽식 용어를 일컫는다.

General Manager 호텔 총지배인이라는 의미이다. 호텔 최고의 경영진에서 결정한 기본정책과 경영상의 책임의 총책임자로 영업부문과 관리부문 등의 호텔전문 총괄책임자를 말한다. 특히 호텔영업부문 객실지배인과 레스토랑지배인 · 주방장 등을 직접 지휘 · 감독하여 타부분 경영부문도 총괄하게 된다.

Give Away 기내에서 탑승객에게 제공하는 탑승기념물을 말한다.

Ground Arrangements 지상수배를 말한다. 현지의 여행에 관련된 호텔 · 교통기관 · 관광 · 식당 등의 지상 서비스를 수배하는 것을 말한다.

Group 통상 10인 이상 단체를 일컫게 되며, 국외여행인솔자의 동행과 할인 등의 혜택이 주어진다.

Group Discount Rate 국내 · 외 여행사의 단체관광객이나 공공단체에서 개최하는 컨벤션 · 세미나 등의 단체행사에 대하여 객실료 · 식음료대 등 특별히 할인되는 요금의 적용을 말한다.

Group Organizer 단체여행을 구성하는 사람이나 단체를 말한다.

GSA(General Sales Agent) '항공운송판매 총대리점'이란 의미이다. GSA 대리점이란 어떤 항공사로부터 특정지역에서 항공여행객 판매를 위하여 계약한 항공사의 권한을 위임받는 사람이나 여행업체를 의미하는 것으로서 국내에도 외국국적의 항공사가 별도의 자사 · 지점을 설치하지 않고 국내의 특정여행사에 그 권한을 위임시키는 GSA 대리점이 운영되고 있기도 한다.

GTR 정부운송청구서(Government Transportation Request)의 약자로서 1980년 10월 10일 정부항공 운송의뢰에 관한 규정(국무총리훈령 제160호)에 의거한 '정부항공운송의뢰제도'이다. 이 제도는 국가가 자국의 항공산업을 보호하고 외화유출을 억제하는 차원에서 대한항공과 정부가 항공권 구입에 관해 직접 계약을 하여 Ticketing함으로써 중소기업인 여행사가 이 제도에서 배제되었다는 점에서 여행업계로부터 심한 반발을 사고 있는 제도이다.

H

Hand Carriage Baggage 기내 휴대품을 말한다. 승객이 기내에 들고 갈 수 있는 짐을 말하며, 기내 휴대품은 안전과 편안함을 위해 크기에 의해 제한된다.

Half Pension 본래는 Demi Pension이라 하는 것으로 MAP와 유사하다. 1박 2식의 요금제도로 객실과 조식요금 외에 중식 또는 석식을 선택하게 하는 요금계산방법이다.

High Season 호텔에서 1년 중 관광객이 가장 많이 방문하는 계절로 Peak Season, Tourist Rush Season이라고 부르기도 한다.

Honeymoon Guest 호텔 혹은 여행사를 이용하는 신혼여행객을 말한다.

Hotel Chain 동일한 경영방식이나 동일한 자본계열에 의해 운영되는 호텔계열화를 일컫는 것으로, Intercontinental Ritz Calton, Hilton Hotel, 그리고 Hyatt Regency Hotel 등이 모두 여기에 해당된다. 이 방법으로 호텔이 경영되면 서비스수준의 평준화, 인력자원의 효율적인 배분, 경영 노하우의 전파기능, 그리고 마케팅활동 전개의 효과 제고 등 많은 이점이 따른다.

Hotel Coupon 호텔의 객실이나 레스토랑 · 연회 · 부대상품 등의 상품을 사용할 수 있는 호텔이용권을 말한다(할인 혹은 무료 쿠폰).

I

IATA 국제항공운송협회로서 'International Air Transport Association'의 약어이다. 세계의 국제선 정기항공회사에 가맹하는 민간조직단체로 1945년 4월에 바하마(Bahamas)에서 이루어진 세계항공기업회의에 의해 결성되었다. 본부는 몬트리올과 제네바에 2곳에 있다. 현재는 120여개 국가에서 200여개 회사가 가맹하고 있다. 정회원 157개사, 준회원 43개사 회원으로 구성되어 매년 1회 총회가 개최된다. IATA의 주요기능은 항공운임의 조정, 운임정산, 운송에 관련되는 표준방식의 설정 등이 있으며, 구체적으로는 항공표준 운송약관, 항공권과 수하물 티켓 및 화물운송장의 표준화, 복수항공기업에 의한 연대운송에 관한 협정, 판매대리점과의 표준계약 및 운임후불제도, 은행집중결제방식의 설정 등이 해당된다.

Immigration 출입국관리를 말한다. 여행객의 출입국을 총괄적으로 관리하는 정부기관으로 법무부가 관할한다.

In-bound 외국인의 국내여행알선을 말하는 것으로 주로 인바운드 여행사가 맡아서 하고 있다. 국내에 들어오는 외국관광객의 반대개념으로 내국인의 해외여행을 주로 맡아서 하는 일이 Out-bound라 한다.

ICT(Inclusive Conducted Tour) 투어 컨덕터가 전 여행기간동안 동반하여 인솔하는 여행상품으로 단체여행의 일반적 형태이다.

IIT(Inclusive Independent Tour) 여행출발시에 안내사가 함께 동반하지 아니하고 각 관광지에서만 현지안내사가 나와서 여행안내 서비스를 하는 여행상품을 말한다. 일명 Local Guide System이라고도 한다.

Inclusive Tour 포괄여행으로 여행업자가 고객으로부터 투어의 신청을 받아 희망하는 일정 · 코스에 따라 기획하여 이를 운영 및 알선하는 여행을 말한다. 숙박 및 기타 여행요소인 이동수단 및 관광 등이 포함된 여행상품이다.

Infant Fare 항공기에 적용하는 유아운임으로 IATA규정에는 2세 미만의 유아에게 적용되는 항공운임은 성인요금의 절반이라고 규정하고 있다. 따라서 국제선에서는 2세 미만으로서 좌석을 확보하고, 그렇지 않을 때에는 보통 요금의 10%, 확보할 때에는 50%이다.

Information 호텔 프런트 데스크에 속해 있는 안내 데스크를 의미한다. 여기에서는 호텔 내의 시설 및 상품의 안내는 물론, 고객을 위하여 외부의 각종 다양한 정보를 제공하는 임무를 한다.

Interline Agreements 승객이 여행 중에 항공사를 바꿔서 이용하는 것과 공항시설이나 기타 자원을 나누어 이용하는 것 등에 대해 둘 또는 그 이상의 항공사간의 합의를 말한다.

Interline Point 타항공편으로 갈아타는 지점을 말한다. Transfer Point라고도 한다.

Invoice 호텔상품 외상송품장이란 의미이다. 고객이 호텔상품을 이용하고 외상처리한 것을 정산받기 위해 호텔 여신부에서 외상을 한 고객, 즉 청구자에게 적어 보내는 상품청구명세서를 말한다. 이는 여행사에서 여행상품을 이용하는 고객에게도 동일하다.

Itinerary '여정표' 혹은 '일정표'라는 의미로서 GAP을 포함한 관광객이 관광하려고 하는 전 관광일정을 일컫는다.

여행, 항공, 호텔 관련 용어

K

KATA(Korea Association of Travel Agent) 한국일반여행업협회

KL 대기자명단에서 예약이 확약되었을 때 사용하는 코드이다.

KNTO(Korea National Tourism Organization) 한국관광공사(韓國觀光公社)로 우리나라의 관광개발, 진흥과 홍보, 관광종사원의 양성 및 교육 등을 이끌고 있는 정부공익기관을 말한다.

여행, 항공, 호텔 관련 용어

L

Land Arrangements 관광객이 외국의 여행목적지에 도착해서 그 나라를 떠날 때까지의 기간동안에 Tour Operator에 의해서 제공되는 모든 서비스 또는 그 수배를 의미한다.

Land Fee 통상적으로 흔히 지상비라고 하는데, 여행지 내에서 여행관련시설을 이용하고 제공받는 모든 지상 서비스요금을 의미한다.

Late-Show 예약을 하고 지정된 시간을 지나서 항공사의 체크인 카운터에 나타난 승객을 말한다.

Limousine Bus 호텔에 사전에 예약된 외국관광객을 위한 편의제공으로 공항에서 호텔까지의 무료 셔틀 공항버스를 말한다.

Local Time GMT(그리니치 표준시간)와의 시차가 있으며, 표준시에 대한 현지 지방의 시각을 말하는 것으로 모든 항공운송기관, 즉 관광여행객의 운송에 참여한 교통

기관이 발간하는 시각표에 게재되어 있는 것으로 출발시각과 도착시각은 모두 현지시각으로 기록되어진다.

Lode Factor 항공사의 좌석이용률을 말한다. 판매된 좌석수에 대한 판매가능한 최대좌석수의 비율로 계산된다.

Lost and Found 호텔의 분실물 및 습득물 관리로서 고객이 호텔객실이나 영업장에서 자신의 물건을 잃고 가는 경우가 있을 때 이를 습득하여 관리하고 찾아 주는 서비스를 말한다(호텔이나 항공사에서 고객의 분실물 보관 · 습득 · 반환 등의 일체 서비스를 제공하는 것을 일컫는다).

Luggage 고객들이 여행 중에 체류지에 휴대하는 수하물(手荷物)로서 Baggage를 영국식으로 표기한 것이다.

여행, 항공, 호텔 관련 용어 M

Map(Modified American Plan) 마케팅의 한 방편으로 호텔 객실료에 조식 · 석식 요금이 포함되어 있는 1박 2식 숙박요금 제도를 의미한다.

Meal Coupon 통상적으로 호텔에서 발생하는 조식권을 말한다.

Minimum Connecting Time 최소접속소요시간을 말한다. 여행객이 공항에서 연결편에 탑승하기 위해 항공기를 갈아타는 데 걸리는 최소한의 시간을 말하며, 규정에 따라 각국의 공항마다 차이가 있다.

Multi-Airport 복수공항을 말한다. 한 도시 안에 두 개 이상의 공항이 있는 곳으로 파리에는 드골공항과 오를리공항이 있다.

여행, 항공, 호텔 관련 용어 N

No Show 특정항공사의 예약이 확인된 항공권을 구입하고도 항공기를 아무런 통보 없이 탑승하지 않는 경우를 말한다. 승객이 이러한 약속불이행에 대해 지불해야 하는 위약금을 'No Show Charge'라 한다. 호텔에서도 마찬가지로 예약을 하고도 아무런 통보 없이 객실을 이용하지 않는 고객을 'No Show Guest'라고 부른다.

Non Refundable 항공권 발권상의 의미로 환불을 금지하고 제한한다는 의미의 표시이다.

Non Smoking Seat 항공기나 관광열차 · 관광버스 등의 금연석을 말한다.

Non Stop 항공기의 운항도중 무착륙 또는 도중 기항하지 않는 직행항공운항을 의미한다. 다시 말하면 목적지까지 중간기항지 없이 비행하는 것을 말한다. 이와 같은 운항스케줄을 가진 특정항공편은 특히 시간이 절약되는 비즈니스여행객이 즐겨 이용하는 경향이 강하다.

Normal Fare 호텔이나 항공사에서 말하는 정상요금이란 의미로서, Off Season 이외에 상용되는 보통요금을 말한다. 이는 1년간 유효한 운임으로서 특별운임(special fare)과 관련되는 내용이 일체 적용되지 않는 운임이라는 점에서 흔히 이를 'All Year Fare'라고도 한다. 정상요금은 발행일로부터 1년 동안 도중제류나 경로변경 등 아무런 계약조건 없이 사용할 수 있다.

여행, 항공, 호텔 관련 용어

O

Off Season Fare 비수기 운임으로 여행 비수기에 관광사업체들이 여행객을 확보하기 위해서 제공하는 다양한 할인운임을 말한다(↔ on-season fare : 성수기요금).

OK 항공기 좌석예약이 확인되어 있는 것으로 항공권 발매시 Status란에 기입하게 된다.

One Way 여행에서의 편도를 뜻한다.

Open 항공권 발권상의 용어로 일정기간동안 탑승구간만 정해져 있을 뿐 구체적인 탑승편과 일시에 관한 예약이 안된 상태를 의미한다.

Open Ticket 구체적인 출발일과 도착일 및 시간예약이 되어 있지 않은 항공권을 말한다.

Optional Tour 선택관광을 말한다. 고객이 추가비용을 지불하고 참여하는 형태의 선택형 관광을 말한다.

Out-Bound 내국인이 자국을 떠나 외국여행을 할 때 일련의 코스와 여행과정을 세세히 알선하는 것을 나타낸다(내국인의 해외여행을 통상적으로 의미하기도 한다).

Over Booking 호텔에서 보유하고 있는 판매가능한 객실보다 초과해서 예약을 받는 것으로, 취소(cancel)되는 경우와 고객이 아무 연락 없이 나타나지 않는 경우(no show)를 감안하여 예약을 초과해서 받게 되는데, 이것을 오버 부킹이라 칭한다. 오버 부킹의 기준은 통계적으로 매일 Cancel과 No Show의 1일 평균율이 산출됨으로써 판단할 수 있을 것이다(이는 항공사도 동일하다).

Over Stay 체류연장이란 뜻으로, 현재 호텔에 투숙 중인 고객이 예정체류기간을 초과하여 체크아웃 날짜를 연장하여 머무르는 것을 의미한다.

P

Package Tour 관광객을 위해 통상 여행의 여정에 필요한 교통시설이용료 · 호텔료 · 식사대 · 팁 · 관광입장료 등의 일체의 경비를 포함하여 미리 정해 단기간에 가급적 저렴한 일괄여행 프로그램을 뜻하는 것으로 여행구매자의 수에 의해 할인금액이 결정되게 된다.

Passport 여권을 지칭하며, 자국민이 해외여행시에 그 국가와 그 국가의 국민임을 증명하기 위해 발행하는 일종의 신분증명서라고 할 수 있다.

Pax 원래는 '우의'(友誼), '친구'라는 뜻이나, 여행사나 호텔에서의 통상적으로 이용하는 고객을 칭할 때 쓴다(1PAX, 10PAX).

Pay Later Plan 운임후불제도를 말한다.

PNR(Passenger Name Record) 항공기를 이용하는 여행객 이용명단기록부를 지칭한다.

- Current Element(현 예약내용부분) : 예약된 관광자의 성명, 여정, 기타 여행시에 필요한 관광자의 서비스 · 정보 등이 기록된 부분을 말한다.
- Historical Element(변경내역부분) : 예약기록이 처음 작성된 이후의 모든 변경내역이 수록되어 있어 누가, 언제, 해당예약기록을 작성하였으며 누구에 의해 어

떻게 기록이 변경도어 왔는지 알 수 있다.

Principal 여행에 있어서 주요 상품소재 공급업자를 말한다. 항공사 · 호텔 · 선박회사 · 버스회사 등을 의미한다.

PAT(Prepaid Ticket Advice) 항공운임의 선불제도로서 운임지불인이 멀리 떨어져 있는 관광객을 위하여 운임을 불입하고 실제로 탑승한 승객이 있는 곳에서 발권을 하여 승객에게 항공권을 전해 주도록 통지하는 것을 지칭한다.

여행, 항공, 호텔 관련 용어

Q

Quarantine 검역을 말한다. 전염병의 침입을 방지하고자 공항출입시 검사하는 일이며, 해당지역으로부터의 입국시에는 검역관에게 예방접종주사증명서를 제출해야 한다.

여행, 항공, 호텔 관련 용어

R

Reception 호텔 프런트나 연회행사에서 방문하는 고객을 위하여 안내 및 접수하는 것을 의미한다.

Reconfirmation 재확인을 말한다. 여행객이 여행 도중 어느 지점에서 72시간 이상 체류시 늦어도 항공기 출발 72시간 전까지는 다음 연결편에 대한 좌석예약을 재확인해야 하는 것을 말한다.

Refund 환불의 뜻으로, 호텔에서는 선수금의 미사용환불에 해당되고, 승객이 항공권의 전부 또는 일부에 대한 미사용분이나 항공권상에 표시된 서비스를 제공받지 못한 부분 또는 행사가 취소되었을 때 여행사가 돌려주는 요금에 대하여 승객에게 해당항공운임을 반환하는 것을 말한다.

Reissue 항공권 재발행을 말한다. 적용운임에 변경이 있거나, 여정변경 · 항공사변경 · 자석변경 등의 사유로 차액을 징수하거나 차액을 지불하여 항공권을 재발행하여 주는 행위를 말한다.

Replacement Ticket 항공권 분실시 무상으로 발행되는 항공권을 말한다.

Restricted Item 승객의 휴대수하물 중 보안상 문제가 될 수 있는 항목으로 기내 반입이 불가된다. 칼 · 가위 · 건전지 · 우산 · 골프채 등이다.

Reservation 호텔에서의 고객이 사용하게 될 호텔객실이나 호텔상품을 사전에 예약하는 것을 뜻한다. 고객과 호텔간의 객실상품 판매에 대한 약속으로 고객은 일정기간동안을 약속된 숙박을 하고, 동시에 호텔은 숙박시설을 제공하게 된다. 이때 예약에 대한 상호 믿음과 신뢰를 주기 위하여 고객은 예약 개런티를 보증하면 호텔에서는 확인증명서를 발급하게 된다.

Residential Hotel 고객이 장기간 체재할 수 있는 숙박시설로 최소 3개월 이상 주거식 호텔을 의미하며, 호텔에서 고객 스스로 식사할 수 있도록 취사설비를 갖추어 Self-service체제를 취하고 있다. 장기체재 숙박객을 위해 발전된 모델로 일반호텔과 마찬가지로 모든 서비스가 제공되기도 한다.

Resort Hotel 고객 개인이 심신의 건강과 휴양을 목적으로 또는 레크리에이션을 목적으로 일반적으로 장기간 체재하는 고객을 위해 마련된 휴양지 호텔이다. 주로 경치가 수려하고 조용하며 공기가 맑은 아름다운 해안 · 산악 · 온천지 · 피서지 등이 적합하다.

Retail Travel Agency '여행소매점'이란 뜻으로서 항공사 · 선박회사 · 호텔 · 렌터카 등의 주요공급자를 대신하여 그 여행상품을 소매하고 고객에게 직접 판매하는 소규모 여행사를 지칭한다.

Rooming List 호텔에서 단체여행시 객실 호실별 개인객실 할당표를 일컫는다.

Routing 항공사가 운항하는 항공기노선상의 규정된 비행로를 일컫는다.

RQ(Request) 항공권의 예약코드의 하나로 항공좌석을 예약하는 중이어서 회답을 기다리는 대기상태를 일컫는다.

RR(Reconfirmed) HK상태인 예약에서 승객이 자신의 여행의사에 대한 재확인(re-confirmation)을 한 상태를 의미한다.

S

Series Tour 동일한 형태 · 목적 · 기간 · 코스로 정기적으로 실시되는 여행을 말한다.

Single Rate(Single charge) : SGL 호텔에서 통상적으로 사정상 싱글 룸의 가격으로 더블이나 트윈 룸을 고객에게 판매하는 것을 말한다. 호텔요금은 규칙적으로 투숙객의 1인당 얼마라고 객실요금이 부과하는 것이 아니라 1개의 객실에 대한 요금으로 차지하게 된다.

Special Fare 정상운임 이외의 모든 특별요금을 지칭하는 것으로 특별운임 중 할인운임은 연령과 직업 및 신분영향의 특별목적 등 여행자 자신의 조건에 따라 구분하고, 판매촉진운임은 여행기한의 제한과 항공권 구입의 제한 등으로 항공권 자체에 조건을 붙여 파내를 촉진하는 요금이다.

Stand By 'Go Show'라고도 말하며, 항공기를 이용할 여행고객이 예약 없이 지정된 Check-in 카운터에서 기다리며 좌석상황에 따라 좌석을 배정받게 되는 관광객을 일컫는다.

Status Code 항공사의 현재의 예약상태를 나타내 주는 상태코드를 의미한다. 그 종류를 살펴보면 다음과 같다.

- HS : 좌석이 확보되어 예약이 된 상태를 칭한다.
- HK : 이미 예약이 확약되어 있는 상태이다.
- HL : 이미 대기자 명단에 예약이 되어 있는 상태를 말한다.
- HN(PN) : 이미 예약요청이 되었으나 아직 응답을 받지 못한 상태를 칭한다.
- RR : 예약이 확인된 후 다시 재확인이 된 상태를 의미한다.

Stopover 도중하차라는 의미로서 특별운임조건하에서는 도중체류횟수에 대한 제한을 받는 운임이 있다. 이러한 운임에서 비항공 운송기간이 발생된 경우 비항공 운송기간의 양쪽지점을 합하여 한 번의 도중체류도 간주한다.

Student Fare 항공기를 이용하는 요금으로 정상적인 요금에 기준하여 학생할인운임을 일컫는다.

T.G Tour Guide의 약어로 사용된다.

Third Person Rate 'Triple Rate'라고도 부르며, 호텔에 2인 이상의 고객이 한 객실에 투숙을 원할 경우 추가로 적용되는 요금을 말하며, 'EXtra Bed Charge'와 같은 개념으로 쓰이기도 한다.

Through Check-in 일괄수속을 말한다. 여행객이 자신의 수하물을 최종목적지까지 부치는 것을 의미한다. 항공사 및 여행구간에 따라 가능 여부를 확인해야 한다.

Ticketing 항공사나 대리점 혹은 여행사 등지에서 예약 후 금전을 지불하고 행하는 항공권의 발권을 의미한다.

Ticketing Time Limit No Show방지를 목적으로 예약시 항공사가 여행객에게 일정시점까지 항공권을 구입하도록 하는 것을 말하며, Checking 시간제한 또는 항공권 구입제한이다. 좌석예약관계로 항공권을 구입하지 않으면 안되는 시간을 뜻하는 것으로, 출발예정시간의 72시간 전까지 또는 좌석확인 후 48시간 이내의 어느 쪽이든 늦은 쪽의 시간까지 항공권을 구입하기로 되어 있다. 한편 항공권 예약신청 후 출발 전 일정시점까지 항공권을 구입하지 않을 경우에는 예약이 자동으로 취소된다.

TIP 국내에서 흔히 사용되는 '팁'이라는 용어로써 'To Insure Promptness'라는 말의 이니셜을 따와서 사용하고 있다. 고객 일처리의 '신속함을 보장받는다'라는 의미로 이태리에서 처음 시작되었다고 한다.

TOPAS 대한항공사의 전산화된 토털예약 시스템으로서 전국의 대리점이나 여행사에 시스템과 모니터가 준비되어 있어 편리하게 이용할 수가 있다. 관광객의 항공편을 이용하여 관광하려는 요구에 응하여 항공편 좌석예약을 접수하고, 관광에 부수되는 각종 필요사항 및 서비스를 사전에 안배하며, 제한된 공급좌석의 판매를 효과적으로 관리하고, 좌석이용을 극대화하여 항공사의 수입의 제고를 기하는 것을 주요업무로 하는 시스템을 말한다.

Tour Conductor(T/C) 자국을 떠나 외국을 여행하는 관광객을 인솔하는 여행인솔자를 말한다. 10명 또는 15명 이상의 고객을 인솔하고 여행을 지휘하는 그룹의 책임자이다.

Tour Operator 여행상품을 기획 및 판매하는 IATA Carrier 이외의 업자를 말한다. 보통 여행사나 여행수배업체(지상수배업자)를 말한다.

Transfer 여행이동 중 갈아타는 곳을 말하고, 이는 주로 공항 내에서 항공을 갈아타는 경우에 많이 사용되며, 이외에도 공항이나 역에서 호텔까지 가는 이동 서비스를 칭하기도 한다.

Transit '통과 · 경유하다'라는 의미로 여행객이 목적지까지 가는 도중에 교통기관에 들르는 지점을 말한다. 이와 관련하여 생각해 보면 Transit Passenger는 단지 통과만을 목적으로 입국하는 통과여객을 의미한다.

Traveler's Check 여행자수표를 말한다. 해외여행시에 분실이나 도난을 방지하기 위해 사용되는 수표를 의미한다.

Travel Insurance 여행보험을 말한다.

TWOV Transit Without Vis의 약자이다. 비자 없이 여행객이 특정국가에 단기제류하는 것으로서 여행객이 규정된 조건하에서 입국비자 없이 입국하여 단기동안 체류할 수 있는 경우를 말한다.

Turn Away 호텔사정상 객실판매가 모두 완료된 상태에서 예약고객이나 Walk-in 고객이 늦게 찾아 왔을 경우 고객을 거절할 수 없기 때문에 정중하게 고객에게 양해를 구한 다음 우리 호텔과 동급수준인 인근 다른 호텔의 객실을 수배하여 해당호텔까지 Pick-up해서 안내해 주는 서비스를 말한다.

여행, 항공, 호텔 관련 용어

U

UC(Unable Complete) 모든 예약이 끝나서 예약도 불가능하고, Waiting List에도 기록할 수 없다는 의미이다.

Unaccompanied Minor(UM) 통상 UM이라 칭하며, 3개월 이상 12세 미만의 유아나 어린이로 성인보호자가 동반하지 않고 단독 항공여행을 할 경우를 말한다.

Up Grade 항공회사의 지정으로 여행고객이 예약한 클래스보다 높은 클래스에 탑승하는 것으로, 관광자의 의사에 따라 행하는 경우를 'Voluntary Up Grade'라고 하며, 회사의 형편상 행하는 경우 'Involuntary Up Grade'라고 칭한다. 후자의 경우 원칙적으로 추가운임을 징수하지 않으며, 통상적으로 Down Grade는 하지 않고 있는 실정이다.

V

Vacancy 호텔에서 당일판매가 가능한 객실이 아직 판매되지 않고 비어 있는 객실을 말한다. 호텔의 객실이 Full House가 아닌 상태로 판매가능한 객실이 남아 있어 고객을 기다리고 있다는 의미로 해석되기도 한다.

VIP Very Important Person의 약자이다. 특별히 정중하게 취급해야 할 고객이나 주요 인사를 의미한다.

Visa 비자(사증)를 말하는 것으로 방문국의 정부에서 입국을 허가해 주는 입국허가증이며, 소지여권의 사증란에 인증하는 제도이다.

Void 무효라는 뜻으로 호텔의 계산서나 항공권 · 패스포트 등에 스탬프를 찍어 사용한다.

Voucher 일반적으로 보증 · 영수 등을 증비하는(vouch) 일련의 서류를 일컫는다. 여행 · 관광업계에서는 호텔 · 버스 · 철도 · 선박 등 운송기관에 대하여 이용하는 요금이나 운임을 후일에 지불할 것을 약속한 서류를 말한다. 보통 대금을 수령한 여행업자가 발행하고, 그것을 고객이 직접 지참하거나 또는 여행 가이드가 휴대하고 가서 이용기관 또는 현지 오퍼레이터에게 건네주는 경우가 많다.

W

Waiting List 관광객이나 워크인고객이 호텔객실의 예약취소를 기다리고 있는 고객의 인적 명단이다. 비행기나 기차 등에서도 이미 예약인원이 만원이 되어 있는 좌석의 예약취소를 기다리고 있는 고객의 인적명단이다.

Wake-up call 호텔 투숙객의 요청으로 호텔에서 이른 아침 고객의 기상을 객실의 전화벨소리로 도와주는 서비스로 'Morning Call'과 같은 의미이다.

Walk-in Guest 예약 없이 호텔을 찾는 불특정 다수 고객을 가리킨다. 즉 미리 예약을 하지 않고 당일 바로 호텔에 투숙하는 고객으로, 도심지에서는 늦은 시간 이러한 유형의 고객이 상당수 발생하게 된다.

Weekly Rate 호텔에서는 판매증진수단으로 고객에게는 디스카운트요금을 제공하는 방법으로 고객이 호텔에서 1주일 이상 숙박시 실시하는 특별할인 요금방법을 말한다.

Wholesaler 통상적으로 여행업의 규모가 큰 전문적인 여행상품 도매업자를 지칭한다. 또한 소매업자를 통해 판매할 목적으로 공급업자의 상품을 대량으로 구매하여 판매를 대행하고 패키지상품을 만들어 판매하는 회사를 말한다. 주최 여행의 기획·조성과 리테일러(여행소매상)에 대한 도매만을 하고 있는 여행업자를 일컫는다.

여행, 항공, 호텔 관련 용어

Y

Yellow Card 예방접종증명서를 말한다.

Youth Hostel 세계의 각국의 학생과 젊은이들을 위해 저렴한 비용으로 제공되는 기숙사의 성격으로 오늘날 세계 대중관광의 일환으로 발전된 배낭여행과 직결되어 급성장을 보여주고 있다.

참 고 문 헌

1. 국내문헌

강영욱 외 3인(2004), 관광사업론, 대왕사.
고석면 외 2인(2000), 호텔회계, 대왕사.
고종원 · 이광우(2001), 여행업경영실무론, 대왕사.
관광경영연구회(2002), 관광의 이해, 학문사.
김규현 외 2인(2003), 여행업경영론, 기문사.
김도희(2003), 관광학개론, 백산출판사.
김선희(2011), 국외여행인솔업무론, 대왕사.
김성동(2007), TC실무, 한올
김성동 · 김성대 · 김권수(2005), 호텔객실실무론, 대왕사.
김성동 · 박종찬(2006), 관광자원론, 도서출판 갈채.
김성혁 외 1인(2000), 여행사실무론, 백산출판사.
김영규(2008), 여행사 경영과 실무, 대왕사.
김영규 · 김명신(2006), 여행업과 항공업의 이해, 한올출판사.
김옥재 외 2인(2000), 국외여행인솔자실무, 세종출판사.
김찬영(2003), 관광항공운송사업론, 대왕사.
김찬영 · 이용일(1999), 국외여행안내실무론, 문원북.
김천중(2002), 21세기 신여행업, 학문사.
김형섭 외(2006), 관광마케팅, 도서출판 갈채.
노정철(2005), 여행사경영론, 한올출판사.
도미경(2002), 여행사경영실무론, 대왕사.
류무선 외(2003), 그린투어리즘 이론과 실제, 백산출판사.
문화관광부(2004), 주 40시간근무제 대비 여가문화 활성화 대책(안).
문화관광부(2005), 2004년 관광동향에 관한 연차보고서.
박시범 외 3인(2009), 관광레저경영론, 새로미.
박시사(2003), 여행업경영, 대왕사.
박혜정 · 서성희(2000), 최신항공실무, 백산출판사.
서철현 · 이현동(2006), 여행사경영실무론, 도서출판 갈채.
손수진 외 2인(2012), 여행사경영과 실무, 대왕사.
신상준 · 이준호(1998), 국외여행인솔자실무, 형설출판사.
우경식(2005), 관광마케팅, 기문사.

윤대순(2004), 여행사경영론, 기문사.
윤세환 외(2007), 여행사업무론, 현학사.
이경모(2003), 여행사경영실무, 대왕사.
이교종(2000), 여행업실무, 백산출판사.
이병열(1997), "여행업 유통구조의 합리화방안에 관한 연구", 경희대학교 대학원.
이선희(1997), 여행업경영개론, 대왕사.
이선희(1997), 여행업실무론, 대왕사.
이선희 · 이재만(2000), 해외여행길라잡이, 기문사.
이수길 외 2인(2000), 관광사업론, 한올출판사.
이장형 외 3인(1996), 관광회계론, 백산출판사.
이정훈(2007), 여행사경영실무, 형설출판사.
이황 외 2명(2005), 신관광법규이해, 백산출판사.
임용식(1998), 국외여행안내업무론, 학문사.
임헌국(2000), 여행사실무의 이해, 기문사.
전기환 외 2인(2004), 여행사경영론, 기문사.
정찬종(2004), 여행사경영론, 백산출판사.
천덕희 외 2인(2012), 여행사경영과 실무, 대왕사.
최기종(2005), Tour Conductor, 형설출판사.
최승국 외(2004), 여행사경영론, 현학사.
최승국 외(2006), 여행사실무론, 현학사.
최태광(2003), 관광가이드실무론, 백산출판사.
하동현 외 2인(2005), 여행사경영론, 대왕사.
하헌국 외 공저(2004), 여행사경영론, 대왕사.
한국방송통신대학교 교양교육원(2002), 여가와 삶, 한국방송통신대학교출판부.
한국소비자보호원(2004), 소비자피해보상규정.
황현철 외 2명(2003), 21세기 여행업경영론, 기문사.

2. 외국문헌

Fuller, Gerald(1994), *Travel Agency Management*, South-Western Publishing Co.
Gee, Chuck T., K.B. Boberg, J.C. Markens & D.J.L. Choy(1997), *Professional Travel Agency Management*, N.J. : Prentice-Hall.
Gee, Chuck T. et al.(1997), *The Travel Industry*, VNR.
IATA(1997), *Asia-Pacific Air Transport Forecast*, IATA.
Norman, Douglas, Douglas Ngaire, Derrett Ros(2011), *Special Interest Tourism*, John

Wiley & Sons Australia, Ltd.

3. 사이트

http://epostoptour.com
http://dart.fss.or.kr
http://edu.etourkorea.com
http://kr.dic.yahoo.com
http://usembassy.staste.gov/seoul
http://www.0404.go.kr
http://www.abacus.com.sg
http://www.airport.or.kr
http://www.amadeus.com
http://www.bestravel.co.kr
http://www.customs.go.kr
http://www.encyber.com
http://www.flyasiana.com
http://www.freedom.co.kr
http://www.galileo.co.kr
http://www.gtn.co.kr
http://www.hanatour.com
http://www.honeymoontour.com
http://www.hotelskorea.or.kr
http://www.iata.or.kr
http://www.immigration.go.kr
http://www.japanem.or.kr
http://www.jigutour.co.kr
http://www.jimsclub.net
http://www.jtb.co.jp
http://www.kaltour.com
http://www.kata.or.kr
http://www.knt.co.jp
http://www.knto.or.kr
http://www.korail.go.kr
http://www.koreanair.co.kr

http://www.koreatravel.or.kr
http://www.lawtimes.co.kr
http://www.lgeri.com
http://www.lottetours.com
http://www.mcst.go.kr
http://www.modetour.co.kr
http://www.mofat.go.kr
http://www.moleg.go.kr
http://www.nextour.co.kr
http://www.oktour.com
http://www.sabre-holdings.com
http://www.topas.net
http://www.traveltimes.co.kr
http://www.unesco.or.kr
http://www.visabank.co.kr
http://www.visa-passport.com
http://www.worldspan.com
http://www.ybtour.co.kr